DANZHULAN XIEDIAOGAN XUANSUOQIAO
GUANJIAN JISHU JI FENGXIAN GUANLI

单主缆斜吊杆悬索桥
关键技术及风险管理

唐俊 编著

人民交通出版社
China Communications Press

内 容 提 要

本书主要介绍了单主缆斜吊杆悬索桥——双拥桥的关键技术及风险管理，共分为七章，内容包括绪论、溶蚀透水地层桥梁基础和重力式锚碇施工技术、变截面钢索塔制造与安装、主桥钢箱梁制造与安装、缆索安装及成桥体系转换、施工安全风险管理、项目管理和科技攻关。

本书适用于从事桥梁工程建设管理的工程技术人员阅读。

图书在版编目(CIP)数据

单主缆斜吊杆悬索桥关键技术及风险管理/唐俊编著. —北京：人民交通出版社，2012.8

ISBN 978-7-114-09916-8

Ⅰ.①单… Ⅱ.①唐… Ⅲ.①系杆拱桥—悬索桥—技术管理—风险管理 Ⅳ.①U448.25

中国版本图书馆 CIP 数据核字(2012)第 147626 号

书　　名：单主缆斜吊杆悬索桥关键技术及风险管理
著 作 者：唐　俊
责任编辑：王　霞(wxccpress@126.com)
出版发行：人民交通出版社
地　　址：(100011)北京市朝阳区安定门外外馆斜街 3 号
网　　址：http://www.ccpress.com.cn
销售电话：(010)59757969，59757973
总 经 销：人民交通出版社发行部
经　　销：各地新华书店
印　　刷：北京盛通印刷股份有限公司
开　　本：787×960
印　　张：14
字　　数：216 千
版　　次：2012 年 8 月　第 1 版
印　　次：2012 年 8 月　第 1 次印刷
书　　号：ISBN 978-7-114-09916-8
定　　价：85.00 元
(有印刷、装订质量问题的图书由本社负责调换)

《单主缆斜吊杆悬索桥关键技术及风险管理》编委会

广西柳州市双拥（鹧鸪江）大桥技术专家组名单

前言

随着经济发展和科技进步，设计、施工单位创新能力逐步提升，在桥梁建设领域涌现出许多科技创新工程，积累了丰富的施工经验，提高了桥梁设计和施工水平。于2011年12月竣工的广西柳州市双拥（鹧鸪江）大桥工程为国内首座、世界上最大跨度的单主缆单索面公路悬索桥，为展现此独特桥型的施工技术及创新思路，特编写本书总结其施工关键技术，为读者研究、学习提供参考。

本书共分七章。书中重点介绍了溶蚀透水地层桥梁基础、利用空间支架提升安装变截面钢主塔、宽幅钢主梁单滑道连续顶推等施工技术，同时针对技术含量高、施工难度大、安全风险高的特殊桥型结构，对施工过程中的风险管理进行了总结。本书以施工方案、施工方法和过程控制为介绍重点，同时各项方案之间的相互关联性也体现出单主缆单索面悬索桥的成套施工技术。本书内容若涉及到有关专利技术，受专利保护。

本桥由中铁四局集团有限公司、中铁上海工程局有限公司为主要施工方完成施工，同时参与施工的单位还有中铁山桥集团有限公司、柳州欧维姆机械股份有限公司等。本桥施工过程中得到了投资方中铁西南投资管理有限公司与柳州市城市投资建设发展有限公司，设计方四川省交通运输厅公路规划勘察设计研究院，监控单位中铁大桥局武汉桥梁科学研究院，监理单位甘肃铁一院工程监理有限责任公司，勘测单位柳州市勘察测绘研究院等单位的大力帮助和指导，在此表示衷心感谢。

本书编写主要由负责项目施工的相关人员完成，限于编者水平，可能存在不当之处，恳请读者提出宝贵意见。

编　者

2012年5月

目录

第一章

绪 论

第一节 悬索桥的发展

一、悬索桥的历史

(一)概述

桥面支承在悬索(通常称大缆)上的桥称为悬索桥,英文为 Suspension Bridge,是“悬挂的桥梁”之意,故也有译作“吊桥”的。“吊桥”的悬挂系统大部分情况下用“索”做成,故译作“悬索桥”。悬索桥的构造方式出现于19 世纪初,是由索桥演变而来。悬索桥主要由缆索作为桥梁的主要承重结构,由缆索、索塔、锚碇、吊索和桥面等部分组成,见图 1-1。缆索作为主要的受力构件,通常由高强度钢丝、钢缆制成。由于悬索桥具有用料少、自重轻的特点,被大跨度或特大跨度的桥梁采用,也成为了大跨径桥梁主要的结构形式。

悬索桥的主要缺点是刚度小,横向晃动大,在行车荷载和横向风荷载作用下容易产生较大的挠度和振动,不利于稳定。

图 1-1　悬索桥

(二)悬索桥的分类

1. 以桥面刚度大小分类

按照桥面系的刚度大小,悬索桥分为柔性悬索桥和刚性悬索桥。柔性悬索桥桥面一般没有加劲梁,刚度小,桥面随着悬索形状变化而产生变形,不利于行车,通常作为临时性便桥或人行桥。刚性悬索桥桥面采用加劲梁,刚度大,加劲梁与缆索一道承担桥梁结构的竖直荷载,现代悬索桥绝大部分采用刚性悬索桥形式。

2. 以悬索桥结构特点分类

(1)美国式悬索桥。美国式悬索桥的基本特征是采用竖直吊索,并用钢桁架作为加劲梁。这种形式的悬索桥绝大部分为三跨地锚式,加劲梁为非连续结构,在索塔处设置伸缩缝,桥面为钢筋混凝土桥面,索塔为钢结构。其优点是可以通过增加桁架高度来保证梁有足够的刚度,且便于实现双层通车。

(2)英国式悬索桥。英国式悬索桥的基本特征是采用呈三角形的斜吊索和高度较小的流线型扁平翼状钢箱梁作为加劲梁。除此之外,这种形式的悬索桥采用连续的钢箱梁作为加劲梁,桥塔处不设置伸缩缝,用混凝土桥塔代替钢桥塔,部分桥梁还将主缆与加劲梁在主跨中点处固结。英国式悬索桥的优点是钢箱加劲梁可减轻恒载,从而减小主缆的截面,降低用钢量和造价;钢箱梁抗扭刚度大,受到的横向风力小,有利于抗风,并大大减小桥塔所承受的横向力;三角形布置的斜吊索可以提高桥梁刚度,但这种斜吊索在吊点处构造复杂。

日本此花大桥(图 1-2)于 1990 年通车,跨径布置为 120m + 300m +

120m，是现有最大跨径的自锚式悬索桥。该桥采用单主缆，用 PWS 法施工，包含 30 束股，每束 184 丝；仅一个索面，吊索做成倾斜形，构成三角形吊杆，与钢箱加劲梁一起，体现了英国式悬索桥的特点。

图 1-2　日本此花大桥

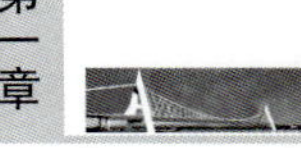

（3）混合式悬索桥。混合式悬索桥的基本特征是采用竖直吊索和流线型钢箱梁作为加劲梁。混合式吊桥的出现，显示了钢箱加劲梁的优越性，同时避免了采用有争议的斜吊索。我国目前修建的悬索桥大多数属于这种类型。

3. 以缆索锚固位置分类

（1）锚碇式悬索桥。悬索桥的主要承重受力构件缆索锚固在锚碇上，锚碇的结构形式通常分为重力式锚碇和隧洞式锚碇。重力式锚碇依靠巨大自重来抵抗主缆的垂直分力，水平分力则由锚碇与地基间的摩擦力或嵌固力来抵抗。隧洞式锚碇则是将主缆中的拉力直接传递给周围的基岩。大部分悬索桥为锚碇式悬索桥，在悬索桥的主要部件中包括锚碇。

（2）自锚式悬索桥。悬索桥的主要承重受力构件缆索锚固在加劲梁上，取消锚碇。具有代表性的自锚式悬索桥是日本此花大桥，它是现有的最早修建的特大跨径自锚式悬索桥。

（三）悬索桥的历史

悬索桥具有悠久的历史，早期热带原始人利用森林中的藤、竹、树茎做成悬式桥以渡小溪。使用的悬索有竖直的，有斜拉的，或者两者混合的。婆罗洲、爪哇原始藤竹桥，都是早期悬索桥的雏形，不过具有文字记载的悬索桥雏形来源于我国。

据《盐源县志》记载，公元前 3 世纪，我国四川境内就修建了“笮”（竹索桥），而在徐霞客的《铁索桥记》中记录了 1629 年贵州境内建造的一座跨度约 122m 的铁索桥。四川大渡河上的泸定桥，是一座由 9 条铁链组成的悬索桥，于 1706 年建成。后来红军长征途中著名的“强渡大渡河”战役就是在这座桥上发生的，更提高了其知名度。可见我国是开始建造悬索桥最早的国家之一。但至此建造的都是人行桥，坡度陡，摆幅大。1938 年在我国湖南建成了一座公路悬索桥，可通行 10t 重的汽车。其后又建成了一些公路悬索桥，但跨度小，宽度窄，荷载标准低，发展的速度远远滞后于西方国家。

20 世纪以前，国外悬索桥的修建历史比我国晚 1000 多年。文献记载，1734 年西方修建了第一座临时的铁索桥。19 世纪后半叶，奥地利工程师约瑟夫·朗金和美国工程师查理斯·本分别独立地构思自锚式悬索桥的造型。美国城市的发展促进了大跨桥梁的建设。20 世纪 30 年代修建的旧金山至奥克兰海湾大桥，全长 1280m，是当时世界上最长、建造水平最高的桥梁。至今它仍是旧金山半岛到东海湾的主要通道，交通繁忙，每天通行 28 万车次。美国是世界上拥有悬索桥最多的国家。由于其在技术和设计上的优势，使悬索桥成为超过千米的成熟桥型，也形成了美国式悬索桥风格。20 世纪以后，欧洲悬索桥施工技术进一步发展并不断创新，具有代表性的是法国于 1959 年建成的主跨为 680m 的缇卡维尔悬索桥。该桥的创新点体现在第一次采用了扁平纤细且截面具有良好抗风性能的全焊流线型钢箱梁，打破了钢桁架加劲梁"一统天下"的局面。该桥还采用了斜吊索以提高桥梁的抗风阻尼。欧洲大部分悬索桥为英国人设计，所以形成了英国悬索桥风格。20 世纪 80 年代以来，世界各国修建悬索桥进入了高峰。目前已建成的跨度最大的悬索桥是日本明石大桥，跨度为 1991m。截止到 2009 年，共建成跨度超过 800m 的悬索桥 40 座，跨度超过 1000m 的悬索桥 26 座。

二、悬索桥在我国的发展现状

悬索桥以其结构受力特点，在跨越能力方面具有明显优势，在跨越江河、海峡、港湾的大跨度桥梁和跨越崇山峻岭、峡谷的高桥中受到青睐。我国现代大跨度悬索桥建造是在改革开放以后开始的。国民经济的蓬勃发展，促进了交通建设的飞跃。主跨 452m 的广东汕头海湾大桥于 1995 年建成通车，被誉为中国第一座大跨度现代悬索桥。20 世纪 90 年代以来，我国（不包括港、澳、台）建成的现代大跨度悬索桥及其主要施工方法汇总见表 1-1。其中江苏江阴长江大桥主跨 1385m，是目前列为世界第五的大跨度悬索桥；江苏润扬长江大桥主跨 1490m，为世界第三的大跨度悬索桥；不久前竣工的舟山西堠门跨海大桥主跨 1650m，为世界第二。在跨越大峡谷方面，湖北恩施四渡河大桥，桥面离峡谷底面约 500m；湖南矮寨大桥跨越峡谷深达 330m。

现代大跨度悬索桥及其主要施工方法汇总

表 1-1

序号	桥名	桥梁跨度和桥型	塔柱		锚碇		加劲梁		主缆	
			结构形式	施工方法	结构形式	施工方法	结构形式	架设方法	结构形式	施工方法
1	润扬长江大桥	主跨 1490m，单跨双铰钢箱梁悬索桥	门式框架结构，钢筋混凝土空心塔柱，高 210m	爬模施工	重力式锚碇，预应力锚固系统	冻结法、排桩法，地下连续墙围护	全焊扁平流线型封闭钢箱梁，$H=3.0$m，$B=38.7$m	全液压跨缆吊机，最大吊重 492t	双主缆间距 34.3m，$\frac{f}{L}=\frac{1}{10}$	PPWS
2	南京长江四桥	三跨（410m + 1418m + 363.4m）连续梁悬索桥	拱形门式钢筋混凝土双索塔，塔高 229.4m	爬模施工	北锚为沉井基础重力式锚碇，南锚为井筒式“∞”锚碇	北锚为沉井，南锚为地下连续墙围护	正交异形板扁平流线型钢箱梁，$H=3.5$m，$B=38.8$m	跨缆吊机	双主缆间距 34m，$\frac{f}{L}=\frac{1}{9}$	PPWS
3	江阴长江大桥	主跨 1385m，单跨双铰钢箱梁悬索桥	门式钢筋混凝土双柱式箱形塔柱，塔高 190m	爬模施工	北锚为矩形沉井重力式锚碇，南锚为嵌岩重力式锚碇	北锚为沉井，南锚为扩大明挖	扁平流线型箱梁，$H=3.0$m，$B=36.5$m	跨缆吊机	双主缆间距 32.5m，$\frac{f}{L}=\frac{1}{10.5}$	PPWS
4	武汉阳逻长江大桥	主跨 1280m，单跨钢箱梁悬索桥	门式钢筋混凝土箱形截面塔，南塔高109.812m，北塔高 163.312m	爬模施工	北锚为深埋基础重力式锚碇，南锚为深埋圆形扩大基础重力式锚碇	北锚为沉井，南锚为地下连续墙围护	扁平流线型箱梁，$H=3.0$m，$B=38.5$m	跨缆吊机	双主缆间距 35m，$\frac{f}{L}=\frac{1}{10.5}$	PPWS

续上表

序号	桥名	桥梁跨度和桥型	塔柱		锚碇		加劲梁		主缆	
			结构形式	施工方法	结构形式	施工方法	结构形式	架设方法	结构形式	施工方法
5	湖南吉首矮寨大桥	主跨1176m，塔梁分离钢桁梁悬索桥	双柱门式钢筋混凝土框架结构，吉塔高129.316m，茶塔高61.924m	爬模施工	吉锚为重力式锚碇，茶锚为重力式施工锚	钻爆法开挖	钢桁梁加劲	桥面吊机由两端向跨中拼装	双主缆间距27m，$\frac{f}{L}=\frac{1}{9.6}$	PPWS
6	广东珠江黄埔大桥南汊桥	主跨1180m，单跨钢箱梁悬索桥	双柱钢筋混凝土门式结构，塔高193.5m	爬模施工	重力式圆形锚碇	地下连续墙围护结构	全焊扁平钢箱梁，$H=3.5$m，$B=41.69$m	跨缆吊机，近塔无吊索区钢箱吊装采用增设临时吊索荡摆施工	双主缆间距27m，$\frac{f}{L}=\frac{1}{10}$	PPWS
7	贵州坝陵河大桥	主跨1088m，钢桁梁悬索桥	门式钢筋混凝土框架结构，塔柱为单室箱形截面，东塔高185.788m，西塔高201.316m	爬模施工	东锚为重力式框架锚，西锚为重力式隧道锚	明挖钻爆法	钢桁梁，$H=10.0$m，$B=28.0$m，节间距10.8m	桥面吊机至索塔向跨中吊装	双主缆间距27m，$\frac{f}{L}=\frac{1}{10.3}$	PPWS

续上表

序号	桥名	桥梁跨度和桥型	塔柱		锚碇		加劲梁		主缆	
			结构形式	施工方法	结构形式	施工方法	结构形式	架设方法	结构形式	施工方法
8	泰州长江大桥	主跨 2 × 1080m,三塔两跨钢箱梁悬索桥	边塔为门式钢筋混凝土框架结构,塔柱为箱形截面,塔高181.7m,中塔为单箱多室钢结构,纵向人字形,塔高 192m	边塔爬模施工,中塔采用大节段提升技术	钢筋混凝土重力锚,基础为沉井	沉井	全焊扁平流线型钢箱梁,单箱三室,$H=3.5$m,$B=39.1$m	跨缆吊机	双主缆间距 34.8m,$\frac{f}{L}=\frac{1}{9}$	PPWS
9	宜昌长江大桥	主跨 960m,单跨双铰钢箱梁悬索桥	门式塔,南塔高 142.227m,北塔高 112.415m	整体大块钢模板浇筑,每次高 4 ~ 4.5m	深埋重力式锚碇,基底设 8 根 ϕ2m 钢筋混凝土锚固桩	扩大明挖	全焊扁平钢箱梁,$H=3.0$m,$B=30.0$m	缆载吊机,最大吊重 146.6t	双主缆间距 24.4m,$\frac{f}{L}=\frac{1}{10}$	PPWS
10	湖北西陵长江大桥	主跨 900m,单跨双铰钢箱梁悬索桥	门式刚筋混凝土框架结构,塔高 120m	爬模施工	重力锚	扩大明挖	全焊扁平钢箱梁,$H=3.0$m,$B=20.6$m	跨缆吊机	$\frac{f}{L}=\frac{1}{10.465}$	PPWS
11	湖北恩施四渡河大桥	主跨 900m,单跨双铰钢桁梁悬索桥	钢筋混凝土门式结构,塔柱为薄壁箱形截面,宜昌塔高 117.6m,恩施塔高 122.2m	爬模施工	宜昌岸为隧道式重力锚,恩施岸为重力锚	钻爆法开挖	华伦钢桁梁,$H=6.5$m,$B=26.0$m	缆索吊机吊装,最大吊重 91.6t	$\frac{f}{L}=\frac{1}{10}$,采用火箭弹先导索过峡谷	PPWS

续上表

序号	桥名	桥梁跨度和桥型	塔柱		锚碇		加劲梁		主缆	
			结构形式	施工方法	结构形式	施工方法	结构形式	架设方法	结构形式	施工方法
12	虎门大桥	主跨888m，单跨双铰钢箱梁悬索桥	门式钢筋混凝土框架结构，塔高147.55m，塔柱为空心薄壁结构	爬模施工	重力式锚碇	地下连续墙围护	扁平流线型钢箱梁，$H=3.012m$，$B=35.6m$	跨缆吊机	$\frac{f}{L}=\frac{1}{10.5}$	PPWS
13	厦门海沧大桥	三跨（230m + 648m + 230m）连续全漂浮钢箱梁悬索桥	门式钢筋混凝土框架结构，塔高130m	爬模施工	空腹框架式重力锚碇	扩大明挖	扁平流线型钢箱梁，$H=3.0m$，$B=36.6m$	跨缆吊机	双主缆间距34m，$\frac{f}{L}=\frac{1}{10.5}$	PPWS
14	重庆长江鹅公岩大桥	三跨（211m + 600m + 211m）连续钢箱梁悬索桥	门式框架结构，东塔高163m，西塔高160m	爬模施工	西锚为三角形重力锚，东锚为隧道式重力锚	钻爆法开挖	扁平流线型钢箱梁，$H=3.0m$，$B=35.5m$	缆索吊安装	双主缆间距33.5m，$\frac{f}{L}=\frac{1}{10}$	PPWS
15	汕头海湾大桥	三跨（154m + 452m + 154m）半悬浮体系，预应力混凝土加劲梁悬索桥	三层门式框架结构，塔柱为D形空心截面，钢筋混凝土结构，塔高95.1m	爬模施工	嵌岩重力式锚碇，其上采用重力式挡土墙和填料压重	扩大明挖	预应力钢筋混凝土箱梁，单箱三室截面，$H=2.2m$，$B=25.2m$	采用180t缆索吊机安装，节段间湿接缝长30cm	双主缆间距25.2m，$\frac{f}{L}=\frac{1}{10}$（主跨），$\frac{f}{L}=\frac{1}{29.6}$（边跨）	PPWS

续上表

序号	桥名	桥梁跨度和桥型	塔柱		锚碇		加劲梁		主缆	
			结构形式	施工方法	结构形式	施工方法	结构形式	架设方法	结构形式	施工方法
16	广东佛山平胜大桥	独塔单跨350m，四索面自锚式钢箱梁悬索桥	三柱门式塔，塔高138.87m，塔柱为钢筋混凝土箱形结构	下塔柱及横梁采用支架现浇，上塔柱采用爬模施工	自锚，主缆锚固在两岸混凝土加劲梁上		主跨采用单箱三室全焊钢箱梁，$H=3.5\text{m}$，$B=26.1\text{m}$；边跨采用单箱三室钢筋混凝土箱梁	钢箱梁主跨多点顶推法架设，边跨混凝土梁采用支架现浇	$\frac{f}{L}=\frac{1}{12.5}$	PPWS
17	杭州江东大桥	83m + 260m + 83m 自锚式连续钢箱梁悬索桥	独柱式索塔，上塔柱高63m，下塔柱高34m	爬模施工	自锚		扁平分离式钢箱梁，中间以钢横梁连接，$H=3.5\text{m}$，$B=47.0\text{m}$	顶推施工	$\frac{f}{L}=\frac{1}{4.5}$（主跨）	PPWS
18	常州京杭运河龙城大桥	三跨（30m + 113.8m + 72.2m）连续自锚式悬索与斜拉组合桥	索塔为斜塔，采用变截面拱形门式结构，顺桥向倾斜30°，主桥以上高度37m	竖向转体施工	自锚		主梁为钢—混凝土组合梁，其余部分为预应力混凝土梁	采用支架法施工	双索面，主缆体系成空间曲线，在塔顶散成7股作为边跨的斜拉索	

如今，随着我国城市化进程的加快，在繁华市区修建的悬索桥，注重外型优美、和周边的环境协调，构思新颖、独具特色。其中柳州双拥（鹧鸪江）大桥采用单主缆地锚式悬索桥体系，为柳州市增添了一道亮丽的风景。据统计世界上已建成跨度800m以上的悬索桥，中国占40%，跨度1000m以上的悬索桥，中国占38%。我国的现代悬索桥建设规模已经跨入世界先进行列。

为充分发挥悬索桥的跨越能力，同时有利于保证桥梁横向稳定性，目前建成的悬索桥多为双主缆结构。柳州双拥（鹧鸪江）大桥主桥是我国最大跨度的单主缆地锚式悬索桥，主跨为430m，桥面宽度为38.5m。单主缆悬索桥跨度的不断增大，一方面能够为桥塔设计拓宽美学思路，使桥梁的结构特色充分显现；另一方面也充分体现了我国桥梁设计与施工技术水平的进步。随着桥梁科研、设计和施工技术水平的提高，我国的悬索桥会修建得更多更美。

三、双拥（鹧鸪江）大桥的主要特点和难点

广西柳州双拥（鹧鸪江）大桥为单主缆、地锚式悬索结构体系桥梁，主桥长510m，跨径组合为40m+430m+40m。该桥横跨柳江，最大水深为28m，桥梁基础为溶蚀透水地质。其方案设计与施工的主要工程特点和难点是溶蚀透水地质重力式锚碇施工、“人”字形变截面钢结构索塔施工、扁平流线型钢箱梁柔性支墩单支点连续顶推施工、主缆安装及成桥体系转换等。

（1）重力式锚碇锚固系统采用预应力锚固系统，锚固方式为前锚式，锚固系统由索股锚固连接构造和预应力钢束锚固构造组成。锚体从结构受力和功能上可分为锚块、基础、前锚室等几部分，均为大体积防渗混凝土结构，共有30000m^3，防渗等级为P10级。锚碇基础为圆形，直径为57m，基础高10m，锚碇顶板至基底高30.95m。

锚碇基坑深度为22m，基底位于柳江常水位以下10m。基坑临近柳江、厂房、城市道路、湘桂铁路等。针对柳江边溶蚀透水地质特点，结合场区环境及施工平面布置，确定柳江常水位以上部分（高12m）采用喷锚网支护放坡开挖，柳江常水位以下部分（高10m）采用环形板墙+排桩进行支护垂直开挖，土层止水采用高压旋喷桩，溶蚀透水岩层采用帷幕注浆止水。该施工具有场区环境复杂、防水施工难度大、开挖深度深等难点。重力式锚碇施工如图1-3所示。

（2）索塔为“人”字形塔，高104.811m，设两道横梁，桥塔均为钢结构，由塔柱、横梁和塔冠三部分组成。塔柱高77.749m，截面为三角形变截面。塔冠高27.062m，整体形状为两个锥体。钢塔主体采用Q345C钢板，面板厚28~42mm。塔柱沿高度方向划分为13个节段，索塔主体部分共分为34

个节段进行制造安装，上横梁节段质量为160t，其他节段质量为80t左右。索塔基础部分由塔座、承台、钻孔灌注桩、联系梁组成，设置预应力。索塔基础处于柳江岸边，地质条件复杂。索塔节段由工厂加工制造，水运至桥位，采用自行设计的支架提升系统吊装安装。该索塔具有变截面钢箱制造、高空吊装、安装精度控制、复杂地质条件下基础围堰施工等难点。“人”字形索塔安装如图1-4所示。

图1-3　重力式锚碇施工

图1-4　“人”字形索塔安装

(3)主桥采用单箱双室扁平流线型全焊钢箱梁，箱梁中间设置纵隔板，全宽38m，中心高度3.5m(外轮廓)。采用Q345C钢板，顶板厚16mm。全桥钢箱梁长510m，共分53个吊装节段，总质量约9000t，最大吊装质量为196t。箱梁节段采用工厂制造板单元，现场组拼吊装。针对单主缆的结构特点采用多点连续顶推方案，桥跨内设置13处柔性支墩，最大支墩高50m。由南岸向北岸单端顶推，顶推长度为510m，跨越$R=25500$m的竖曲线。该主桥具有顶推距离长、质量大及跨越竖曲线等难点。钢箱梁顶推如图1-5所示。

图1-5　钢箱梁顶推

(4)主缆采用预制平行钢丝索股，以及公称直径为5.2mm、公称抗拉强度为1670MPa的高强度镀锌钢丝。主缆从北锚碇到南锚碇的通长索股有

91 股，边跨不设背索，每根索股由 127 根丝组成。吊索采用直径为 7mm 的镀锌平行钢丝，吊索下叉耳上端设置调节套筒。吊索分为两类，一类是受力较大和变形有特殊要求的塔处长吊索，定义为特殊吊索，共有 10 对；另一类是除特殊吊索外的吊索，定义为一般吊索，共有 32 对。

主梁顶推到位后，调整高程到设计线位置，再开始索梁转换工序。索鞍预偏 90cm，共分五次顶推到位。锚碇处主缆中心与水平线夹角为 23.2°，主缆锚固端过散索套后扇形扩散角度为 22°。

主缆采用预制丝股法进行安装，猫道在索塔处断开，锚固于索塔上。吊索安装时为避免在钢箱梁上设置辅助吊点，直接利用调节套筒进行安装。针对该桥主缆安装及成桥体系转换具有主缆锚固端扩散角度大的特点，散索套处主缆就位难度大，直接采用调节套筒安装吊索控制精度要求高。体系转换如图 1-6 所示。

图 1-6　体系转换

第二节　工 程 概 况

一、工 程 简 介

柳州双拥（鹧鸪江）大桥是连接柳北片区和河东高新区的主要通道，路线全长 1.938km。其中主桥部分长 510m，引桥部分长 988m，道路部分长 439.317m。引桥全宽 34.5m，主桥全宽 38m，北岸引道全宽 34.5m，南岸引道全宽 54m。如图 1-7 所示。

由中国中铁四局集团有限公司（后期由重组的中国中铁上海工程局有限公司）负责施工。分别由中国中铁西南投资管理有限公司、柳州市城市投资建设发展有限公司、四川省交通运输厅公路规划勘察设计研究院和甘肃铁一院工程监理有限公司分别负责投资、建设、设计、监理工作。工程于2009年6月1日正式开工，于2011年12月12日通过竣工验收。

图1-7　柳州双拥（鹧鸪江）大桥效果图

二、主要技术指标

道路等级：城市主干路Ⅰ级。

设计车速：60km/h。

机动车设计荷载：城—A级（当跨度大于150m时，采用公路Ⅰ级进行验算），人群设计荷载按《城市桥梁设计规范》（CJJ 11—93）①有关规定执行。

桥面布置：2m人行道（含栏杆）+3m非机动车道+0.5m分隔栏+0.5m路缘带+（2×3.75m+3.5m）机动车道+0.5m双黄线+（2×3.75m+3.5m）机动车道+0.5m路缘带+0.5m分隔栏+3m非机动车道+2m人行道（含栏杆）。

桥下净空高度：汽车>4.5m，电力牵引铁路KH—200>7.5m。

桥下通航标准：航道等级为Ⅲ级。

通航水位：+86.55m（黄海高程）。

通航净空：高度为10m，单向通航孔净宽为55m。

设计洪水频率：1/100，设计水位为+91.18m。

桥上纵坡：≤2.5%。

地震动加速度峰值：0.05g。

三、工程环境和气候特征

（一）工程环境

双拥（鹧鸪江）大桥呈西北—东南走向，北岸位于鹧鸪江码头，连接至

①该规范现已更新为《城市桥梁设计规范》（CJJ 11—2011），编辑注

北外环路;南岸位于下茅洲屯以北,连接至规划中的双拥大道。跨越的柳江河段宽480m,其中水面宽450m,据实测的桥位河谷断面图,河床面起伏不平,水深变化在10~30m之间。北岸地形变化较平缓,地面高程变化在84~89m之间;南岸地形起伏较大,地面高程变化在77~89m之间,南北两岸勘察范围内均为柳江河Ⅱ级冲积阶地。经现场调查,北岸坡高11m,坡角为23°,坡度为1∶2.5。南岸地形为冲沟,坡高11m,最大坡角为28°,坡度为1∶2。两岸岸坡处于自然稳定状态,坡面植被发育。

桥北岸引桥于湘桂铁路处横穿西流断层,南北两岸下卧基岩均为上石炭统马平组(C_3^m)灰岩及角砾岩,呈单斜构造,近南北走向,倾向东,倾角为15°~20°。据1/100000柳州幅地质图,西流断层第四纪以来未发现有明显的新构造运动迹象。

(二)气候特征

柳州市地处亚热带季风区,季风环流影响明显,属亚热带边缘气候,盛暑漫长,炎热多雨。年间气温为-2℃~39℃。年平均无霜期为332d,平均降雨量为1453.8mm,雨季集中在4~8月。5~8月以南风或偏南风为主,其余月份以北风或偏北风为主。

历年极端最高气温:39.2℃。

历年极端最低气温:-3.8℃。

历年最大风速:24.3m/s。

历年最大降水量:178.6mm。

历年日最大蒸发量:14.6mm。

设计基本风速:24m/s。

运营期风速:26.9m/s。

施工期风速:22.6m/s。

四、工程地质与水文特征

(一)工程地质

1.工程地质特征

据野外钻探情况及室内土工试验成果分析,按《公路桥涵地基与基础设计规范》(JTJ 024—85)①对地基岩土类别的划分标准,场区内土层自上

①该规范现已更新为《公路桥涵地基与基础设计规范》(JTG D63—2007),编辑注

而下可分为:①层杂填土、②层素填土、③层耕植土、④层表土、⑤层新近沉积粉质黏土、⑥层黏土、⑦层粉质黏土、⑧层圆砾、⑨层红黏土、⑩层角砾岩、⑪层角砾岩。现将各岩土层特征分述如下。

①层杂填土(Q_4^{ml}):杂色,结构松散~稍密,主要由块石、碎石、碎砖、灰渣混杂黏性土等组成。该层分布于左岸岸坡附近,厚度为1.0~4.0m,堆填时间小于10年。

②层素填土(Q_4^{ml}):黄褐~褐灰色,结构多呈松散状,主要由黏性土组成,局部含有碎石、灰渣等。该层分布于左岸9号墩一带,厚度为2.4m左右,堆填时间小于10年。

③层耕植土(Q^l):灰褐色~灰黄色,含少许有机质土块及植物根系,淋滤作用强烈,表现为粉质黏土,经人工耕植作用,原状结构已遭破坏,结构松散~稍密。该层覆盖于右岸地表,揭露层厚0.5m。

④层表土(Q^{el}):灰黄~褐黄色,可塑状,结构稍密,湿~稍湿,无摇振反应,稍有光滑,干强度中等,韧性中等,有淋滤痕迹,局部裂隙发育。该层覆盖于沿线绝大部分地表,层面埋深0~0.5m。

⑤层新近沉积粉质黏土(Q_4^{al}):浅灰色,结构稍密,湿,多呈可塑状,手搓粉砂感强,土芯不易成形。无摇振反应,稍有光滑,干强度低,韧性低。一般分布于河岸坡一带表面,据调查,其厚度变化较大,一般为0.5~3m。

⑥黏土(Q_3^{2al}):褐黄色,结构紧密,稍湿,多呈硬塑状,局部呈坚硬状,无摇振反应,稍有光滑,干强度高,韧性中等。该层是两岸阶地的主要土层之一,左岸主要分布于19~22号墩一带,右岸几乎全线分布。层面埋深1.5~1.6m,揭露厚度3.5~8.4m。该层系中等压缩性土。

⑦层粉质黏土(Q_3^{2al}):褐黄色、紫红色、深灰色,结构紧密,湿,多呈硬塑状,手搓略具粉砂感,无摇振反应,稍有光滑,干强度高,韧性低。该层主要分布于右岸,层面埋深1.2~7.0m,揭露厚度1.2~10.6m。该层系中等压缩性土。

⑧层圆砾(Q_3^{2al}):松散状,颗粒磨圆度较好,分选性较差,粒径大于20%的颗粒含量占20%~30%,一般粒径为2~5cm,成分为石英砂岩类,磨圆度较好,浑圆度一般,充填物为褐黄色亚黏土及粉细砂。该层分布于右岸,层面埋深0~15.6m,揭露厚度1.5~8.8m。

⑨1层硬塑状红黏土(Q_4^{el}):褐黄~深褐色,稍湿,土质均匀,摇振无反应,光滑,干强度高,韧性中等,含风化岩屑及岩粉,往下土体趋细腻黏滑、韧性高。该层系左岸主要土层,层面埋深0.3~10.0m,揭露厚度1.0~15.3m。右岸零星分布于基岩面附近,层面埋深6.5m,揭露厚度3.8m。该

层系中等压缩性土。该层红黏土的 WL 平均值为64.2%，Ir 平均值为1.79，$Ir' = 1.4 + 0.0066WL = 1.82$。按《岩土工程勘察规范》(GB 50021—2001)表6.2.2-3判别，$Ir < Ir'$，场区⑨2层红黏土收缩后复浸水膨胀不能恢复到原位。

⑨2层可塑状红黏土(Q_4^{el})：深褐色，湿，土质均匀，摇振无反应，光滑，干强度高，韧性高，含少许风化岩屑及岩粉，土体细腻黏滑、韧性高。该层不连续分布于左岸基岩面附近，层面埋深6.5～10.0m，揭露厚度3.1～3.5m。该层系中等偏高压缩性土。

⑩层角砾岩(C_3^m)：该层基岩为上石炭统马平组(C_3^m)，以褐红色为主。据查阅区域地质资料，其走向大致呈东西向，倾向南，倾角约为15°。碎屑结构，块状构造，滴盐酸轻微反应。该层岩石分布于ZK4～ZK6一带。按其风化程度不同和岩石的完整性可分为：⑩-1层强风化角砾岩；⑩-2层弱风化角砾岩；⑩-3层微风化角砾岩。各层特征分述如下。

⑩-1层强风化角砾岩：该层一般发育于基岩层表面，褐红色，风化裂隙特别发育，无泵钻进欠平稳，进尺快，岩芯多呈粉状及砂状，少数呈碎块状，部分岩芯混黏性土，部分碎块用手可折断。本次钻探于ZK4有揭露，层面埋深13.1m，揭露厚度1.4m。

⑩-2层中风化角砾岩：褐红色，无泵钻进进尺较慢，感觉平稳。由于闭合裂隙发育，被机械破碎后，岩芯多呈碎块状及碎屑状，部分呈大块状，较新鲜，性脆质硬，岩块锤击易碎，表面见闭合裂隙发育。厚度不均匀，层面埋深12.8～14.1m，揭露厚度3.0～4.1m。

⑩-3层微风化角砾岩：褐红色，钻进进尺较慢，感觉平稳，岩芯多呈长圆柱状，部分大块状，较新鲜，性脆质硬，岩块不易击碎，局部表面见小溶孔及闭合节理裂隙发育。该层系场区钻探深度内的主要岩层之一。层面埋深15.3～17.2m，揭露厚度8.1～15.2m。

⑪层灰岩(C_3^m)：该层基岩为上石炭统马平组(C_3^m)，分布于左岸ZK1～ZK3、河床、右岸全线。左岸以浅灰色为主，右岸以深灰色为主。据查阅区域地质资料，其走向大致呈东西向，倾向南，倾角约15°。隐晶结构，块状构造，滴盐酸反应较强烈。按其风化程度不同和岩石的完整性可分为：⑪-1层强风化灰岩；⑪-2层弱风化灰岩；⑪-3层微风化灰岩；⑪-4层溶蚀风化破碎带。各层特征分述如下。

⑪-1层强风化灰岩：灰黄色，风化裂隙较发育，无泵钻进平稳，但进尺快，取上岩芯多呈粉状及砂状，极少数呈碎块状，部分碎块用手可折断。该层一般发育于基岩层表面，主要分布于0～9号墩(台)，层面埋深3.4～

10.0m,揭露厚度0.8~3.4m。

⑪-2层中风化灰岩:灰白色,无泵钻进感觉平稳,进尺较慢,因机械破碎取上岩芯多呈碎块状,较新鲜,性脆质硬,岩块不易击碎,表面见小溶孔及闭合节理裂隙发育。该层于左右两岸零星分布,层面埋深8.8~10.9m,揭露厚度0.8~2.4m。

⑪-3层微风化灰岩:送水钻进均匀、平缓,感觉岩石较为坚硬,取上岩芯多数呈块状~圆柱状,少许呈块状,含硅质结核,新鲜,坚硬,局部有闭合裂隙。该层系左右两岸主要岩层之一,层面埋深4.0~18.2m,揭露厚度10.0~42.2m。

⑪-4层溶蚀风化破碎带:灰黄、浅灰色,风化裂隙特别发育,无泵钻进欠平稳,进尺快,取上岩芯多呈砂状及少数碎块状混少许黏性土,部分碎块表面有强烈风化痕迹,用手可折断。该层于ZK9处揭露,揭露层面埋深19.8~23.2m,揭露层厚1.2~1.6m。

2. 岩溶发育特征

从桥位的钻探中揭露,桥位岩面总体起伏较平缓,浅部局部发育强风化和小型溶蚀沟槽;深部岩溶主要为溶洞及溶蚀风化破碎带,溶洞规模大小不一,据周邻场区相同岩的勘测资料,局部常发育串珠状溶洞。

3. 土体的腐蚀性

据调查,沿线场区无大的污染源。场区土体对混凝土基础、混凝土基础中的钢筋无腐蚀性。

4. 土体胀缩性分析与评价

场区⑥层黏土、⑦层粉质黏土系河流冲积形成的一般性黏土,据柳州市当地的地区工作经验,该两层土无胀缩性。据相邻场区的勘察资料,⑨层红黏土亦不属膨胀土。

(二)水文特征

1. 桥址河段水文特征

根据柳州水文站实测资料统计,柳州站最大年平均流量为2050m^3/s。洪水特性与流域特性密切相关,具有来势凶猛、暴涨暴落的特点。年最高水位多发生在6月下旬至7月上旬,其发生频率超过50%。每年较明显的洪水过程平均约为15次。一次洪水过程,时间短者3d,长者可达25d。涨水历时较短,占一次洪水过程总历时的1/2~1/3。一次洪水过程的最大变幅

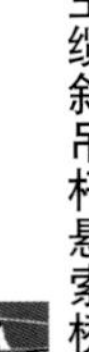

可达 18m 左右,24h 最大涨幅可达 12.1m。最大涨率每小时达 1.28m,一般涨率为每小时 0.3 ~0.5m。

根据柳州站 60 年实测资料统计,年最高水位的实测最大值为 1996 年,洪水位为 92.96m(黄海,下同),年最高水位的最小值为 1963 年,洪水位为 74.1m,两者相差 18.86m。多年平均洪水位为 82.22m,年最高水位大部分在 84.00m 以下,水位超过 84.00m 约占 28.1%,即平均每 3.5 年发生一次。最大洪峰流量是最小洪峰流量的 7.34 倍。

2. 航道及通航水位

根据大桥设计技术标准,桥址河段采用Ⅲ(4)级航道标准,Ⅲ级航道应满足 1000 吨级船舶的通航要求,净高 10m,净宽 40 ~70m,通航孔不少于两孔。桥位河段最高通航水位频率采用十年一遇,即 86.55m。

3. 设计流量和设计水位

设计洪水流量直接采用柳州水文(二)站百年一遇洪水流量32700m^3/s,根据柳州水文(二)站百年一遇洪水流量相应的水位 92.55m,按水面比降推算至桥址,百年一遇设计洪水位为 91.18m,设计水位以上预留 1.5m 以上洪水漂流物过桥净空。

(三)工程地质评价

1. 场区稳定性及适宜性

根据区域地质资料分析,拟建桥梁北端穿越西流断层。该断层第四纪以来未发现有明显的新构造运动迹象,区域地质构造较为稳定。据广西地震局所做的历史地震调查,柳州市及附近地区未发现强地震遗迹,1483 ~1996 年的500 年间仅发生过两次 5.0 级左右的地震。据 20 世纪 70 年代以来的地震记录,二级以上的有感地震极少。根据《中国地震动峰值加速区划图》(2001),柳州市地震烈度为 6 度。

经现场踏勘,两岸地面起伏平缓,地面无塌陷、地裂等不良地质现象。

综上所述,线路沿线场地稳定性较好,适宜桥梁工程的兴建。

2. 承载力及物理力学参数的选用

综合考虑土工试验成果、野外钻探情况并结合地区工作经验,将场地各岩土层的主要物理力学指标及容许承载力值建议采用值汇总于表 1-2。

各土层主要物理力学参数汇总表 表 1-2

土层 \ 指标	天然含水率 w (%)	天然重度 γ (kN/m^3)	压缩模量 E_s (MPa)	内聚力 c (kPa)	内摩擦角 φ (°)	容许承载力 $[\sigma_0]$ (kPa)	岩石饱和单轴极限抗压强度 (MPa)
⑥层黏土	24	19.7	9.6	40	13	220	
⑦层粉质黏土	21.3	20.1	9.1	31	11	220	
⑧层圆砾						150	
⑨1 层硬塑状红黏土	21.3	18.5	10.2	40	14	220	
⑨2 层可塑状红黏土	54.4	17	6.6			160	
⑩-1 层强风化角砾岩						700 ~ 800	0.7 ~ 0.8
⑩-2 层中风化角砾岩						1600 ~ 3300	16 ~ 33
⑩-3 层微风化角砾岩						7000 ~ 8400	35 ~ 42
⑪-1 层强风化灰岩						1000 ~ 1200	10 ~ 12
⑪-2 层中风化灰岩						2500 ~ 4000	25 ~ 40
⑪-3 层微风化灰岩						10000 ~ 12000	50 ~ 60

3. 地基持力层评价

(1)①层杂填土、②层素填土、③层耕植土、④层表土、⑤层新近沉积粉质黏土结构松散，力学强度低，成分不均匀，属不良地基土，不能用作地基持力层。⑧层圆砾为松散状、⑨2 层可塑状红黏土力学强度较低，亦不宜直接用作持力层。

(2)⑥层黏土、⑦层粉质黏土、⑨1 层硬塑状红黏土力学强度稍高，但其分布不均匀，厚度变化大，故不宜用作拟建大桥墩(台)的地基持力层。

(3)⑩-1 层强风化角砾岩及⑪-1 层强风化灰岩、⑪-4 层溶蚀风化破碎带原状结构已遭破坏，强度较低，不宜用作拟建大桥墩(台)的地基持力层。⑩-2 层中风化角砾岩及⑪-2 层中风化灰岩强度较高，可考虑用作为墩(台)持力层；⑩-3 层微风化角砾岩及⑪-3 层微风化灰岩连续完整，新鲜、坚硬，力学强度高，是良好的墩(台)持力层或下卧层。

(4)岩溶的影响。大桥北岸岩溶较发育，结构和基础施工须穿越岩溶区，可能诱发地质灾害，须引起足够的重视。

4. 基础方案评价

大桥墩台荷重较大，采用桩基础形式。场区下伏⑩-2 层中风化角砾岩及⑪-2 层中风化灰岩、⑩-3 层微风化角砾岩及⑪-3 层微风化灰岩强度高，是良好的桩端持力层；大部分地段无地下水，存在潜水的地段水量较小，故拟建大桥采用桩基础形式，利用下卧⑩-2 层中风化角砾岩及⑪-2 层中风化灰岩、⑩-3 层微风化角砾岩及⑪-3 层微风化灰岩作桩端持力层。一般地段桩基的施工可采用冲孔桩的施工方案，岩溶发育强烈的地段及河床上的桩基可采用机械成孔的施工方案。

5. 锚碇方案评价

大桥采用地锚式混凝土重力锚碇。北岸锚碇位于岩溶发育区，锚碇设置的深度宜尽量避免进入岩溶及其返水区，锚碇基坑开挖施工的支护结构宜加强，减少或降低对地质灾害的诱发因素。

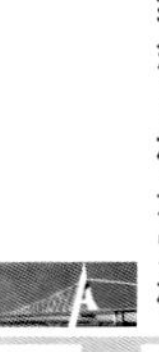

第三节 总体设计和主桥设计

一、桥位与线路设计

（一）桥位与线路平面设计

路线起点（北岸）以 $A=632.455$m，$T=765.498$m 的缓和曲线顺接，南岸以 $A=173.205$m，$T=205.545$m 的缓和曲线顺接。工程起点里程为：K12 + 043.990，终点里程为：K13 + 981.307。其间设两处平曲线，分别为半径 1000m 的圆曲线接 400m 长缓和曲线、半径 600m 的圆曲线接 50m 长缓和曲线，曲线均位于工程起止点附近。主桥及北岸引桥位于直线段、南岸引桥后两跨及桥台位于平曲线内。

（二）线路纵断面设计

北岸引桥上跨湘桂铁路，需保证铁路 7.5m 的通行净空；南岸引桥上跨规划的沿江路，需给下穿的沿江道路预留 5m 高的通行净空。同时，受到南岸双拥大道的高程控制，主线的设计高程较高，因而主线高程远远大于通航净空和设计水位的要求。线路起点（北岸）顺接北外环路，采用 1.963% 的纵坡至 K12 +459.712，变为 1% 的纵坡至主桥跨中，以 −1% 的纵坡至 K13 + 864.643，变为 −0.6486% 的纵坡至双拥大道，竖曲线半径均为 7000m。

在主桥范围内，线路高程关于主桥跨中对称，以保证桥梁良好的景观视觉效果，同时便于主桥设计、施工。

（三）横断面设计

工程全线设置双向六车道。主桥全宽38m，为0.5m风嘴＋2m人行道（含栏杆）＋3m非机动车道＋0.5m分隔栏＋0.5m路缘带＋（2×3.75m＋3.5m）机动车道＋0.5m路缘带＋0.5m防撞护栏＋1m吊索锚固区＋0.5m防撞护栏＋0.5m路缘带＋（2×3.75m＋3.5m）机动车道＋0.5m路缘带＋0.5m分隔栏＋3m非机动车道＋2m人行道（含栏杆）＋0.5m风嘴。见图1-8。

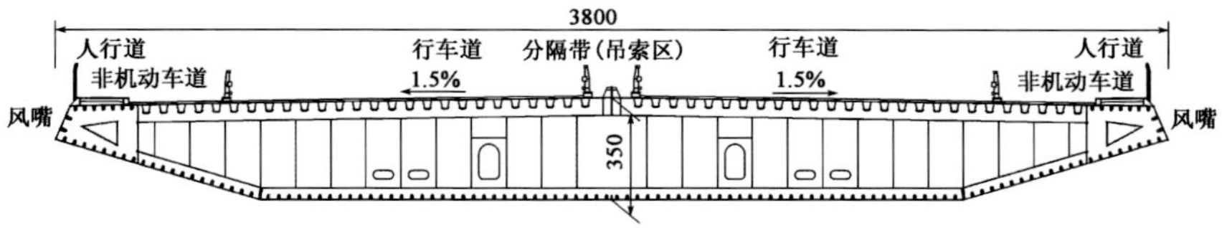

图1-8 主桥标准断面图（尺寸单位：cm）

引桥全宽37m，为2m人行道（含栏杆）＋3m非机动车道＋0.5m分隔栏＋0.5m路缘带＋（2×3.75m＋3.5m）机动车道＋0.5m双黄线＋（2×3.75m＋3.5m）机动车道＋0.5m路缘带＋0.5m分隔栏＋3m非机动车道＋2m人行道（含栏杆）。见图1-9。

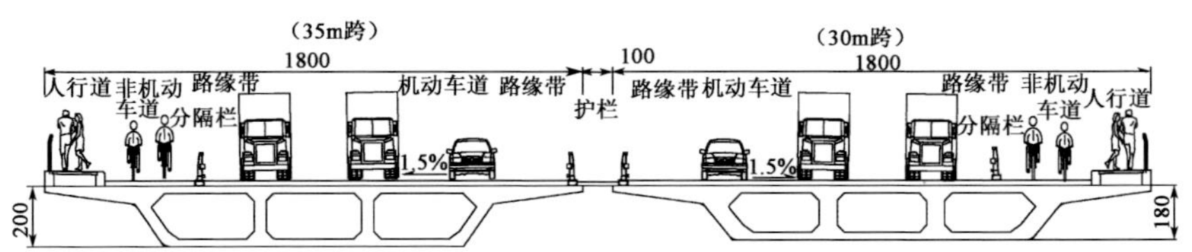

图1-9 引桥标准断面图（尺寸单位：cm）

道路全宽54m，为7m人行道＋5m非机动车道＋1.5m侧分隔带＋0.5m路缘带＋11m机动车道＋0.5m路缘带＋3m中央分隔带＋11m机动车道＋0.5m路缘带＋1.5m侧分隔带＋5m非机动车道＋7m人行道。见图1-10。

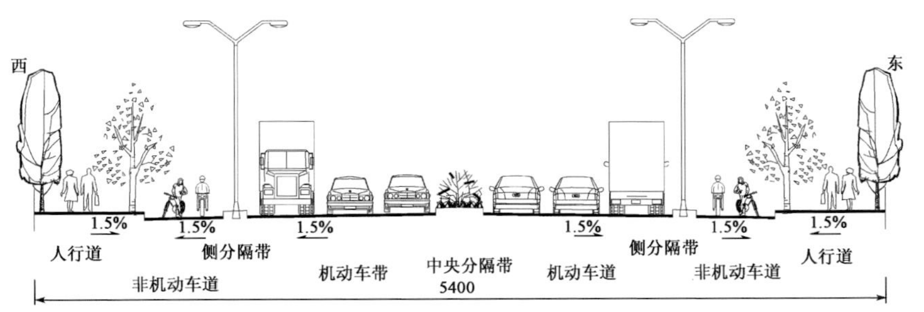

图1-10 道路标准断面图（尺寸单位：cm）

二、桥梁总体布置及主桥布置

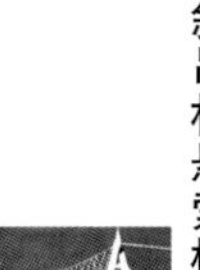

桥梁全长1498m，总体桥跨布置为：7×30m+5×30m+(30m+4×35m)+4×30m+(40m+430m+40m)+7×30m+4×30m。南北岸引桥采用现浇连续箱梁，桥跨采用30m及35m两种形式，35m跨用于跨越北岸湘桂铁路，30m跨用于其余位置。

主桥选用单主缆地锚式悬索桥结构体系。结构比较特殊，区别于常规悬索桥之处主要在于吊索集中于钢箱梁中央，吊索及主缆几乎不能对梁体的扭转提供任何约束。解决梁体的扭转问题成为方案的关键所在。为提高体系的抗扭刚度，采取了以下技术措施。

(1)采用抗扭刚度较大的封闭钢箱梁作为主梁，以梁体自身抗扭刚度的提高解决其扭转问题。

(2)将主梁设计为连续支撑体系，设置40m边跨。边跨交界墩及塔柱支承位置均设置拉压支座，通过孔跨布置及支承方式的优化设置达到提高体系抗扭刚度的目的。

(3)在中跨靠近索塔区域，均设置"人"字形吊索，每侧各设置5对，减少单吊索支撑区域。既实现提高抗扭刚度的目的，又体现结构造型的变化。

采取以上措施后，经计算分析，得到结构的扭转基频为0.662Hz，弯曲基频为0.276Hz，扭弯频率比为2.4。结构在偏载最不利作用下，主梁横断面左右两点最大高差约为40cm。通过对抗风横向稳定、扭转发散及颤振的计算，表明结构均满足抗风规范要求。综合以上结果可以看出，采取上述措施后，结构的抗扭性能得到了加强，能够满足使用要求。

参考国内外已建成的悬索桥，矢跨比一般取值范围为1/9～1/11，但以1/10～1/10.5居多。矢跨比是影响悬索桥刚度的重要因素，矢跨比越小，缆力就越大，重力刚度就越大，活载作用下钢箱梁的挠度就越小。从总体上讲，矢跨比越小工程造价就越高，主缆矢跨比的选择就是在重力刚度与工程造价间寻找平衡点。

选择1/9、1/10矢跨比进行比较，重点考察其对大缆轴力、主梁竖向位移的影响。表1-3列出了钢箱主梁的部分计算结果。

通过对不同矢跨比相应主缆、锚碇数量的估算，结合悬索桥加劲1/250～1/300的一般刚度要求，经综合比较，采用1/9的矢跨比。其主要优点是节省主缆及锚碇材料，较大的矢跨比对应的塔高较高，造型更加雄伟，与景观更为协调，如图1-11所示。

不同矢跨比下悬索桥施工参数比较 表 1-3

矢 跨 比	1/9	1/10
主缆拉力(kN)	89051.91	105000
活载最大竖向挠度(m)	-0.86 ~ 0.26	-0.72 ~ 0.20
最大活载挠度/跨径	1/384	1/467
主缆用量(t)	1828	2195
锚碇混凝土方量(m^3)	89532	110000

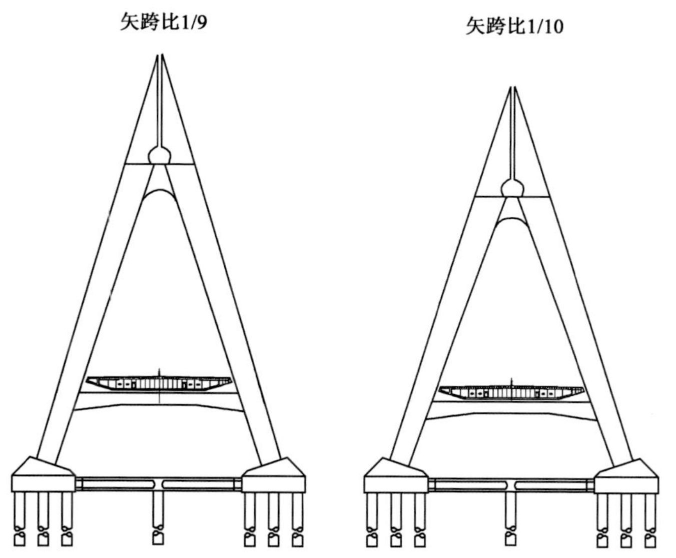

图 1-11 不同矢跨比索塔造型图

经过比选,最终确定主桥跨径组合为 40m + 430m + 40m 的单主缆悬索桥,如图 1-12 所示。

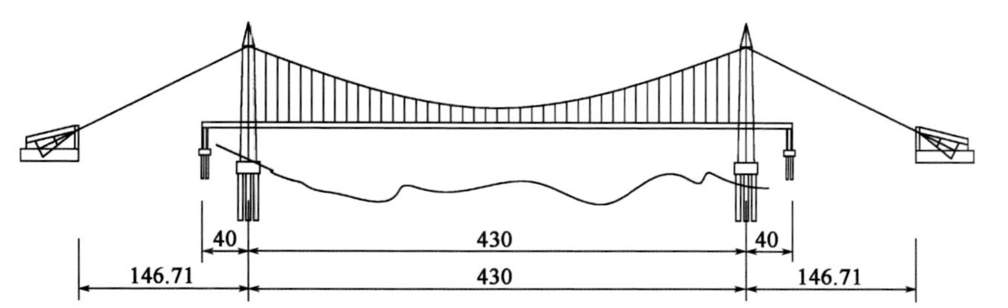

图 1-12 主桥纵断面图(尺寸单位:m)

三、锚碇设计

锚碇采用重力式锚碇。悬索桥主缆拉力传给锚体后，根据锚体传给地基传力方式的不同，锚碇分为重力式及隧道式两类。重力式是依靠锚体与基础的自重克服主缆拉力使锚碇产生的滑动和倾覆，而隧道式是通过锚塞与隧道岩体的黏结传递给周围地基。隧道锚利用锚体围岩抵抗巨大的缆索拉力。

锚碇位置的覆盖层厚度大多在20m左右，锚碇基地持力层为弱风化基岩。为解决锚碇矩形深基坑开挖的稳定，采用圆形锚碇，以减少内支撑，方便施工，这是一项重大的技术决策。锚碇底面位于地面以下22m，锚碇基础采用直径57m、厚度10m的实体结构，腔体内填充砂卵石。锚体分为前锚和后锚，前锚安装有散索套，后锚则作为主缆的锚固体系的锚固端。

锚室内设置梯步作为检修通道。锚室入口处设置铁门，平时关闭，在检修时方能开启，其构造示意见图1-13。

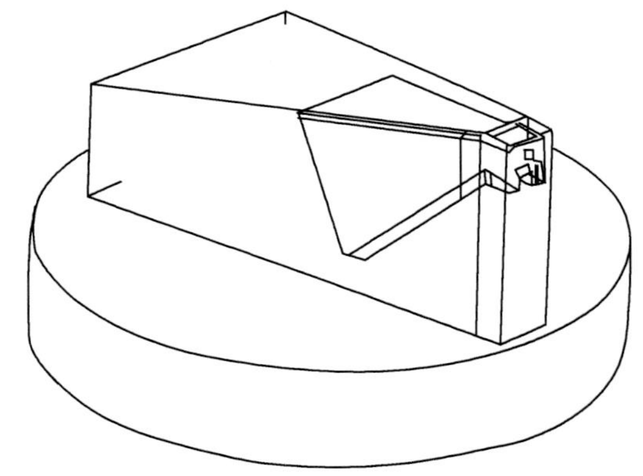

图1-13 锚碇构造图

四、索塔设计

采用全钢箱结构索塔，塔身采用“人”字形结构，轮廓鲜明、强劲的三角形塔柱自下而上倾斜相碰，给人遒劲有力、奔放向上的感受。主缆、索塔、吊索逐步由空间渐变为平面，体现韵律的变化。在宽敞开阔的地理环境中，无论远近，高大挺拔的塔形桥梁将吸引人们的眼球，成为城市地标建筑景观。

索塔高度为104.811m，塔柱夹角为34.2°。塔柱底部横桥向宽度为5m，顺桥向宽度为10m，造型为等腰三角形；到塔顶主索鞍区域，尺寸渐变为顺桥向宽度为6.5m、顺桥向宽度为7.5m的等腰三角形。主缆通过位置设置圆孔，主索鞍下部高度为6m。见图1-14。

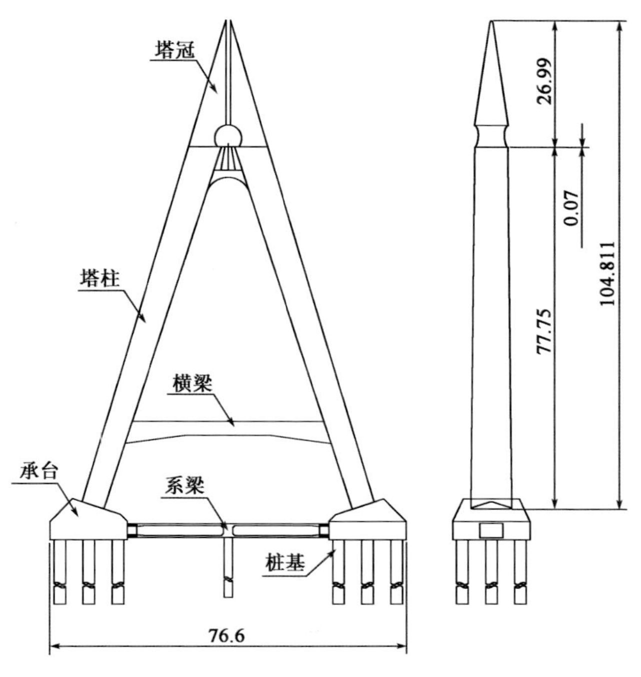

图1-14　塔柱一般构造图(尺寸单位:m)

索塔基础为桩基承台，每根塔柱下方设置9根ϕ2.5m的钻孔桩，桩基均嵌入基岩。承台高度为4m，平面尺寸为16.6m×16.6m。两承台中心间距为60m，为克服塔柱根部剪力对桩基的不利影响，在承台间设置预应力混凝土系梁。

五、钢箱梁设计

由于吊索主要集中于钢箱梁中心区域，因此吊索几乎不能对主梁的扭转提供任何约束，体系的抗扭刚度仅能靠钢箱梁本身提供。为适应这种结构体系，采用抗扭刚度较大的封闭箱形截面。通过对全钢箱梁、预应力钢筋混凝土箱梁和钢—混凝土组合箱梁结构的比较，设计采用全钢箱梁，其截面设计见图1-15。

主梁采用单箱单室扁平流线型全焊钢箱梁。全宽38m(含两侧各0.5m风嘴)，中心高3.5m(外轮廓)。钢箱梁顶板厚14mm，底板、腹板厚12mm。钢箱梁顶板在机动车道、非机动车道区域采用U肋进行纵向加劲，U肋上口宽300mm，底宽180mm，高280mm，板厚8mm，间距600mm。钢箱梁顶板在人行道区域以及钢箱梁底板、下斜腹板采用板式加劲肋进行纵向加劲，加劲肋高 140mm，板厚 12mm，间距 310 ~ 360mm。

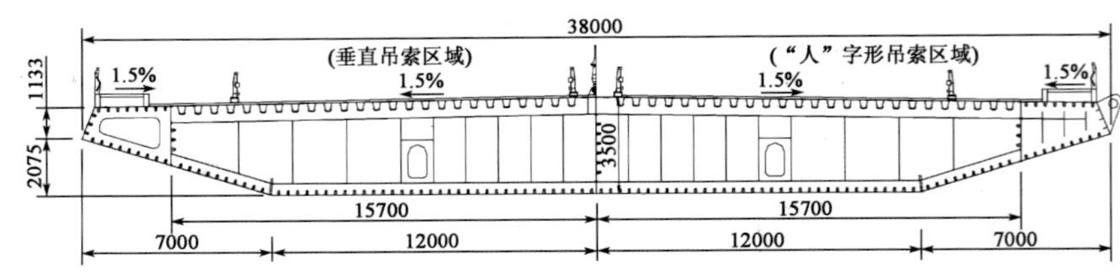

图 1-15　标准扁平钢箱梁横断面图(尺寸单位:mm)

钢箱梁内，每隔 3.33m 设置一道横隔板。普通横隔板板厚 10mm，吊点横隔板采用 12mm 板厚。在"人"字形吊索区域，出于受力需要，吊点横隔板采用 12 ~ 30mm 的板厚。非"人"字形吊索区域增设一道纵隔板，板厚 12mm。

通过与钢混结构、混凝土结构等形式比较可以看出，钢箱梁具有明显的优点。

(1)由于混凝土自重较大，钢—混凝土组合结构箱梁比标准钢箱梁主缆用钢量多 20%，并由此带来索鞍、索夹、锚碇、索塔尺寸及材料用量的增加。

(2)钢箱梁动力特性及抗风性能优于组合结构箱梁。

(3)从截面构造上来看，组合截面存在混凝土与钢桥面板的连接、钢管桁架与钢箱梁的连接等构造，结构形式复杂。钢箱梁通过工厂加工，现场焊接，结构形式单一，整体性好。

(4)钢结构能承受较大的拉应力，而组合结构的桥面板拉应力较大，若采用组合结构，则混凝土桥面需设置多条断缝，影响结构耐久性。此外，由于单吊杆区域顶板混凝土横向受拉，因此需设置横向预应力，使结构更为复杂。综合上述因素，钢箱梁截面优于组合截面。

六、主缆设计

主缆设计为单根主缆。对于较大跨径悬索桥(一般跨径大于 400m)，为使缆的弹性模量尽可能提高，常采用平行钢丝主缆。平行钢丝主缆的成缆方法有空中编组缆(AS)法和预制索股(PPWS)法两种。相对 AS 法而言，PPWS 法有以下优点：

(1)PPWS 法索股采用工厂加工，质量相对 AS 法更好控制。

(2)AS 法施工时受风的影响较大，PPWS 法则较小；AS 法施工对镀锌层的磨损大于 PPWS 法。

(3)PPWS 法施工工期较 AS 法短。

(4)PPWS 法施工的索股数少,锚固空间相对较小。

综合考虑以上因素,成缆方法采用 PPWS 法。对于 PPWS 法施工的索股,为将其钢丝排列成正六角形,使得架设时主缆索股密贴,通常每股的丝数为 61、91、127、169 等。根据主缆长度、截面面积,结合制作、运输、吊装、牵引架设能力等,选择的索股丝数为 127。预制钢丝束的平行钢丝镀锌后直径为 5.2mm,镀锌后抗拉强度不低于 1670MPa。根据计算结果,每根主缆由 91 股索股组成。主缆截面在安装中基本呈六边形形状,后经紧缆机在径向施加压力形成 ϕ617 的圆形(索夹处)。索夹处空隙率为 18%,非索夹处空隙率为 20%。索股锚头采用热铸锚,铸钢锚杯内浇铸锌、铜合金(锌 98%,铜 2%),锚杯通过螺杆与锚碇的锚固系统连接。见图 1-16。

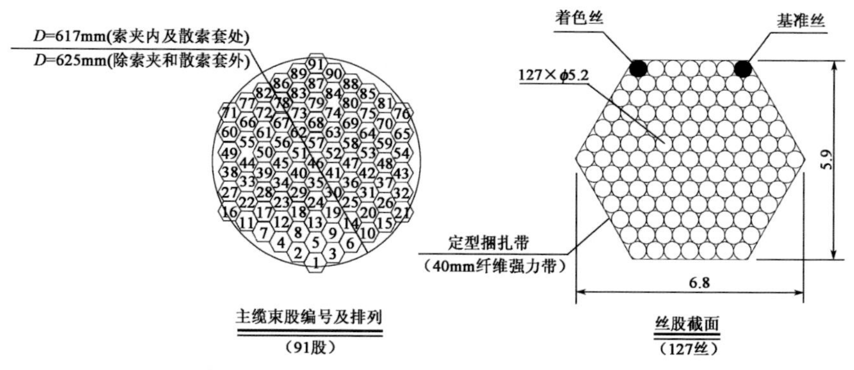

图 1-16 主缆及索股截面图(尺寸单位:mm)

第二章 溶蚀透水地层桥梁基础和重力式锚碇施工技术

第一节 溶蚀透水地质钻孔桩施工技术

桥梁基础钻孔灌注桩每当钻进遇到溶洞、溶槽、溶沟等地层，经常会出现坍塌、漏浆、斜孔、偏孔、缩孔等现象，造成成孔困难。在许多地段多次反复冲孔仍难以穿过，若施工工艺处理不当，施工几个月甚至半年时间都毫无进展，令承包人和作业人员非常苦恼。过程中稍有不慎还会出现掉钻、埋钻或地面塌陷等严重问题，甚至需要重新布置孔位钻孔。溶蚀透水地层冲孔施工中，需要采取多种针对性施工方法解决冲孔问题。

现结合大桥施工实际情况，对采用的堆填冲击法、钢护筒跟进法、双层（多层）钢护筒跟进、地面注浆、高低岩面钻孔桩处理几种有效的施工方法及措施，进行总结。实际操作中，要根据地质勘测资料具体分析，结合书中所述的几种方法，制订可行的施工方案，并在冲孔到达溶蚀地层前做好施工准备及事先控制。

一、堆填冲击法

穿越溶蚀透水地质的桥梁基础，一般都采用冲击钻成孔。堆填冲击法是通过多次回填土石，反复冲击，人工形成充填稳固的护壁和较为平整均质的冲击面，如图 2-1 所示。其中图 2-1a）、b）是钻孔桩通过溶洞示意图，图 2-1c）、d）是钻孔桩通过溶沟、溶槽示意图。

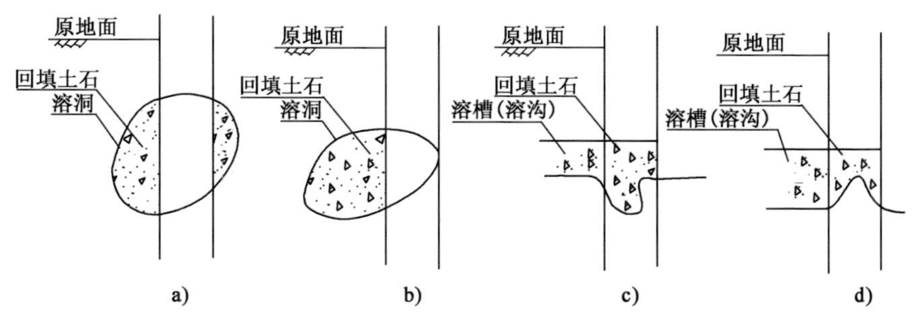

图 2-1　溶蚀地层回填土石冲击成孔示意图

采用回填土石反复冲砸，是穿越岩溶地层钻孔桩施工常用的和最基本的方法，需要注意以下内容。

（1）根据所掌握的地质资料，在进入岩溶地层前应低锤轻砸，冲击锤提升高度宜在 0.5 ~ 1.0m。土石回填要及时，当出现锤头摆动或斜孔现象时，不应强制冲砸，应停机升锤，回填 2 ~ 3m 高的土石柱，低锤轻砸。反复多次充填溶洞才能穿越溶蚀层。

（2）回填物以黏性土为主。一般黏性土与石块比例以 7∶3 ~ 8∶2 为宜。根据裂隙发育情况，如遇裂隙较多且漏浆较严重时，宜掺加少量水泥等水凝物，提高护壁的稳定性。

（3）每次回填高度一般在 2 ~ 3m。如果出现漏浆需重新造浆，回填高度适当加大，反复冲砸制造黏土浆液。

（4）遇溶洞时特别需要注意防止卡钻。冲孔时要密切关注锤头倾斜情况，及时再次回填土石冲砸。待锤头平稳，冲砸有力后才能加大冲程，平稳通过。

二、钢护筒跟进法

钢护筒跟进法主要是针对溶蚀地层冲孔过程中漏浆，造成土层塌孔问题的防护措施。当出现较大的溶洞（无填充）或存在暗流、暗河的地质情况时，回填冲砸物难以成形，会出现漏浆，甚至浆液瞬间消失，导致上层孔壁土体坍塌，出现缩孔、埋钻，甚至地面塌陷、钻机倾斜等，非常危险。采用钢护筒跟进至岩层，保证成孔时土体的稳定是必要的。

（一）钢护筒钢板厚度计算

钢护筒内泥浆突然消失后，护筒内外形成水头压力差（$P=\gamma H$）。钢护筒是薄壁圆环结构，在护筒四周水土压力的作用下容易出现失稳变形，如图 2-2a）所示。取护筒底部单位长度的圆环进行分析计算，其受力情况如图 2-2b）所示。

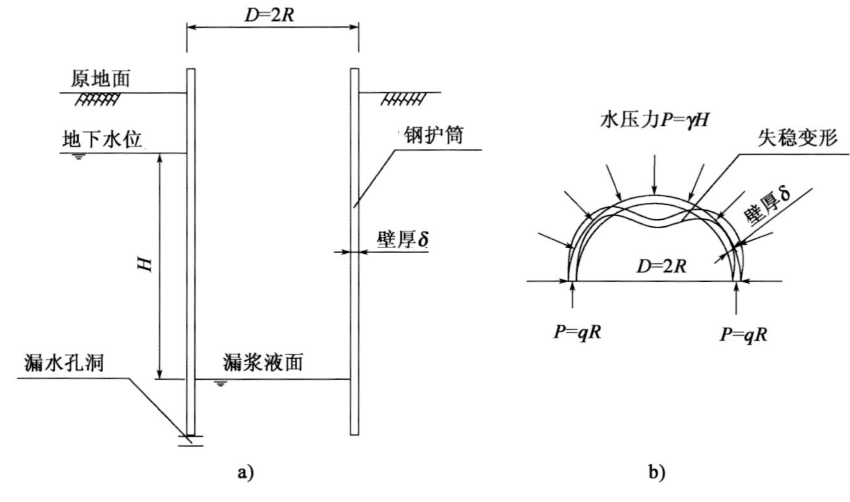

图 2-2　漏浆示意及护筒应力分析图

钢环截面压力为 $P=qR=\gamma HR$；其截面失稳临界力相当于 $\pi R/\sqrt{3}$ 的直杆失稳临界力。有：

$$P_{\mathrm{k}}=\frac{3EI}{R^{2}},I=\frac{\delta^{3}}{12}$$

为保证漏浆后，钢护筒仍不至失稳，引入安全系数 K，有：

$$P_{\mathrm{k}}=KP$$

即：

$$\frac{3EI}{R^{2}}=K(\gamma HR)$$

代入计算得：

$$\delta=\sqrt[3]{\frac{4K\gamma H}{E}R} \qquad (2\text{-}1)$$

式中：δ——钢护筒壁厚（mm）；

K——设计安全系数，可取 2；

r——水重度（$\mathrm{kg/m^3}$）；

H——水头差（m）；

E——钢材的弹性模量，取为 2.1×10^{5} MPa；

R——钢护筒直径（m）。

由式（2-1）可看出，钢护筒的钢板厚度可分段设置，即上层较薄，下层加厚。

(二)漏浆孔面积计算

图 2-2 所示的漏浆孔,如不计漏浆孔的阻塞作用,浆液流出速度为 $v = \sqrt{2gh}$,即$\sqrt{2gh} \cdot A \cdot \mathrm{d}t = \pi R^2 \mathrm{d}h$,积分后得

$$\sqrt{2g} \cdot A \cdot T = \pi R^2 \frac{\sqrt{H}}{2}$$

即:

$$A = \frac{T}{\sqrt{2g}} \pi R^2 \sqrt{H} \tag{2-2}$$

式中:A——漏浆孔面积(m^2);

T——漏浆的时间(h);

H——漏浆面与原液面的高差(m);

R——护筒半径(m);

g——重力加速度,取为 $9.8\mathrm{m/s}^2$。

实际施工时,可根据测量漏浆时间和液面高差,推算出漏浆孔洞面积。如果漏浆孔洞单一,位置能基本确定,可采取灌注水下混凝土、注浆或潜水人工堵塞的方法,解决漏浆问题。

三、双层(多层)钢护筒跟进

多数情况下,采用原钢护筒直接跟进进入岩层很难实现:一是钻进干扰大,二是锤击困难或因锤击力过大造成护筒变形。如确实需要钢护筒跟进,则在原护筒内安装第二层钢护筒,见图 2-3。施工中应注意以下内容。

(1)D_1(内径)与 D_2(外径)相差在10 ~ 20cm 为宜。

(2)在安装第二层钢护筒前,使用检孔器检查第一层钢护筒是否变形,并确定变形的位置,以便确定 D_2 的合适尺寸。用冲击锤头低锤轻砸,把孔底土石尽量整平,以保证第二层钢护筒下放到位后的垂直度。

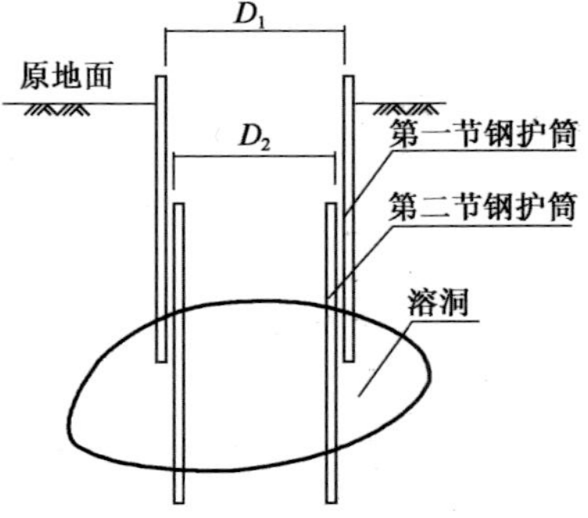

图 2-3 双层(多层)钢护筒跟进

(3)第二层钢护筒下放前,采用冲锤扫孔、扩孔。若遇孔内漏浆,采用捞渣法冲孔,直至孔径满足下放护筒要求。下放过程中应特别注意控制垂直度,避免护筒因倾斜卡在孔内。严格按设计方案将钢护筒下沉至溶洞底或设计位置,尤其注意在下放过程中不得采用振动锤等强力振打。

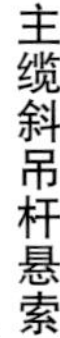

(4)下放至设计位置后,在两层钢护筒的间隙内回填黏土。

采用上述方法可以使第三层或者更多层钢护筒跟进穿过溶洞。但必须在施工前,根据地质勘测钻孔柱状图制订方案,事先确定分层数,以便做好护筒直径分级设计。

四、地 面 注 浆

在桥梁穿越重要地区及临近重要建筑物时,为防止因岩溶区钻孔引起地面下沉,危及人身财产安全,采用从地面向溶洞或裂隙内注浆的技术措施,可有利于减小冲孔难度,降低施工安全风险。

一般情况下,当溶洞或裂隙处于浅埋深度时,进行注浆填塞效果比较明显。主要方法是采取钻探或地质雷达探测等手段,尽量摸清溶洞位置、形状、大小等,再确定注浆方案。注浆孔布置间距为3~5m,呈梅花形,沿建筑物两侧布置,双排注浆后起到帷幕封闭作用,防止地下水流失引起建筑物下沉等。

注浆压力应控制在0.2~0.5MPa范围内,以防止压力过大导致地面局部隆起。浆液主要为水泥浆,在富水及砂卵石地层宜掺加水玻璃等。

五、高低岩面钻孔桩处理

大桥北岸索塔左侧基础位于水中,右侧基础位于山坡上。左侧基础弱风化岩面高程约为+67m,右侧基础弱风化岩面高程约为+71m,两侧高差达4m,见图2-4。两侧钻孔灌注桩在岩面以上的自由长度不一致,引起刚度差异,对桥梁结构不利,需要有针对性地采取措施。因此右侧基础钻孔桩采用双层钢护筒,在两层护筒间设置间隙。地面整平后埋设直径3m的钢护筒,采用直径2.8m的冲锤冲孔至高程+67m后停止冲孔;在直径3m的钢护筒内安装直径2.6m的钢护筒,两层护筒间插入4~8根方木限位,并回填黏土,见图2-5。然后改用直径2.5m的冲锤继续冲孔至设计高程,安装钢筋笼灌注水下混凝土。待桩身混凝土达到设计强度后拔出方木,并用高压水冲洗清除黏土,拔出外侧钢护筒。

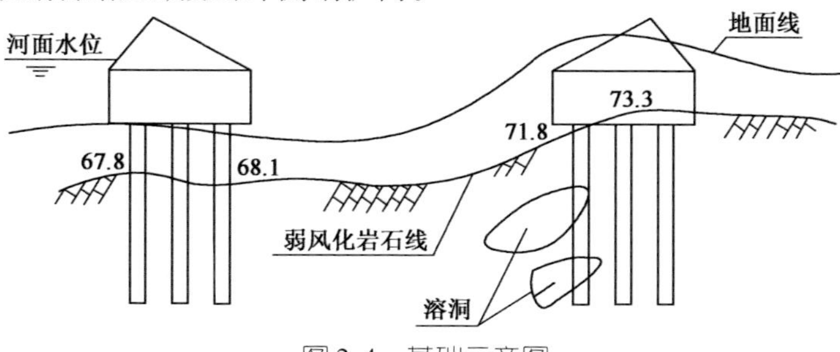

图2-4　基础示意图

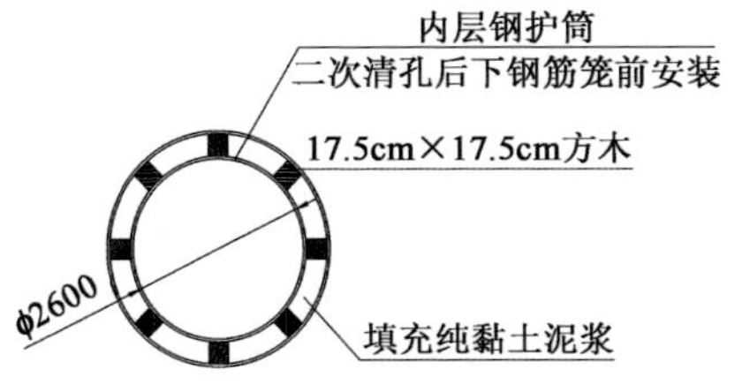

图2-5　双壁钢护筒断面图

第二节　索塔基础施工

索塔基础设计为分离式桩基承台基础，承台高4m，平面尺寸为16.6m×16.6m，每个承台下有9根φ2.5m钻孔灌注桩。因索塔底部产生水平推力，承台间设置预应力混凝土连系梁后，施加一定的应力储备以防止系梁产生裂缝。系梁为单箱单室结构，箱体尺寸为5m×3m（宽×高），壁厚0.4～0.6m，系梁全长43.4m。在跨中处设有2m厚实心段和一根φ1.8m钻孔桩。连系梁现浇施工，为降低混凝土收缩徐变的影响，放置30d后再浇筑后浇段。要求根据索塔横梁节段安装情况，分两次完成施加预应力施工。

首先浇筑39.4m中间段，达到设计强度后进行第一次预应力张拉。索塔横梁拼装完成后浇筑后浇段，达到设计强度后安装连接器进行第二次预应力张拉。索塔基础见图2-6。

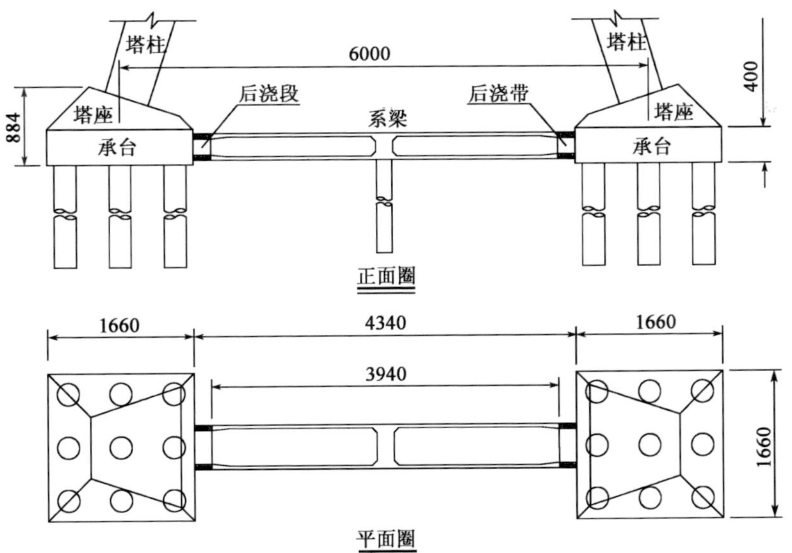

图2-6　索塔基础（尺寸单位：cm）

一、索塔基础围护方案设计

南北两岸索塔基础均位于水中,需根据地形及地质条件,有针对性地进行围护方案设计,采用不同的结构形式,有效降低施工成本。南北两岸索塔基础均采用抽水开挖土石方,有利于施工质量控制。

南岸索塔处覆盖层厚10m,为冲沟冲积形成,此处最大水深10m,岸侧均为杂填土。设计采用筑岛填筑和锁口钢管桩围堰方案施工索塔基础。为减小岸侧土压力对围堰稳定性的影响,开挖边坡后在围堰四周设置宽7m的施工平台,取消岸侧边坡的抗滑设计。

北岸索塔处覆盖层平均厚度约为4m,岩面起伏,且位于防洪堤边,地质条件复杂。左侧基础在水中,此处覆盖层厚5m左右,岩层面在承台底面以下5m左右,最大水深为10m,且河床面十分陡峭,基础外侧向江中心方向5m处水深即达到20m。右侧基础在小山坡上,岩层面在承台底面以上1.5m左右。基础施工时水中钻孔桩采用钻孔平台钻孔,围堰采用钻孔灌注桩排桩与旋喷桩、锁口钢管桩联合围堰。

(一)锁口钢管桩

与钢板桩围堰相比,锁口钢管桩围堰具有刚度大、内支撑少、抗滑能力强等优点,近年来得到了广泛应用。它是一种适用性较强的围护结构形式,既可以在陆地上用作深基坑围护,又可以在水中形成防水围堰。

锁口设计形式有圆管形和方形两种。圆管形母口为开口的圆形钢管,公口为工字钢。插打时,工字钢顺钢管开口插入,其防水性能较好。方形的锁口采用角钢制作。见图2-7。

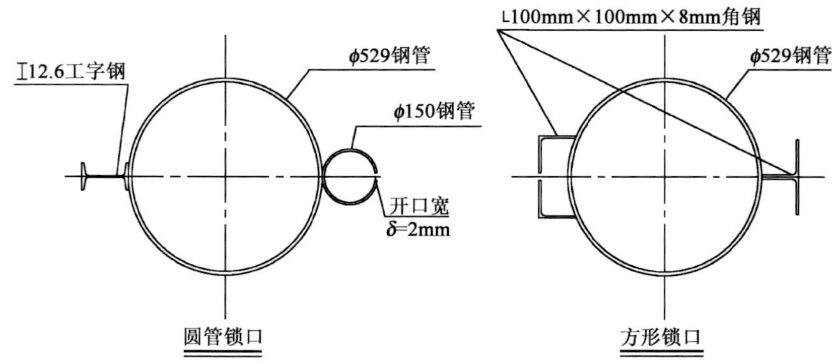

图2-7　锁口钢管桩

锁口钢管桩与常用的钢板桩相似，但与钢板桩相比，具有如下优点。

（1）从两者刚度、重力比较看，锁口钢管桩，其惯性矩为 $I_x = I_1 + I_2 + I_3 = 5.6 \times 10^4 cm^4$，所以其抗弯刚度 $W = I_x/h = 2.12 \times 10^3 cm^3$，则其每延米的抗弯刚度 $W_m = W/l = 3.08 \times 10^3 cm^3/m$，单位宽度重 $G_m = (G_1 + G_2 + G_3)/0.688 = 256.8kg/m^2$。

拉森Ⅳ钢板桩，其每延米的抗弯刚度 $W_m = 2.037 \times 10^3 cm^3/m$，围堰单位宽度重 $G_m = G/0.4 = 187.5kg/m^2$。

两者抗弯刚度比为 $3.08 \times 10^3/(2.037 \times 10^3) = 1.51$，单位长度重比为 $256.8/187.5 = 1.37$。综合以上比较，锁口钢管桩力学指标较优。

（2）内支撑间距大。由于抗弯刚度大，围堰内垂直方向的支撑间距可加大，减少支撑层数。

（3）防水性能好。锁口内填以砂土，如水深、水压大，可适当掺以水泥与砂拌均，防水性能更优。

（4）插打深度较深，底部锚固能力强，具有抗滑力。

（二）锁口钢管桩围堰的设计

（1）围堰平面尺寸设计时，考虑合并两侧承台和中间系梁形成一个围堰，以便于基础混凝土浇筑，同时基础承台外侧至围堰间预留预应力张拉施工空间。根据基础平面形状，围堰确定为矩形。南岸围堰由400根锁口钢管桩、I45a 工字钢圈梁及内支撑组成，见图2-8。

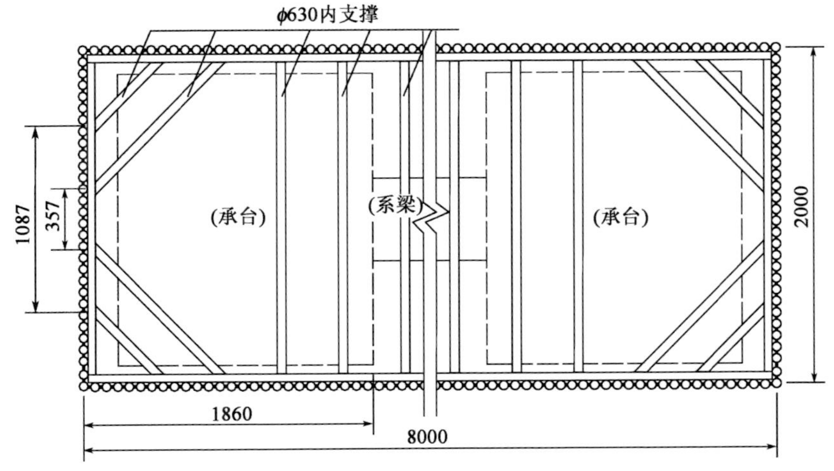

图2-8　南岸锁口钢管桩围堰平面图（尺寸单位：cm）

北岸围堰由84根锁口钢管桩、76根 φ1.5m 钻孔灌注桩及旋喷桩组成，并在锁口内封堵防水，见图2-9。

(2)围堰立面设计时,主要考虑根据锁口桩锚固长度、承台基底位置、封底混凝土厚度、覆盖层厚度等,确定围堰底部高程、内支撑布置层数及与承台分层浇筑之间的关系,见图2-10。

图2-9　北岸联合围堰示意图

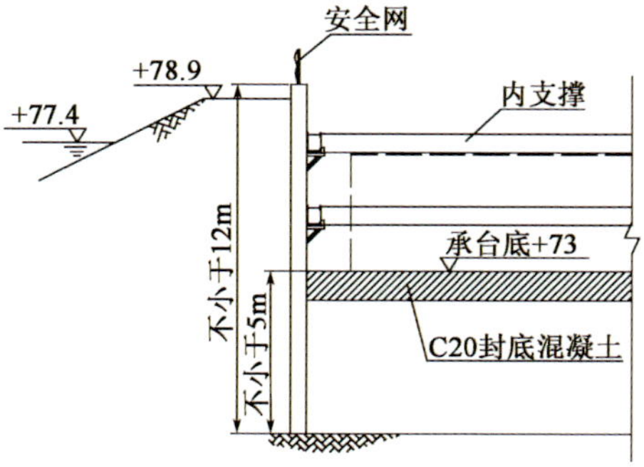

图2-10　围堰立面图

(3)围堰的分析计算主要是根据不同的工况进行,本次围堰方案设计除考虑正常的施工工况外,特别考虑了围堰因江岸边坡不对称土压力产生的滑动力,以及北岸岩面起伏导致锁口桩底部可能会出现的管涌问题。具体工况及一般计算方法如下。

工况一:不抽水开挖后,浇筑封底混凝土。

工况二:围堰封底之后,抽水至第一层内支撑以下50cm处时。

工况三:安装第一层内支撑,抽水至第二层内支撑以下50cm处时。

工况四:安装第二层内支撑,围堰内抽干水时。

工况五:浇筑承台混凝土。

工况六:验算基底隆起和管涌的稳定性。

①外部荷载:围堰所受的外部压力有土压力、静水压力及流水压力。

土压力:

$$\text{无黏性土}\ P_{\text{土}} = \gamma h \tan^2\left(45^\circ - \frac{\varphi}{2}\right)$$

$$\text{黏性土}\ P_{\text{土}} = \gamma h \tan^2\left(45^\circ - \frac{\varphi}{2}\right) - 2c\tan^2\left(45^\circ - \frac{\varphi}{2}\right)$$

静水压力:

$$P_{\text{静}} = \gamma' h'$$

动水压力:

$$P_{\text{动}} = kA\frac{\gamma' v^2}{2g}$$

上述式中:γ——土的重度(kN/m^3),地下水位以下用浮重度;

h——计算点距离填土面的深度(m);

c——填土的黏聚力(kN/m^2);

φ——填土的内摩擦角(°);

r'——水的重度(kN/m^3);

h'——水头差(m);

k——围堰形状系数;

A——围堰阻水面积(m^2);

v——设计流速(m/s);

g——重力加速度,取为$9.8m/s^2$。

②强度分析:

弯曲应力 $\sigma = \frac{M}{W}$(单向受弯构件)

剪应力

$\tau_{max} = \frac{3}{2}\frac{F}{bh}\left(矩形截面,为平均应力的\frac{3}{2}倍\right)$

$\tau_{max} = \frac{F}{bh_0}$(工字钢,剪力全部由腹板承受)

$\tau_{max} = \frac{4}{3}\frac{F}{\pi r^2}$(为平均应力的$\frac{4}{3}$倍)

③稳定性分析:围堰在受到流水压力或其他不对称的外力时,可能发生整体倾覆的危险,其抗倾覆性 K_z 要加以计算。

$$K_z = \frac{M^0}{M^r}$$

式中:M^0——稳定力矩(N·m);

M^r——倾覆力矩(N·m)。

在水中还要计算围堰的抗浮稳定性 K_r。

$$K_r = \frac{F}{P_{浮}}$$

式中:F——围堰的自重,与土体垂直方向的摩擦力等的合力(kN);

$P_{浮}$——水的浮力(kN),$P_{浮} = \gamma hA$。

二、索塔基础施工

(一)筑岛及钻孔桩

首先使用长臂挖掘机将河滩上的杂树、树根及漂石清除干净,并对场地进行整平。筑岛时挖掘机配合铲土机进行碾压,由上游向下游合龙的方式

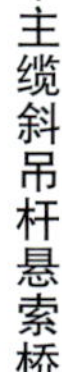

进行筑岛。采用多个2m厚钢筋石笼串联抛填的方式进行护坡。

筑岛范围适当加大，有利于围堰四周土压力均衡，同时形成施工通道，便于车辆和机械通行。根据方案，要求外侧边缘距离锁口钢管桩不小于10m。筑岛完成后进行钻孔桩施工。

（二）锁口钢管桩围堰施工

1. 锁口钢管桩的加工制作

锁口钢管桩采用ϕ529螺旋钢管和不等边角钢加工而成，加工时公扣和母扣轴线成180°，转角管成90°。钢管与角钢之间的焊接采用双面满焊，以防渗水。为加强公母扣的强度，在公母扣两侧每隔1m焊接一道加强钢板，板厚为10mm。

2. 插打锁口钢管桩

锁口钢管桩插打时，加强第一根管桩定位的准确度控制，同时保证垂直度满足1%H（H为钢管长度）的要求。插打前首先安装好定位导向架，再顺着定位导向架插打钢管桩。第一根钢管到位后两侧各设置定位架，顺序插打其余钢管桩。水中部分采用浮吊配合K90振动锤进行插打作业。由于围堰较大，钢管桩之间的间距误差也较大，因此需要处理封口钢管。打到封口位置时，测好封口之间的距离，特殊加工制作1~2根异形锁口钢管桩，利用加长或缩短公扣长度来调整距离。

锁口钢管桩插打时，保证其插打深度在承台底面以下不小于5m，满足抗滑稳定要求，同时保证锁口止水效果良好。见图2-11。

图2-11　插打锁口钢管桩

3. 锁口内填塞防水

锁口止水采用灌注低强度等级砂浆进行，灌注前将锁口间隙用麻布筋填塞，灌注时采用特制漏斗人工上料，灌注速度不宜过快。施工过程中需仔细观察，发现砂浆流失应及时封堵。见图 2-12。

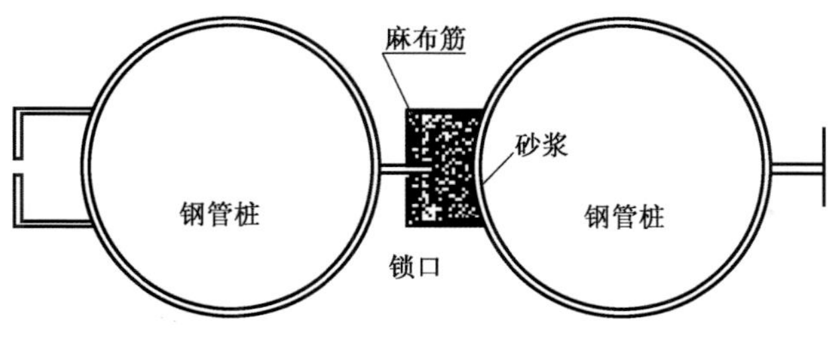

图 2-12　锁口防水示意图

4. 圈梁与内支撑

锁口钢管桩围堰内圈梁采用 2[45a 槽钢焊接而成，内支撑采用直径 630mm、壁厚 10mm 的钢管。内圈梁与锁口钢管桩之间焊接牢固，且在圈梁与钢管桩之间焊接加劲钢板，如图 2-13 所示，以增强圈梁与钢管桩的整体受力性能。土方开挖到内支撑设计高程以下 0.5 m 处，及时安装圈梁和内支撑。

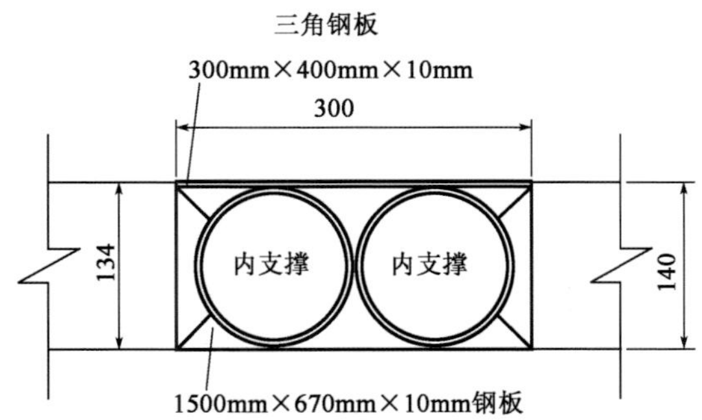

图 2-13　内支撑加劲钢板(尺寸单位:cm)

5. 异形桩施工

北岸围堰采用钻孔灌注桩排桩与锁口钢管桩联合围堰，在两种桩连接处设置异形桩，并使钻孔灌注桩与锁口钢管桩闭合处防水。钻孔灌注桩施工桩护筒埋设时，在对应位置切缝 2 ~ 3cm。为保证钢护筒的临时完整性，切缝部位每间隔 20cm 点焊一处。钻孔桩冲击至设计高程后，在切缝处插打异形锁口钢管桩，最后安放钻孔桩钢筋笼灌注水下混凝土。

6. 围堰变形监控量测

监控量测是围堰基坑施工过程中重要的工序，一般根据工况及施工周期，每日定时进行监测。其主要监测内容有锁口钢管桩顶部的位移、钢管的弯曲和倾斜、钢支撑的应力、围堰漏水情况、基底隆起和漏水情况、水位的变化等。

根据围堰土方开挖进度，每天对基坑顶水平位移和垂直位移、地表裂缝、支护结构变形、地下水、渗水与降雨关系等项目进行数据收集，并分析围堰的安全状态，书面通知，指导下一道工序作业，并做好相应记录。加强对现场监测数据的分析整理，使分析结果更加合理科学，发现问题及时处理。

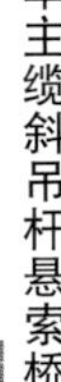

（三）承台和系梁施工

索塔基础围堰完成后开始承台和系梁施工。承台和系梁均采用C40抗渗混凝土，承台分两次浇筑完成，每次浇筑混凝土551m^3，均按大体积混凝土施工，设置冷却水管，如图2-14所示。

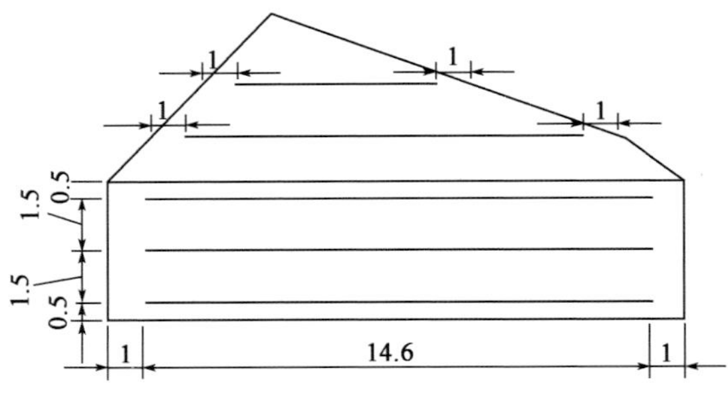

图2-14　主塔承台冷却水管布置图(尺寸单位:m)

系梁分两次浇筑，系梁与承台内设置16束22ϕ15.2环氧涂层预应力钢绞线，分两次进行张拉。

系梁先浇段达到设计强度后对先浇段系梁进行第一次张拉，系梁后浇段施工完且强度达到设计强度后在承台端部进行第二次张拉，第二次张拉的钢绞线与第一次张拉的钢绞线通过连接器连接。

为避免先浇段在张拉前发生沉降，系梁底部设置刚性基础和滑动层。

第三节　锚碇深基坑围护方案的设计与施工

一、锚碇深基坑区域地质勘察

锚碇基坑属超大型深基坑，在溶蚀透水区施工，风险尤其大。进入施工方案研讨阶段后，进一步详细进行地质钻探和调查。钻探结果表明：北岸锚碇位置处基岩埋伏于地面(地面高程约89.0m)下15～22m，岩溶发育于地面下 20 ~ 30m，见图 2-15a）、b）；南岸锚碇位置处岩面高差变化较大，圆砾层范围广，厚度大，见图 2-16a）、b）、c）。

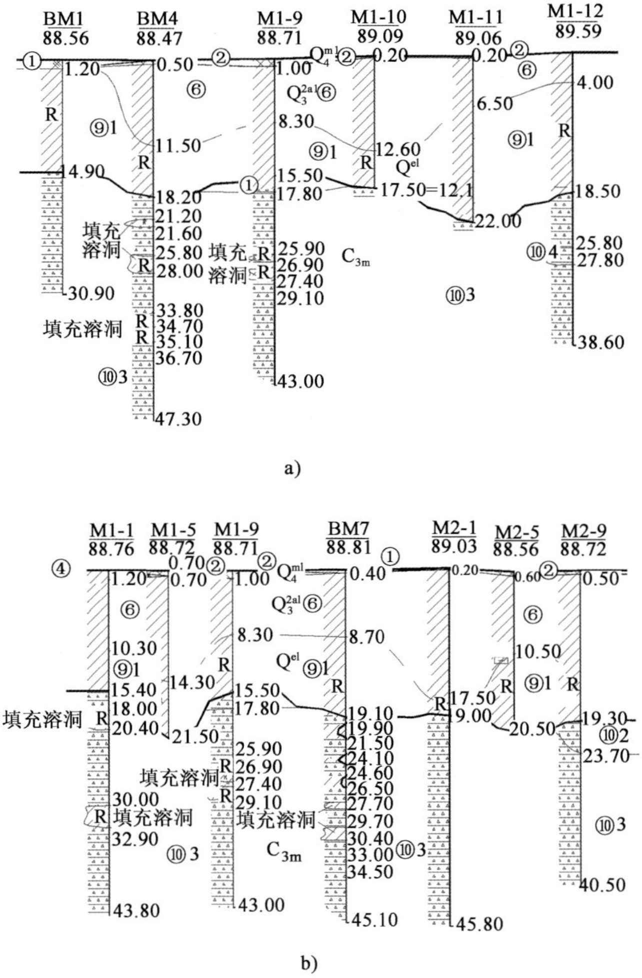

a）

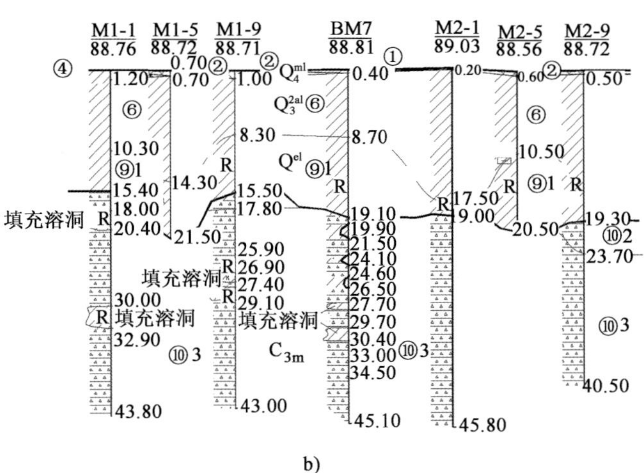

b）

图 2-15　北岸锚碇区勘探地质断面图

图 2-15、图 2-16 地质调查资料揭示：基坑开挖安全受潜水影响很大，如开挖基底超过潜水位较深，水头压力过大，基坑止水困难。特别是北岸锚碇区，基底进入岩溶，防水尤其困难。

经过多次分析，确定锚碇采用圆形锚碇，由初步设计的 40m × 57m 矩形锚碇变为直径 57m 的圆形锚碇。基底开挖高程由 + 60.2m 抬高至 + 67.6m，降低了施工难度，同时优化内支撑体系，使施工安全度大为增加。

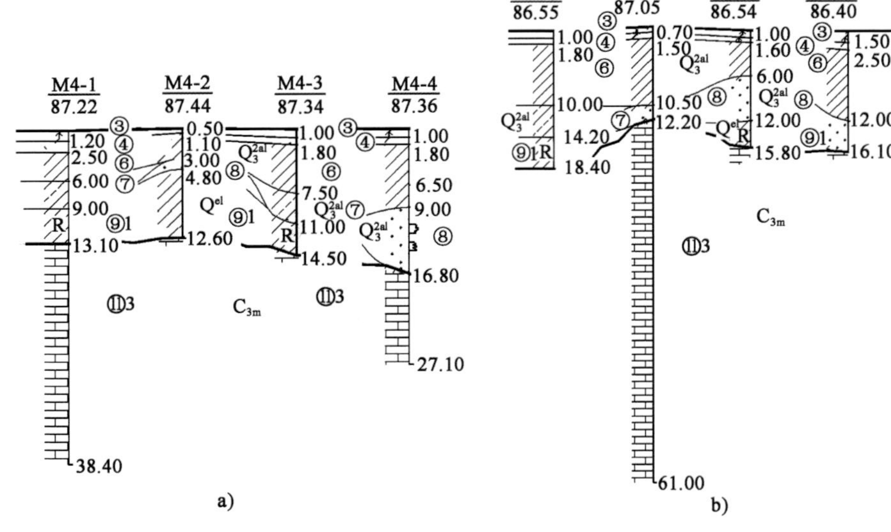

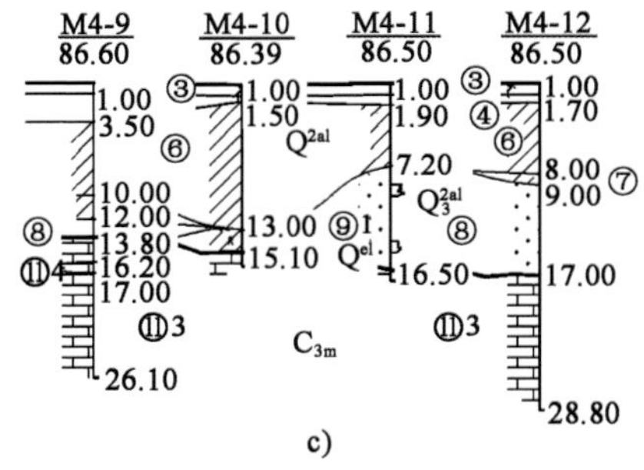

图 2-16　南岸锚碇区勘探地质断面图

二、围护方案设计

锚碇基坑开挖深度为 22m，基坑上口直径为 100m，下部垂直开挖部分直径为 57m，临近柳江且场区内环境复杂，因此该基坑的安全论证极为重要。

通过对各种围护方案，如放坡、土钉墙、桩拱墙、地下连续墙等进行比较后，综合考虑土质和地下水位情况，该溶蚀透水地层的深基坑采用联合支护形式，围护结构见图 2-17a）、b）、c）。

基坑围护结构的主要设计思路如下。

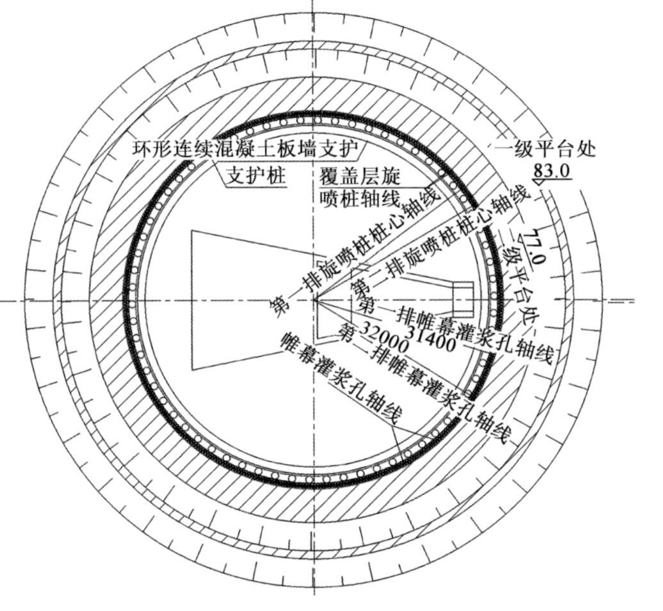

a)平面(岩层面以上)

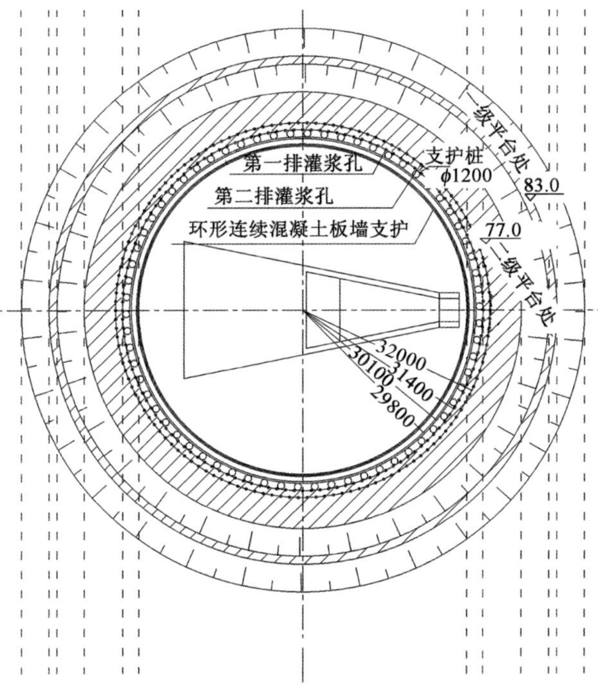

b)平面(岩层面以下)

图2-17

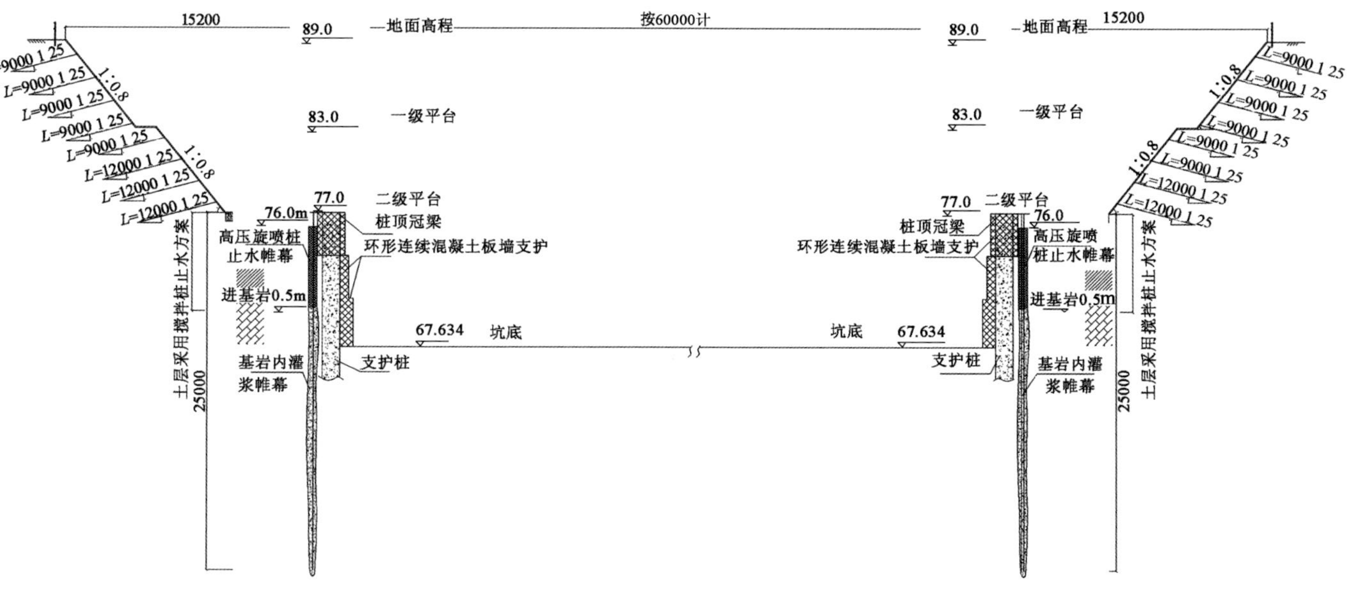

c)立面图

图2-17　锚碇围护结构设计平面示意图（尺寸单位：mm）

(1)在地下水位(+77.0m)以上至地面共12m高,采用放坡开挖。附近建筑物、道路、铁路等距离满足放坡开挖要求。

(2)为保证放坡开挖边坡稳定,12m高的明挖采用二级平台,即在高程+83m和+77m处各设置平台。

(3)放坡开挖边坡采用锚喷支护,ϕ25m锚杆长9~12m。喷射混凝土厚度为0.15m,边坡坡度为1:0.8。

(4)潜水位(柳江常水位)以下开挖深约10m,采用钻孔桩与现浇混凝土拱墙支撑。钻孔桩支护作为混凝土拱墙的临时支护桩,为混凝土拱墙施工提供安全支撑。混凝土拱墙采用逆作法,即由上至下开挖和浇筑。

(5)基坑开挖围护支撑结构,承受基坑土、水压力。由于采用圆形结构无需设内支撑,有利于土方开挖和运输。

(6)在土层采用ϕ600@0.5m旋喷桩咬合,共设两排,排距为0.45m。进入岩石段采用钻孔注浆,孔距为1.5m,共设两排,排距为0.75m,钻孔深度为25m(即进入基底以下15m)。

三、围护结构施工和土方开挖

(一)施工特点

锚碇基坑开挖支护随开挖深度采取不同的支护方式:+77.0m以上为喷锚支护,+77.0m以下为帷幕止水、连续拱墙、支护桩复合支护体系。

1.基坑开挖支护施工时的特点

(1)多工序交叉作业,相互干扰大。

(2)土体分层开挖时,开挖顺序需分段间隔跳跃进行。

(3)锚杆、喷射混凝土、帷幕止水、连续拱墙等工序施工要求高,控制措施多。

(4)施工中边坡变形监测与分析、安全状况的界定受多种因素影响。

(5)施工期间正值雨季,土体含水率升降频繁,不利于边坡稳定,地表水、地下水需采取多项措施同时控制。

(6)锚碇基坑开挖与支护作为关键工程,质量、安全风险高,各工序施工时需服从统一指挥与调度,要求衔接紧凑,尽量缩短开挖支护作业时间。

2.基坑开挖施工中主要技术重点和难点

(1)土质边坡开挖坡面控制

土质边坡开挖时采用分段开挖,开挖方式采取机械与人工相配合的方式,即:机械开挖时坡面预留20cm,在锚杆安装完成后人工清除剩余部分土体,人工拍打密实后实施反滤包立即挂网喷射混凝土。

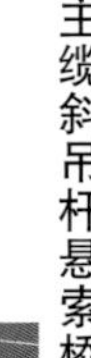

(2)土方边坡开挖顺序与控制措施

边坡开挖时分层进行,每次开挖深度不得大于锚杆间距,防止过多开挖导致土体失稳。

(3)锚杆、喷射混凝土施工控制

制订详细的锚杆、钻孔桩、帷幕止水施工工艺,规范施工程序。根据不同土层分别作锚杆抗拔、不良地质、压浆试验,采取不同的措施与处理方法;实行专人跟踪制度,确保每个工序均处于受控状态。

(4)钻孔桩、止水帷幕、连续拱墙施工控制与质量控制

根据现场土层含水率不同试喷混凝土,控制配合比、压力、喷头距离、层厚等,确保喷射混凝土密实度;加强拱墙接缝与密实度控制。

(5)边坡及坑壁变形监测方法与跟踪程序

施工中实行信息化管理,即:监测采用逐层收集数据、逐层对比的方式,及时掌握边坡变化趋势,并张贴控制结果;实行监控开挖指令的方式,确保现场施工规范化与程序化。锚碇开挖时实行量化动态管理,确保安全前提下各工序形成平行流水作业。

(二)锚碇基坑开挖及支护

1. +77.0m 以上部分

+77.0m 以上部分开挖深度为 12m,分两级放坡开挖,坡度为 1∶0.8,两级间设平台与截水沟;每级高 6m,竖向分层开挖,每层 1.5~1.6m 不同;开挖时采用机械开挖、人工配合、先中间后坡脚的环形掏槽开挖方式(坡脚预留 8m 宽的反压与锚杆作业平台)。坡面锚杆为直径 25mm 的 M25 砂浆锚杆,面层为 $\phi8$ 钢筋网片喷射 15cm 厚 C20 混凝土。工艺流程见图 2-18。

(1)土方开挖:锚碇土方为硬塑湿陷性黏土,开挖前施工出土便道,便道两侧设置排水沟。便道临时排水由地面向坑外、坑内排水,坑外采用自然排水,坑内采用集水井集中抽排。便道纵坡≤10%,坡面采用与坑壁支护相同的构造进行支护。

开挖深度为 12m,分两级放坡,每级高 6m,坡度均为 1∶0.8,两级边坡间设置 1.4m 宽平台(含截水沟)。土方分层开挖,每层厚度与锚杆竖向间距相同,首层厚度为 1.6m,以方便现场作业。各层开挖时根据现场喷锚支护进度采用不同方式:当喷锚支护与土方开挖同步时,采用岛式开挖;当喷锚支护滞后于土方开挖时,采用掏槽法开挖,即在坡边预留 6m 平台,其余为掏去部分。土方开挖时随作业面实施排水措施,采用人工配合机械作业,预留坡面 20cm 采用人工清除,并拍打密实。

(2)锚杆施工(图 2-19):每层锚杆应进行样孔试验,样孔试验分别在开

挖前或土层变化时进行，以测定现场锚杆锚固力与土层实测黏聚力 c 和内摩擦角 φ，从而决定是否变更锚杆长度。

锚杆成孔采用干钻法机械作业。施工中应加强孔位、偏斜度、孔深监控并进行验收。锚杆支撑定位架应充分考虑压浆管的放置，可同时放入。锚杆安装中心偏差为 ±20mm，压浆管距孔底宜在 100mm 左右，锚头露出钢板长度为 4cm。

锚头采用承压板（锚座）等措施，确保孔内压力和浆体密实度。承压板需要预埋出浆口与进浆口，并利用土体进行固定，防止压浆时突出伤人或浆体不密实。出浆口设在承压板下方，设置软木塞或钢球等封浆措施；进浆口采用丝接钢管。

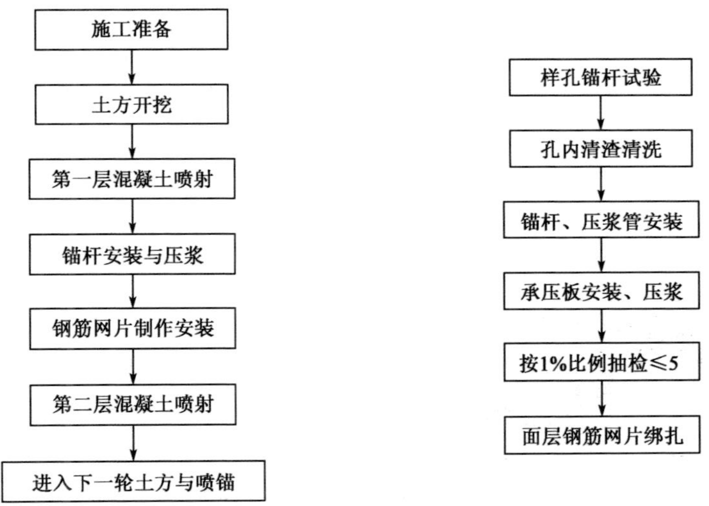

图 2-18　+77.0m 以上施工流程　　图 2-19　锚杆施工流程

浆体为 M25 水泥浆。浆体相关要求：水泥为 P. O42. 5R 普通硅酸盐水泥，水灰比宜为 0.5，掺入 1% 的早强减水膨胀复合型外加剂，稠度控制在 20s 以内。

锚杆安装验收合格后，采用 ZJB—85/180 型电动压浆机压浆，油表读数最小为 0.1MPa。首先用高压空气再次对孔内进行清孔，防止渗透水或残余水在孔底聚集影响浆体质量，然后采用稀水泥浆润滑管路。压浆一次性完成，中途因特殊原因停止时应及时采用稀水泥浆润滑注浆泵及其管路。出浆口在出压口浆体纯净，无水分、杂质时，采用止浆塞堵浆，维持压力不小于 2min，控制压力为 0.2MPa。在浆体终凝后，方可拆除止浆设施进行下道工序和喷射混凝土作业。

结合《建筑边坡工程技术规范》（GB 50330—2002）、《建筑基坑支护技术规程》（JGJ 120—99）、《铁路隧道工程施工质量验收标准》（TB 10417—2003），锚杆施工过程中应加强以下检测。

①材料：主要检测钢筋（含锚杆）、水泥、外加剂、砂石。

②锚杆：主要检测锚杆抗拔力试验，同一条件下、同一土层检测5%，≥5根。

③压浆：主要检测浆体配合比试配、实际配合比、稠度、水灰比、压力、饱满程度等。

④喷射混凝土：主要检测混凝土配合比试配、实际配合比、坍落度、水灰比、压力、饱满程度、厚度等。

（3）网片钢筋绑扎：钢筋网片为$\phi8$钢筋，网眼尺寸为200mm×200mm。在第一层喷射混凝土终凝后安装。钢筋交叉处连接采用扎丝绑扎，需放置在承压板以下作为分布钢筋，同时按设计要求放置纵横2$\phi14$补强钢筋。钢筋绑扎时按要求错开接头区，错开距离≥30cm；接头采用搭接绑扎或单面焊接，搭接长度≥30cm，单面焊接焊缝长度≥14cm。

（4）喷射混凝土：采用GSP—A湿喷机喷射混凝土，面层为C20速凝细石混凝土，厚度为15cm，分两次喷射。第一次喷射厚度为8cm，在边坡达到设计要求经人工拍打密实验收后进行。本次喷射混凝土分两层施工，每层厚度均为4cm，第二层在第一层混凝土终凝前进行。第二次喷射厚度为7cm，在锚杆压浆终凝后，钢筋网绑扎及锚头处理经验收合格后进行。本次喷射分两层，分别为3cm、4cm；第二层宜在第一层终凝前进行。喷射混凝土厚度采用提前插打立筋或标志桩来控制。如图2-20所示。

图2-20　+77.0m以上部分支护施工

（5）平台与临时排水：坡顶面设置截水沟，浇筑10cm厚C20混凝土硬化。第一阶平台表面浇筑15cm厚C20混凝土，第二阶平台表面浇筑20cm厚C20混凝土，表面向中心设2%排水坡。临时排水坡顶与第一阶平台的排水沟截面均为300mm×300mm。

（6）上下通道：上下通道采用脚手钢管搭设，牢固固定在边坡上，通道宽2m。上下通道随土方开挖临时设置，在喷锚后固定，并延伸至最底层作业面。基坑四周共设置四个上下通道。

2. +77.0m 以下部分

+77.0m 以下部分的支护施工包括:坡脚圈梁、平台硬化、支护钻孔桩、止水帷幕、冠梁、连续拱墙。开挖深度为10m,分层分段间隔跳跃垂直开挖,分层高度自上而下为2.5m、2.3m、2.3m、2.266m。+77.0m 平台设环向加固拱圈梁和混凝土硬化层。

+77.0m 以下支护结构由环向三道深25m 的止水帷幕、环向 ϕ1.2m@2.922m支护桩、厚1.2~1.6m 连续拱墙联合组成,其施工工艺流程见图2-21。

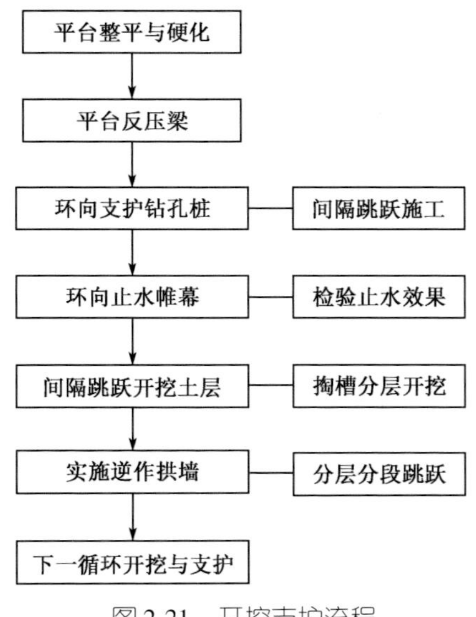

图2-21 开挖支护流程

(1)坡脚圈梁:测量放样坡脚圈梁位置,机械开挖基坑。按照垫层施工、钢筋制作安装、模板安装、混凝土浇筑与养护,分段间隔跳跃施工,每段长度9m。

(2)平台硬化:锚碇基坑开挖支护至+77.0m 后,整平压实,用C20 混凝土封闭硬化,同时实施排水系统,硬化后用红油漆标明车道位置。

(3)支护钻孔桩:支护钻孔桩桩径为1.5m,环向间距为2.922m,桩长12.5m,嵌岩深度为2.5m,伸入锚碇基底2.5m;采用PHP 泥浆护壁,冲击钻孔成桩。施工顺序为钻机就位→冲击钻孔→成孔验收→钢筋制作与吊装→二次清孔→水下混凝土浇筑。

钻孔桩施工重点控制不良地质处理、泥浆相对密度、沉渣、水下混凝土浇筑。具体施工方法与常规钻孔桩施工相同。

整个锚碇基坑采用11 台冲击钻机进行作业,每台负责6 根桩。间隔跳跃施工,以确保成桩混凝土质量。泥浆池直径为20m、深1.5m,设在锚碇中央,同时供所有钻孔桩作业循环使用。

(4)止水帷幕:基坑止水通过坑外侧的帷幕和基底压浆实现。止水压浆深度为 25m(+77.0m 以下),通过注浆使基坑外侧形成一个封闭的环形止水帷幕墙。

止水帷幕在所有支护桩施工完成后进行。若因工期紧张需提前施工止水帷幕时,施工点 6m 范围内须支护桩全部完成,即止水帷幕施工结束后 6m 范围不得再施工钻孔桩。

止水帷幕设在支护桩外侧,孔径为 75mm,共三排(每排 66 个孔,共布设 198 个孔);排间距为 0.75m,孔间距为 1.5m。压浆先施工第一排和第三排孔,然后施工中间的第二排孔;每排孔均分三序施工,先施工Ⅰ序孔,然后施工Ⅱ序孔,最后施工Ⅲ序孔。施工时分三批实施,确保浆体扩散半径相互咬合,工艺流程见图 2-22。实施要求与控制指标如下。

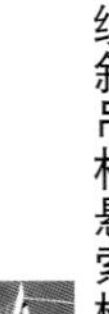

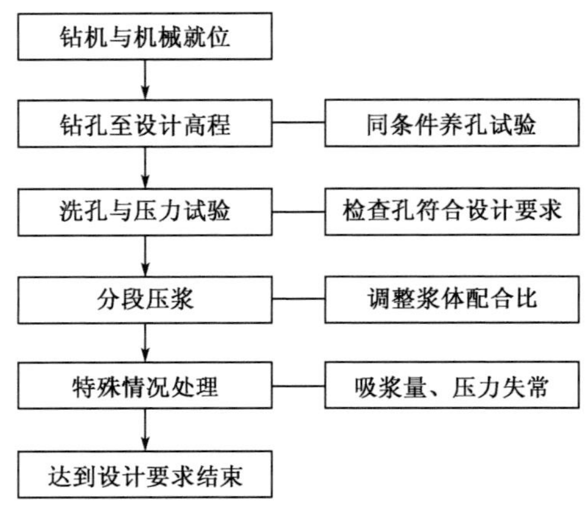

图 2-22 止水帷幕施工流程

①施工前选择一个部位进行生产性试验。试验孔为三排,每排 5 孔,共 15 个,孔深和施工参数与设计相同,其中布置两个检查孔。

②钻孔孔径为 75mm。压浆施工采用自下而上分段、孔内循环法施工,压浆段 5 ~8m,接触段为泥层 1.5m、基岩 2.0m,共 3.50m。

③压浆前除接触段外,需对其余压浆段进行一次压力冲洗和简易压水试验,冲洗压力为压浆压力的 70%,简易压水试验压力为压浆压力的 80%。

④压浆压力为接触段 0.2MPa,往下每段增加 0.05MPa。

⑤压浆浆液的水灰比采用 5:1、3:1、2:1、1:1、0.8:1、0.5:1,开压水灰比用 5:1。如果孔口没有返浆或吸浆量较大,则可以直接跳级开压。如果吸浆量过大,则应在浆液中加入 5% ~10% 比例的细砂或加入适量的水玻璃,或采用间歇压浆的方法,间歇时间为 4 ~8h。压浆遵循由稀到稠逐级变换的原则:

a. 压浆压力保持不变的情况下,吸浆量持续减少时或当吸浆量不变而压力持续升高时不得改变水灰比。

b. 某一级浆液的注入量已达300L以上或压注时间已达1h，而压浆压力和注入率均无改变或改变不显著时，改浓一级浆液。

c. 吸浆量大于30L/min时可根据具体情况越级变浓；过程中，压浆压力或注入率突然改变较大时，应立即查明原因，采取相应的处理措施。

d. 压浆在设计压力下，当注入率不大于0.4L/min时，继续压注60min；压浆可以结束；当注入率≥1L/min时，继续压注90min，压浆可以结束。

e. 压浆止水帷幕施工方法、工艺和机具应根据场地工程地质、水文地质及施工条件等综合确定。施工质量应满足《建筑地基处理技术规范》(JGJ 79—99)①的有关规程。

f. 帷幕平均厚度不小于设计厚度，施工后所形成止水帷幕的渗透系数宜小于0.000001cm/s。

止水帷幕施工质量除浆体强度可以直接检测外，其扩散半径、吸浆率等均无法检测，只能采用检查孔的方法来验证其止水效果。具体操作如下：

①帷幕灌浆的防渗标准为5Lu。

②检查孔的位置布置在吸浆量大、地质薄弱的地方。

③检查孔的数量为钻孔数的10%，每个孔压水试验5段，单点试验。

④检查孔可在灌浆结束14d后进行，也可根据进度要求提前，但不得少于3d。

(5)冠梁施工：机械清除锚碇中央的泥浆池，测量放样冠梁位置，机械开挖基坑；按照垫层施工、钢筋制作安装、模板安装、混凝土浇筑与养护，分段间隔跳跃施工，每段长度9m；各工序施工要求按常规类似工序控制要求进行。

(6)垂直开挖：土体垂直开挖采用掏槽法。先将中央ϕ48m范围内的土体清除；待连续拱墙达到70%的强度后，间隔分段跳跃式地向四周辐射，每段长6m，各层分段竖向错开间距≥2m；开挖时采用2台挖掘机在中央将土体向基坑边转移，1台长臂挖掘机在平台上将土体装运上车。挖土顺序如下：

①连续拱圈梁Ⅲ循环混凝土养护期间，将基坑中间部分土方掏除。

②挖掘机依次开挖Ⅰ循环土方，紧跟修坡与连续拱圈梁实施。

③待Ⅰ循环混凝土强度达70%或3d后，依次开挖Ⅱ循环土方，紧跟修坡与连续拱墙实施。

④待Ⅱ循环混凝土强度达70%或3d后，依次开挖Ⅲ循环土方，紧跟修坡与连续拱墙实施。

开挖顺序见图2-23。

土层采用挖掘机开挖，验收合格后立即喷射C20早强混凝土。岩体采用预裂揭槽松动爆破开挖，即在锚碇四周打两排空眼，中间采用毫秒级雷管先预裂后掏槽爆破增加临空面，其余部分爆破时严格控制装药量，采用松动

①该规范现已更新为《建筑地基处理技术规范》(JGJ 79—2002)，编辑注

爆破；每层爆破深度控制在1m左右。

中间土方挖除时，采用挖掘机接力的方式进行，即：两台挖掘机在基坑内将中央土方转移至坑边6m范围内，+77.0m平台上的长臂挖掘机将土装入自卸汽车中。土方挖至设计高程后，挖掘机利用坑边剩余部分土方，以自填上升的方式出基坑；最后利用长臂挖掘机将剩余部分土方清除干净，完成基坑土方开挖工作。土方开挖时，开挖坡面应向锚碇中心有2%的坡度，确保积水及时排除；临时积水坑应距坑壁3m以上。

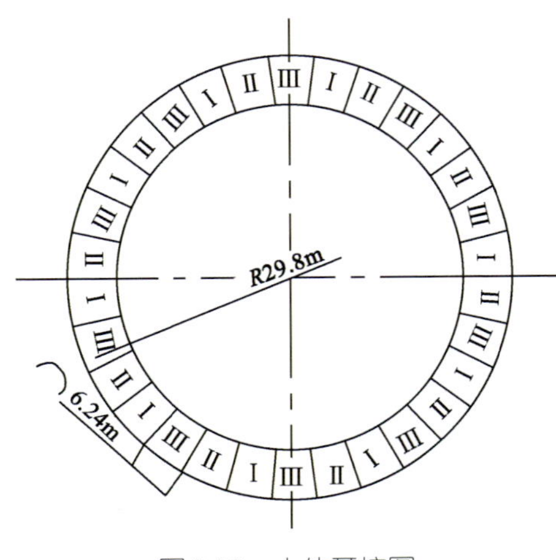

图2-23　土体开挖图

(7)连续拱墙(图2-24)

连续拱墙第一层厚1.2m、高2.3m，第二层厚1.4m、高2.3m，第三层厚1.6m、高2.266m，采用C30钢筋混凝土，环向纵筋均为Φ28三级钢筋，其余钢筋均为二级钢筋。

图2-24　连续拱墙施工

土体开挖合格后立即喷射5cm厚C20早强混凝土，紧跟着施工连续拱墙；连续拱墙随土方开挖同步进行，即分层分段间隔跳跃施工，各层分段竖向错开间距为4.5m。主要工序:接缝处理、钢筋绑扎、模板安装、混凝土浇筑。连续拱墙施工流程见图2-25。

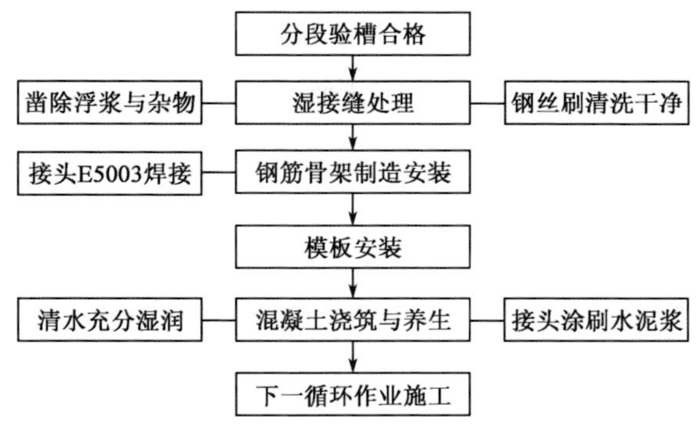

图2-25　连续拱墙施工流程

①接缝处理:土方分段开挖完成后,用风镐将松散混凝土凿除干净,人工用钢丝刷将杂物清除。

②钢筋制作安装:钢筋骨架制作成标准节,每节9m,两端留1m箍筋套好不绑扎,便于钢筋吊装就位后进行接头焊接;土方开挖经验收合格后,采用塔吊或汽车吊吊装就位。

钢筋骨架焊接采用单面焊,焊接长度≥28cm,焊条采用E5003。

③模板安装:模板安装时要求支撑强度、刚度、稳定性满足规范要求,支承点牢固不变形;与既有混凝土顺接。

④混凝土浇筑:混凝土中掺入适量减水剂与微膨胀剂,和易性控制良好,坍落度宜在10~12cm。浇筑前,采用清水对旧混凝土进行充分湿润;接头处采用1:1水泥砂浆涂刷两次,确保新旧混凝土结合紧密。浇筑时专人跟踪混凝土振捣,使混凝土特别是接缝处密实,混凝土浇筑后加强养护。连续拱墙施工质量的好坏,直接影响到锚碇基础施工质量。施工注意事项如下。

a. 连续拱墙沿曲率半径方向的误差≤40mm。

b. 连续拱墙若因特殊原因水平方向分段长度需调整时,分段长度≤12m,软弱层或砂层时分段长度≤8m。

c. 连续拱墙在垂直方向宜分段施工,若因特殊原因竖向高度需调整时,高度≤2.5m。上层拱墙合龙且混凝土强度达到设计强度的70%,方可进行下层连续拱墙施工。

d. 上下两层连续拱墙竖缝应错开,错开距离≥2m。

e. 连续拱墙需连接作业,每段连续拱墙施工时间≤36h。

f. 施工中,除按常规试验要求进行检测外,对连续连续拱墙施工质量有怀疑时,宜采用钻芯法进行检测,检测数量为以100m^{2}墙面为一组,每组不应少于3点。

(8)坑底排水

锚碇基坑开挖至设计高程后，分段及时实施基坑排水系统，确保基坑不被积水浸泡。排水系统分两个部分：汇水沟、集水井。汇水沟沟底设1%的排水坡，确保积水及时向集水井汇集，每个集水井设1台15m^3/h的抽水机进行排水。

(三)基坑监测

1. 监测内容

(1)在基坑坡顶布置8个水平位移监测点，8个竖向位移监测点。

(2)在基坑一级平台坡顶布置8个水平位移监测点，8个竖向位移监测点。

(3)在基坑二级平台坡顶布置8个水平位移监测点，8个竖向位移监测点。

(4)桩基顶部布置12个水平位移监测点，12个竖向位移观测点。

基坑监测共布置36个监测点，水平位移监测点与竖向位移监测点为同一点位。检测点布置见图2-26。

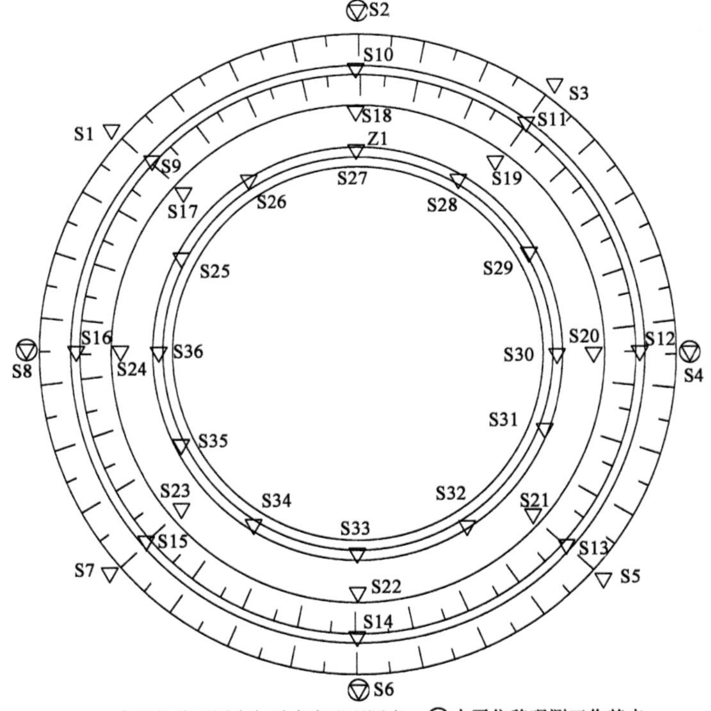

图2-26 基坑监测点位布置图

2. 监测要求

(1)所有测试点、测试设备需加强保护,以防损坏。

(2)监测周期:基坑土方开挖至基坑回填到 +85.0m 处。

(3)测试人员需及时通报监测结果。

3. 变形允许值及报警值(表 2-1)

监测变形允许值及报警值 表 2-1

监 测 项 目	允许值(mm)	报警值(mm)
坡顶水平位移累计值	60	48
坡顶竖向位移累计值	35	25
一级平台坡顶水平位移累计值	30	25
一级平台坡顶竖向位移累计值	25	20
二级平台坡顶水平位移累计值	38	28
二级平台坡顶竖向位移累计值	39	29
支护桩水平位移累计值	45	40
支护桩竖向位移累计值	30	25

4. 基坑水平位移观测

基坑水平位移变形观测是指对基坑平台上埋设的变形观测点进行观测,观测等级为“三等”,技术要求为变形点的点位中误差不超过 ±10mm。

(1)水平位移基准网布设

基准网布置为三等边角网,在基坑四周均匀布设 5 个基准点,各基准点埋设标石。基准点布置见图 2-27。

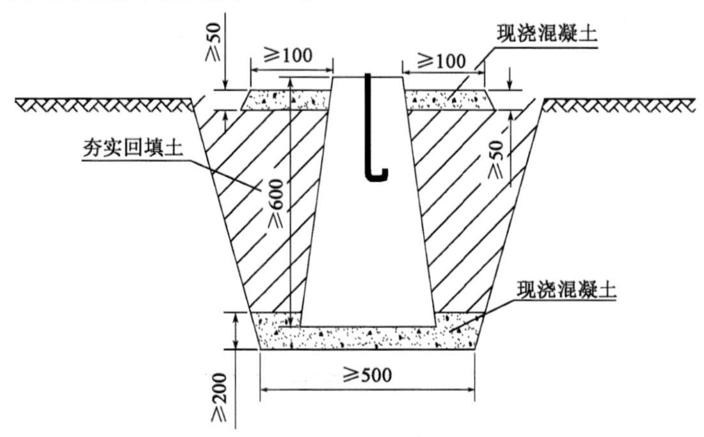

图 2-27 水平位移观测基准点埋石规格(尺寸单位:mm)

(2)水平位移基准网观测

基准网测量按三等边角测量的有关要求施测，技术要求为变形点的点位中误差不超过 ±10mm。水平位移基准网观测使用2″级全站仪进行观测，边长采用往返测距，各 4 个测回，水平角观测 9 个测回。为方便使用，坐标系统采用桥轴线坐标系统。

(3)水平位移观测点观测

水平位移观测采用距离交会法。距离观测时使用2″级全站仪观测4 个测回，读数至 1mm。施工时先由基准网对地面变形点进行观测，再以其中 4 个点位作为工作基点对一、二级平台变形点进行观测，最后进行整体平差。测量中变形点的点位中误差为 ±10mm。

5. 基坑沉降观测

各基准点均为钻进到基岩未风化层后埋设深层金属管。各点均设半圆铜头标志，做成窨井式点位，并用水泥盖板或金属盖板保护。基坑沉降观测按变形等级“三等”要求设计。观测使用 Topcon D101C 电子水准仪配合条码铟瓦水准尺测量，按二等水准测量。为方便使用，高程系统采用桥轴线高程系统。

6. 基坑监测进程安排

(1)基坑开挖之前，测得坡顶监测点初始值。

(2)开挖至一级平台(+83m)处后，及时布设一级平台处监测点，并及时对监测点进行初始位移值监测。

(3)监测的时间安排根据土方开挖进度及支护施工进程等因素进行确定。

①施工至第一平台前，进行基准网及地表变形点初始数据观测。

②第一平台至第二平台施工期间，每开挖一层观测一次。

③第二平台及止水带施工期间，观测频率为 7d/次。

④第二平台至坑底施工期间，观测频率为 3d/次。

⑤当变形数据超过报警值后，应加密观测次数。当有事故征兆时，应连续监测。

(4)在暴雨季节及连续雨天等条件下应加密观测。

四、锚碇混凝土浇筑及锚固体系施工

(一)锚体混凝土浇筑

1. 锚碇分块

锚体从结构受力和功能上可分为锚块、基础、前锚室等几部分。由于锚碇平面尺寸较大，为避免出现收缩与温度裂缝，锚碇共分四块进行浇筑，分别为锚块、前锚室、两个侧基础。各块之间设置2m宽的后浇段，后浇段采用微膨胀混凝土，锚碇分块见图2-28。

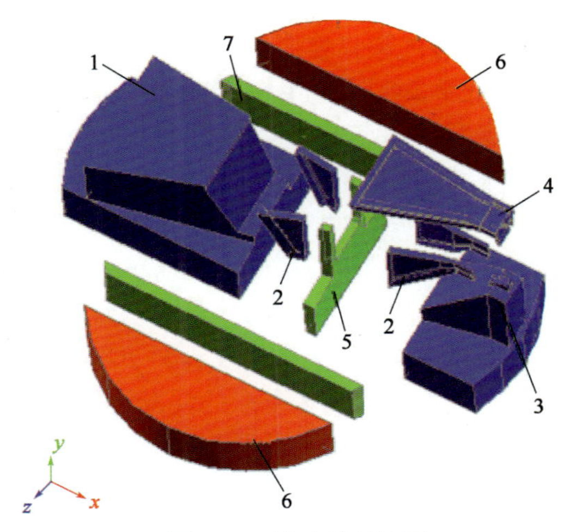

图2-28　锚碇体分块图

1-锚块及锚块基础；2-前锚室侧墙；3-前锚室基座及基础；4-前锚室顶板及前墙；5-前锚室后浇段；6-基础先浇段；7-基础后浇段

2. 配合比设计

为降低C30 P_{10}大体积混凝土的最高温度，最主要的措施是降低混凝土的水化热。但水泥用量不得少于320kg/m^3，掺有活性掺和料时，水泥用量不得少于280kg/m^3。

(1)原材料选用

①水泥：大体积混凝土要求选用中低热水化热水泥，选用水泥成分、强度、凝结时间、标准稠度用水量等稳定，与外加剂相容性好的硅酸盐水泥。可掺入适量的S95级磨细矿渣粉和二级粉煤灰。

②细集料：根据试验采用中砂。

③粗集料：可泵送情况下，选用粒径5～31.5mm连续级配石子，以减少水泥用量和混凝土收缩变形。

在大体积混凝土中，粗细集料的含泥量是要害问题，若集料中含泥量偏多，不仅增加了混凝土的收缩变形，又严重降低了混凝土的抗拉强度，对抗裂的危害性很大。因此，集料必须现场取样实测，石子的含泥量应控制在1%以内，砂的含泥量应控制在2%以内。

④掺和料：采用S95级磨细矿渣粉和二级粉煤灰双掺技术。在混凝土中掺用的矿粉和粉煤灰不仅能够节约水泥，降低水化热，增加混凝土和易性，而

且能够大幅度提高混凝土后期强度，大大降低了混凝土前3d的水化热。

⑤外加剂：采用外加膨胀源膨胀剂（SY-G）和聚羧酸系高效缓凝减水剂。在混凝土中添加水泥用量10%的SY-G（实际掺量由试配确定）。在添加了SY-G之后，混凝土内部产生的膨胀应力可以抵消一部分混凝土的收缩应力，从而提高混凝土的抗裂强度。聚羧酸系高效缓凝减水剂（实际掺量由试配确定）可以降低单方混凝土用水量，减少泌水收缩开裂，有效延长混凝土凝结时间，减缓水泥水化反应，水泥水化放热速率减小（水化热速率减慢利于热量消散，使混凝土内部温升降低），坍落度损失降低。

⑥其他：在混凝土搅拌时掺加适量的合成纤维（作为外掺材料）以控制早龄期混凝土的塑性收缩裂缝，纤维掺入量为$1kg/m^3$。

（2）设计计算

①设计依据《普通混凝土配合比设计规程》（JGJ 55—2000）[①]：假定混凝土重度为$2400kg/m^3$，对有防水抗渗要求的混凝土提高0.2MPa设计。通过计算得$1m^3$C30 P_{10}混凝土材料用量为：C（水泥）=280kg；W（水）=175kg；F（煤灰）=70kg；K（矿粉）=50kg；S（砂）=753kg；G（碎石）=1050kg；A（外加剂）=5.8kg；SY-G=28kg；晴纤维=1kg。

$1m^3$C40 P_{10}混凝土材料用量为：C（水泥）=320kg；W（水）=165kg；F（煤灰）=60kg；K（矿粉）=60kg；S（砂）=733kg；G（碎石）=1040kg；A（外加剂）=6.6kg；SY-G=32kg；晴纤维=1kg。

②混凝土温度验算：假若底板周边没有任何散热和热损失条件，水化热全部转化成温升后的温度值，混凝土在3～3.5d的水化热为峰值，则取3d混凝土温度。

计算参数：水泥为P.Ⅱ42.5；混凝土浇筑温度按27℃（计算值）考虑，实际入模温度按23℃考虑（必要时加入冰块降低水温）。

对加入膨胀剂的混凝土及大体积混凝土采取保温保湿养护。混凝土中心温度与表面温度的差值不应大于25℃，混凝土表面温度与大气温度的差值不应大于25℃。养护时间不应少于14d。通过混凝土温度计算，所产生的温差均小于25℃，满足控制温升应力开裂要求。

③试配及施工配合比确定：通过以上计算配合比调整水灰比进行试配，在最大水灰比时抗压强度和抗渗性能试验均能满足设计要求。

④温度预测（图2-29）：根据现场混凝土配合比和施工中的气候情况及养护方案，在混凝土内预埋16个温度测点（深度分别为1.8m、1.5m、1.0m和0.5m），采用专用温度计监测，超过规定值时立即采取保温措施。通过测量混凝土内部的实际最高温升值及混凝土中心至表面的温度梯度，来对表

①该规范现已更新为《普通混凝土配合比设计规程》（JGJ 55—2011），编辑注

面的保温措施加以调整，必要时用电热毯加热，保证混凝土内部梯度及混凝土表面温差小于25℃。

混凝土浇筑后有一个升温至降温过程，降温至大气温度的过程比较缓慢。为此，测温从混凝土浇筑后24h开始，升温阶段每2h测一次，降温阶段每2h测一次；根据温度变化情况，3～5d后，每8h测一次；7～10d后，每1d测一次；当内部温度基本稳定且与最低大气温度差小于25℃时，整个监测阶段告一段落。现场温度监测数据采集后进行整理分析，并输出每次每个测点的温升值和各测位中心测点与表层测点的温差值，作为控温措施的依据。由于底板混凝土较厚，混凝土浇筑后内部温度较高，且持续时间较长。

⑤应急措施：当混凝土内部的温度超过57.69℃时，发出警报。若温差满足不了要求，要进行保温加热，使混凝土内外温度差保证在25℃以内。

3. 大体积混凝土施工（图2-30）

锚块、前锚室底座、基础均为大体积混凝土结构，单个锚碇混凝土体积为30000m^3。为减少大体积混凝土的温度应力，防止温度裂缝的发生，锚块、前锚室底座、基础分层浇筑，每层混凝土中设置冷却水管，进行通水冷却并在混凝土中外掺聚丙烯腈纤维。冷却水管采用ϕ40×2mm钢管，按照水平间距1m、竖向间距1m进行循环布置。锚碇各部分的永久外露表面钢筋保护层内均设一层D6带肋钢筋焊网，以增强混凝土表面抗裂性能。

由于锚碇主体位于地表以下，基础及部分锚体位于柳江常水位以下，锚碇施工过程中要采取防水措施。

图2-29 锚碇大体积混凝土测温

图2-30 锚碇钢筋及冷却水管施工

（二）预应力体系

锚碇锚固系统采用预应力锚固系统，锚固方式为前锚式。锚固系统由索股锚固连接构造和预应力钢束锚固构造组成。索股锚固连接构造由拉杆组件、连接器组成；预应力钢束锚固构造由管道、预应力钢绞线及锚具、锚头防护帽、环氧砂浆等组成。拉杆上端与索股锚头相连接,另一端与被预应力钢束锚固于前锚面的连接器相连接。

索股锚固连接构造均为单索股锚固单元。单索股锚固单元由 2 根拉杆和单索股连接器构成,每根主缆共有 91 个单索股锚固单元。锚固单元采用 15 ~ 17 束预应力钢束锚固,锚具构造尺寸应满足锚下 C30 混凝土的受力要求。

钢绞线采用环氧喷涂钢绞线及预应力管道内灌注水泥浆的双重防腐体系,锚头张拉端不封锚。在锚固单元的锚固连接部位设置压力传感器,可随时监测索股受力情况。拉杆方向均与其对应的索股方向一致,预应力钢束沿索股发散方向布置。拉杆方向误差用球面螺母予以调整。施工时为保证 91 束钢绞线的空间位置满足设计要求,在锚碇体内预埋一个劲性骨架辅助钢束定位。锚体混凝土浇筑完且后锚块的混凝土强度达到 100% 设计强度后对锚固体系进行张拉和压浆。

第三章

变截面钢索塔制造与安装

第一节 索塔加工制造与运输

一、索塔结构和技术参数

(一)索塔结构参数

索塔为钢结构,整体外形设计为“人”字形,高度为 104.811m,塔柱夹角为 36.1°。塔柱底部截面为横桥向宽度 4.859m、顺桥向宽度 9.842m 的等腰三角形,到塔顶主索鞍区域,尺寸渐变为顺桥向宽度 7.628m、顺桥向宽度 7.0m 的等腰三角形,整个塔身呈空间变截面。

主缆通过位置设置圆孔,主索鞍下部实心段高度为 6.638m。索塔塔身划分为 15 个节段,T0 节段为塔柱承台连接节段,设置承压板和拉杆与承台连接,T1 ~ T2 为下塔柱节段,T3 为横梁连接节段,T4 ~ T12 为上塔柱节段,T13 为索鞍下承压节段,节段之间壁板与加劲板均采用焊接连接,见图 3-1。各节段质量见表 3-1。

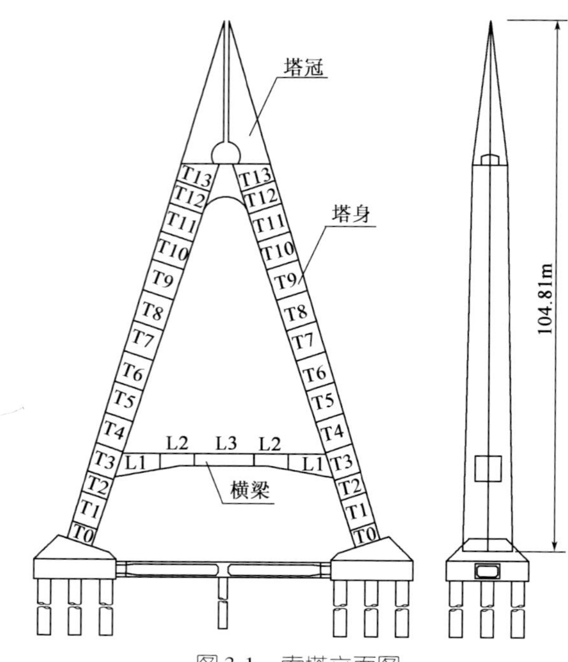

图 3-1　索塔立面图

索塔塔身节段质量汇总表　　表 3-1

节　　段	质　量　(kg)	平面尺寸 $a \times h$(m×m)
T0		
T1	67001.40	8.525×5.159
T2	44216.35	8.509×5.260
T3	69400.78	8.393×5.403
T4	65350.08	8.265×5.556
T5	55077.80	8.139×5.709
T6	55175.48	8.009×5.860
T7	55148.23	7.876×6.009
T8	55113.50	7.739×6.158
T9	55077.80	7.600×6.304
T10	50439.08	7.469×6.254
T11	50402.53	7.324×6.570
T12	44684.30	7.227×6.675
T13		

塔柱内侧壁板厚度为 42mm;外侧壁板为扭曲板,T0 ~ T4 节段板厚为 36mm,T5 ~ T13 节段板厚为 28mm,采用板肋加劲;除 T0、T1 节段外,其余节段均设置三道横隔板。普通横隔板板厚为 16mm,T3 节段上下两道板厚为 24mm,T13 节段板厚为 20mm。塔冠为索塔装饰部分,板厚为 10mm,塔冠分段质量控制在 3t 左右,以满足塔吊装吊安装。

横梁采用变截面箱形截面,截面高度为 3 ~5m,宽度为 4.88m。顶底板钢板厚度均为 32mm,腹板厚度为 28mm,加劲肋尺寸为 24mm ×280mm;横梁划分为 5 个节段,在横梁上设置拉压支座及抗风支座等加劲构造,各横梁节段质量见表 3-2。

索塔横梁节段质量表 表 3-2

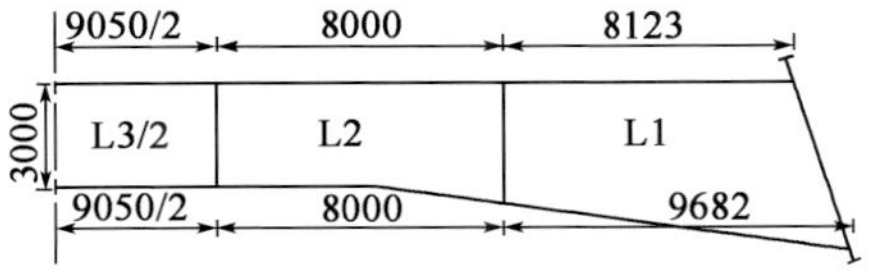 节段	质量 (kg)
9050/2　8000　8123 3000　L3/2　L2　L1 9050/2　8000　9682 (尺寸单位:mm)	
L1	53870.98
L2	47981.33
L3	46270.50

(二)索塔主要材料

1. 钢材

钢结构主体采用 Q345C 钢板,其技术指标应符合《低合金高强度结构钢》(GB/T 1591—2008)的规定。

2. 焊接材料

(1)焊接材料根据焊接工艺评定试验结果确定。

(2)焊接材料采用与母材相匹配的焊丝、焊剂和焊条,且符合相应的国家标准要求。

(3)焊接材料进厂时必须有生产厂家出厂质量证明,并按现行有关标准进行复检。

(4)焊接材料如有变化,应重新进行焊接工艺研究和评定。

(三)质量标准

索塔制造质量验收及检验评定标准按下列规范和标准执行:

《桥梁用结构钢》(GB/T 714—2000①);

①该规范已更新为《桥梁用结构钢》(GB/T 714—2008),编辑注

《公路桥涵施工技术规范》(JTJ 041—2008)[①];

《铁路钢桥制造规范》(TB 10212—98)[②];

《低合金高强度结构钢》(GB/T 1591—2008);

《碳素结构钢》(GB 700—2006);

《钢结构工程施工质量验收规范》(GB 50205—2001);

《电弧螺柱焊用圆柱头焊钉》(GB/T 10433—2002);

《气焊、手工电弧焊及气体保护焊缝坡口的基本形式尺寸》(GB/T 985—88)[③];

《气体保护电弧焊用碳钢、低合金钢焊丝》(GB/T 8100—2008);

《钢熔化焊对接接头射线照相和质量分级》(GB/T 3323—87)[④];

《埋弧焊焊缝坡口的基本形式和尺寸》(GB/T 986—88)[⑤];

《熔化焊用钢丝》(GB/T 14957—94);

《埋弧焊用碳钢焊丝和焊剂》(GB/T 12470—2003);

《碳钢焊条》(GB/T 5117—95);

《钢焊缝手工超声波探伤方法和探伤结果分级》(GB 11345—89);

《无损检测　焊缝磁粉检测》(JB/T 6061—2007);

《涂装前钢材表面锈蚀等级和除锈等级》(GB 8923—98);

《表面粗糙度参数及其数值》(GB/T 1031—95)[⑥];

索塔制造前针对结构特点编制《广西壮族自治区柳州市双拥(鹧鸪江)大桥索塔制造验收规则》,作为索塔制造的强制性技术规范。

二、索塔加工制造

钢箱索塔划分成节段在工厂加工组装、匹配与总装后,运输、吊装至桥位进行安装焊接。各节段由板单元件组装而成,面板及加劲肋均进行焊接连接。为保证索塔线形及工地安装精度,各节段尺寸匹配成为索塔制造的关键控制点;索塔试拼装高度对吊装设备、工装、场地等要求较高,增加了试拼装难度;对索塔各节段试拼装线形等重点项进行监控是保证质量的关键。

---

①该规范现已更新为《公路桥涵施工技术规范》(JTG/T F50—2011),编辑注

②该规范现已更新为《铁路钢桥制造规范》(TB 10212—2009),编辑注

③该规范现已更新为《气焊、焊条电弧焊、气体保护焊和高能束焊的推荐坡口》(GB/T 985.1—2008),编辑注

④该规范现已更新为《金属熔化焊焊接接头射线照相》(GB/T 3323—2005),编辑注

⑤该规范现已更新为《埋弧焊的推荐坡口》(GB/T 985.2—2008),编辑注

⑥该规范现已更新为《产品几何技术规范(GPS)　表面结构　轮廓法　表面粗糙度参数及其数值》(GB/T 1031—2009),编辑注

索塔制造、运输和安装主要分三个阶段,总体阶段划分如下。

第一阶段:材料进厂复检→原材料抛涂预处理→下料→单件制造→板单元制造。

第二阶段:板单元运输→索塔制造(多节段组拼)→索塔阶段运输。

第三阶段:安装(索塔节段吊装测量)→环焊缝焊接→成桥涂装→最终验收。

索塔制造施工流程图见图3-2。

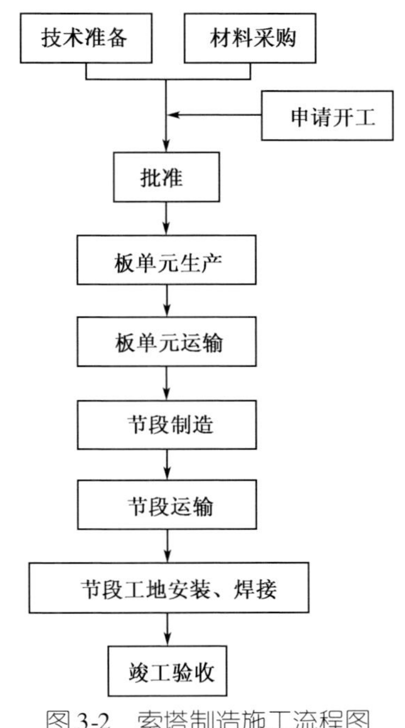

图3-2　索塔制造施工流程图

(一)节段板单元划分

索塔节段一般由外侧壁板单元、内侧壁板单元、角位壁板单元、横隔板单元等构成,其中壁板加劲肋与壁板组成内外侧壁板单元,见图3-3。

横梁划分为5个节段,每个节段主要由顶板、底板、加劲肋、横隔板等组成。横梁节段为变截面箱形截面,顶底板及腹板宽度较大,横隔板外形尺寸大,均需先进行接料,再进行切割下料;围板划分两段;单元划分必须确保横梁节段线形及箱口尺寸精度,见图3-4。

(二)板单元件制造

板单元制造按照"钢板预处理→精确下料→安装加劲肋→板单元焊接→局部修整"的顺序进行,其关键工艺有数控精密切割、横隔板单元反变形焊接、内外壁板单元组装和焊接。

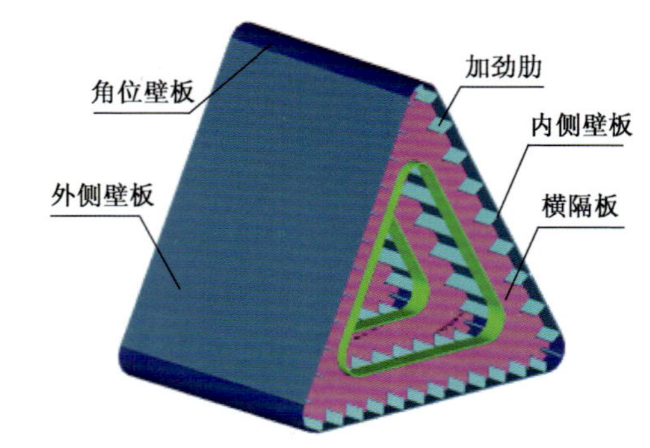

图 3-3　索塔节段直观图

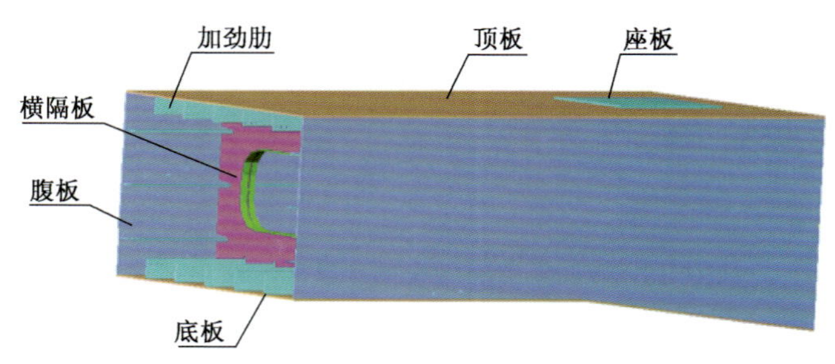

图 3-4　索塔横梁直观图

1. 基本要求

(1)下料及加工

放样和号料按施工图和工艺要求进行,并预留焊接收缩量。样板、样杆、样条制造允许偏差符合表 3-3 的规定。

板单元加工允许偏差　　表 3-3

序　号	项　目	允许偏差(mm)
1	两相邻孔中心线距离	±0.5
2	对角线、两极边孔中心距离	±1.0
3	孔中心与孔群中心线的横向距离	0.5
4	宽度、长度	+0.5, -1.0
5	曲线样板上任意点偏离距离	1.0

钢板下料前进行预处理,通过碾压消除钢板的轧制变形(尤其是局部硬弯),减小轧制内应力,从而减小制造中的变形,这是保证板件平面度的必要工序。钢板的起吊、搬移、堆放过程中,应采用磁力吊,注意保持钢板的平整度。所有零件优先采用精密切割下料,切割面质量符合表 3-4 的规定。

切割面质量检查表　　表3-4

项目＼等级	主要零部件	次要零部件	附　注
表面粗糙度 Ra	25μm	50μm	《表面粗糙度　参数及其数值》(GB/T 1031—95)[①]用样板检测
崩　坑	不允许	1m长度内，允许有一处1mm	按焊接修补规定处理
塌　角	圆形半径不大于1mm		
切割面垂直度	≤0.05t，且不大于2.0mm		t为钢板厚度

剪切仅适用于次要零件或剪切后边缘需要进行机加工的零件，剪切边缘应整齐，无毛刺、反口、缺肉等缺陷。对于形状复杂的零件，用计算机1∶1放样确定其几何尺寸，并采用数控切割机精切下料。编程时，要根据零件形状复杂程度、尺寸大小、精度要求等确定切入点和退出点，并适当加入补偿量，消除切割热变形的影响。对于下料后需要机加工的零件，其加工尺寸偏差应严格按工艺文件或图纸上注明的尺寸执行。当板件下料采用无余量切割工艺时，必须先进行相关工艺试验，取得工艺参数后方可实施。

火焰切割工艺经工艺评定确定。精密切割严格执行"火焰精密切割工艺守则"的规定。对于采用数控切割机下料的首件，应先用机床喷墨装置划线验证程序的正确性。首件下料后，必须经严格检验确认合格后，方可继续下料。号料前应检查钢料的牌号、规格、质量，当发现钢料不平直，有锈蚀、油漆等污物影响下料时，应矫正、清理后再号料，号料外形尺寸允许偏差为±1.0mm。

零件刨(铣)加工深度不应小于3mm，加工面的表面粗糙度 Ra 不得大于25μm；顶紧加工面与板面垂直度偏差应小于0.01t(t为钢板厚度)，且不得大于0.3mm。坡口采用机加工或精密切割，坡口尺寸及允许偏差应符合焊接工艺要求。

(2)零件矫正

主要受力零件冷作弯曲时，环境温度不宜低于-5℃。内侧弯曲半径不得小于钢板厚度的15倍。小于者必须热煨，热煨温度宜控制在900～1000℃之间。冷作弯曲后零件边缘不得产生裂纹。

①该规范现已更新为《产品几何技术规范(GPS)　表面结构　轮廓　表面粗糙度参数及其数值》(GB/T 1031—2009)，编辑注

零件可采用冷矫正或热矫正，矫正后的允许偏差符合表3-5的规定。冷矫正后的钢材表面不应有明显凹痕和其他损伤。采用热矫时，热矫温度应控制在600～800℃，严禁过烧。热矫后的零件应缓慢冷却，降至室温以前不得锤击零件或用水冷却。由冲压成形的零件，应根据工艺试验结果用冷加工法矫正，矫正后不得出现裂纹或撕裂。

矫正允许偏差表　　表3-5

零　件	名　称	说　明		允许偏差(mm)
板件	平面度	每1m范围		$f\leqslant1.0$
	直线度	全长范围	$L\leqslant8000$mm	$f\leqslant3.0$
			$L>8000$mm	$f\leqslant4.0$
		其余部位		$\Delta\leqslant1.0$

2. 板单元制造

(1)壁板、底板、顶板、腹板单元件制造

索塔壁板与横梁底板、顶板、腹板单元件的结构形式和制造流程相似，均为平面单元件，如图3-5所示。制造过程在水平胎架上完成，现以横梁底板单元件为例介绍制造工艺流程。

首先，检查来料(零件号、外形尺寸、对角线、坡口、材质及炉批号)。在底板的纵肋装配面上画加劲肋定位线及各类横隔板定位线，然后采用CO_2气体保护自动焊对位焊接加劲肋。其次，检查单元件平面度，如超出限差要求，采用火焰矫正，矫正温度控制在600～800℃，自然冷却，严禁过烧、锤击和水冷。最后，检查单元件长度、宽度、对角线差、平面度及焊接质量等合格后标识存放。

(2)横隔板单元件制造

隔板采用数控火焰切割下料，焊接组成整体横隔板，校正后与加强圈组拼成隔板单元，如图3-6所示。先检查来料(零件号、外形尺寸、对角线、坡口、材质及炉批号)。在专用胎架上拼装加强圈，采用CO_2自动焊接小车焊接所有角焊缝。焊接后校正腹板的平面度，合格后标识存放。

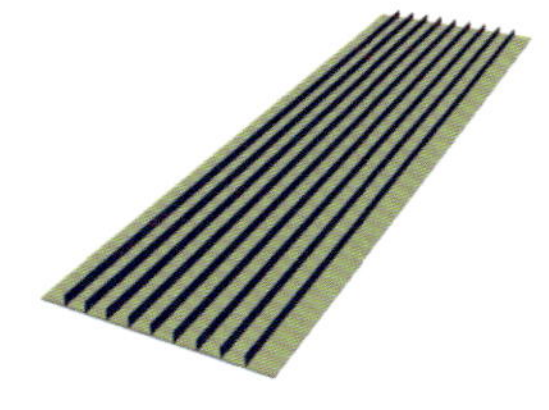

图3-5　单元件结构示意图

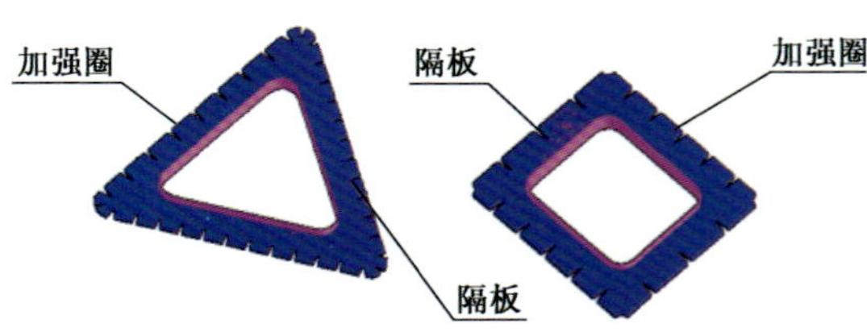

图3-6　索塔隔板单元件示意图

三角形截面的角位壁板为 $R=450$mm 的圆弧板，板厚 36mm。常用卷板机无法满足加工要求，需采用 W11S—40 × 2500 上辊万能式卷板机进行角位壁板的圆弧加工。考虑到卷板机有限卷制长度（2.5m），将每节段角位圆弧壁板划分成若干分段后分别进行卷制。圆弧板加工工艺见表 3-6。

圆弧板加工工艺表　　表 3-6

顺　序	示 意 图	工 艺 措 施
角位板放样、下料		用计算机准确放样，用数控切割机切割。为保证两端头的圆弧精度，放样时应将两端头各加 50mm 的余量
两端头预压头		板材两端在油压机上压模压制成形，用样板检查弧形
圆弧卷制		圆弧在三芯辊床上卷制加工，用样板检查圆弧

为减小焊接变形，提高板单元件制造精度，节段底板、腹板、翼板零件在下料后先拼板、校正后再制造成单元件。拼板采用外轮廓拼板法，将需要拼板的零部件外轮廓定位点绘制在钢平台上，各拼板零件分别按外轮廓线定位拼接，拼板时尽量增加正面焊接的熔透深度，减少反面焊接量，同时给予一定的反变形量，以控制焊接变形。

（三）节段组装

1. 节段组装胎架

胎架是分段制造平台，要求具有足够的刚度。以内壁板为基准面设置胎架，胎架支撑点间距根据横隔板间距确定，胎架高度满足运梁车高度要求，如图 3-7 所示。为方便运梁车进出胎架内运梁，胎架中间三根立柱与横梁采用螺栓连接，预留车道宽度不小于 5m。

胎架安装时采用激光经纬仪配合钢卷尺在地面分别作出单元件的纵、横向定位线，节段纵向中心线，节段外轮廓线、端口线等定位标记。节段制造每完成一轮，要复检胎架线形及所有标记。

2. 节段组装流程

塔身节段以内壁板为基准面组装，每个节段均由内壁板单元、外壁板单元、角位圆弧壁板单元和横隔单元组成。塔身节段组装流程见表 3-7。

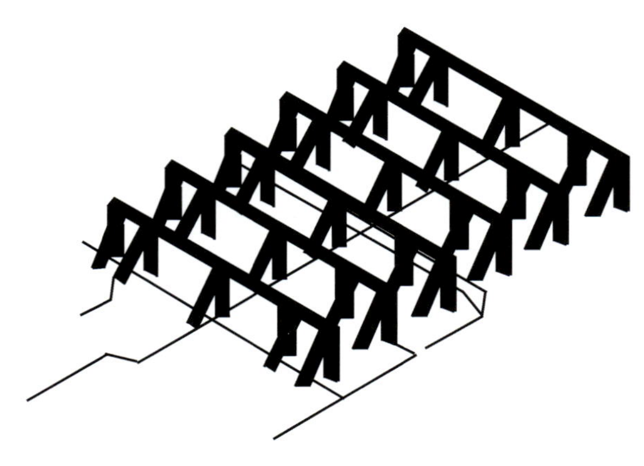

图3-7　胎架示意图

塔身节段组装流程　　表3-7

顺　序	示　意　图	装配方法及质量保证措施
第一步：内壁板单元上胎架定位	对接缝	(1)内壁板双拼或多拼后进行火工校正，对接缝、外形尺寸检验合格后参与立体组拼； (2)吊线对纵向中心线定位内壁板，端头以100mm检查线为基准对应地标分段线； (3)采用水准仪测量相关控制点的水平度，合格后用码板将内壁板与胎架点焊固接
第二步：横隔板单元定位		(1)对应装配线定位横隔板（注意：因每档的横隔板外形尺寸各不相同，因此装配前须认真核对横隔板的对应编号）； (2)吊垂线调整隔板与内壁板的垂直度，符合要求后与内壁板点焊牢固，并用临时斜撑加固
第三步：外壁板单元及角位纵肋定位		(1)外壁板双拼或多拼后进行火工校正，对焊缝及外形尺寸检验后进行拼装； (2)以外壁板下端板边（内壁板侧）为基准定位，保证此板边与内壁板面平行，并将下端与横隔板点焊牢固，点焊长度不小于50mm； (3)从下向上将外壁板向箱内拉拢，直至与横隔板密贴
第四步：角位壁板单元定位		(1)将各节段的圆弧板组焊成分段长度； (2)对焊缝及外形尺寸检验后进行拼装

横梁节段采取以顶板为基准面组装，每个节段均由顶板单元、底板单元、腹板单元和横隔单元组成。横梁节段组装流程见表3-8。

横梁节段组装流程（以 L_3 为例）　　表 3-8

顺　　序	示　意　图	装配方法及质量保证措施
第一步：顶板单元上胎架定位	对接缝	（1）顶板双拼或多拼后进行火工校正，对接缝、外形尺寸检验合格后进行组拼； （2）利用地标吊垂线定位顶板，端线以 100mm 检查线为基准； （3）采用水准仪测量控制，合格后用码板将顶板与胎架固定
第二步：横隔板单元件定位		（1）对应装配线定位横隔板； （2）调整横隔板与顶板的垂直度，符合要求后与顶板点焊牢固，并用临时斜撑加固
第三步：腹板单元定位		（1）对应装配线定位两侧腹板； （2）从下向上将腹板向箱内拉拢，直至与横隔板密贴
第四步：底板单元定位		（1）底板双拼或多拼后进行火工校正，对焊缝及外形尺寸检验合格后进行拼装； （2）定位底板，端头以 100mm 检查线为基准； （3）采用水准仪测量控制，符合要求后与横隔板、腹板固定

3. 组装质量控制

组装是节段制造的重要工序，尤其对结构复杂的节段组装。组装精度控制更是节段最终变形及外形尺寸控制的关键。组装前需编制《制作工艺》，包括组装顺序、焊接顺序、检查方法等。组装在胎架平台上进行，胎架每次组装前均进行复检，确认合格方可继续使用。组装允许偏差符合相关标准和设计要求。

组装前，按图纸和工艺文件检查各单元件几何尺寸、坡口大小，确认无误后方可组装。连接接触面和焊缝边缘每边 30mm 范围内的铁锈、毛刺、污垢、冰雪等应清除干净，露出钢材金属光泽，清理范围如图 3-8 所示。采用埋弧焊焊接的焊缝，在焊缝端部连接引板，引板材质、厚度、坡口等与焊件相同，引板长度不小于 80mm。

产品试板应在焊缝端部连接，试板材质、厚度、轧制方向及坡口形式必须与所焊对接板材相同，其长度应大于 600mm，宽度每侧不得小于 150mm。组装完成后，对组装间隙与偏差进行检验，再进行组装定位焊。

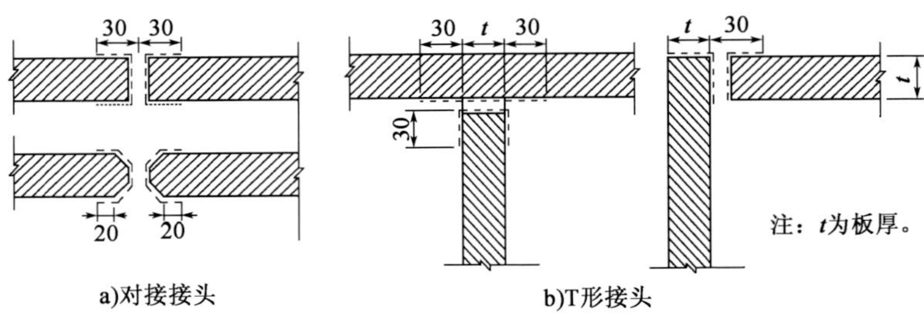

图 3-8 焊接接头清理示意图(尺寸单位:mm)

(四)节段连续匹配与总装

以 5 个节段为一个匹配与总拼装单位轮次,索塔节段总装时 T0 ~ T4 为第一轮次,T4 ~ T8 为第二轮次,T8 ~ T13 为第三轮次,T12、T13 及塔冠为最后轮次,如图 3-9 所示。

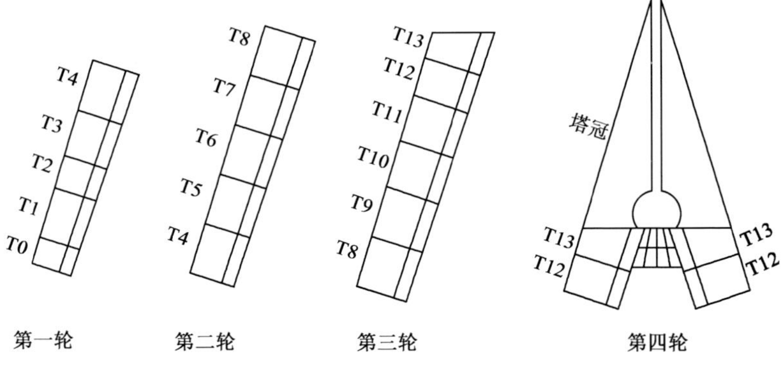

图 3-9 索塔节段总装轮次

索塔节段最后一轮次总装在专用胎架上进行,并在胎架上进行 T13 两三角箱体之间的连接,在焊为一个整体后划线切顶面。前三轮的总装是将内侧壁板置于胎架上进行连续匹配总装,最后一轮则是将其侧置在胎架上,如图 3-10 所示。

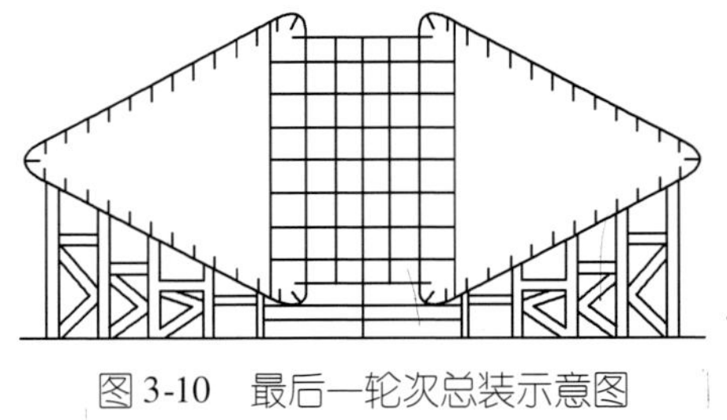

图 3-10 最后一轮次总装示意图

每轮节段整体匹配总装完成后直接在胎架上进行检查，重点检查索塔或横梁纵向线形、相邻横梁支座间距、节段纵向累加长度、扭曲、节段间端口匹配情况等。根据工艺要求，节段试拼装检查前应解除胎架对节段的约束，使节段处于自由状态。

（五）焊接工艺及质量控制

1. 制订焊接工艺

根据焊接工艺评定结果编制《焊接工艺规程》，经评审后指导焊接施工。在保证焊缝质量的前提下，尽量采用焊接变形小、焊缝收缩小的工艺。纵、横向对接焊缝均为熔透焊缝，应尽量采用熔敷金属量少、焊后变形小的坡口。焊前预热温度通过焊接工艺评定试验确定，预热范围一般为焊缝每侧 100mm 范围内，距缝 50 ~ 80mm 范围内测温。

2. 焊接接头性能检验

焊接过程中应按规定做产品试板，试板应按要求进行探伤及各项力学性能检验。所有焊缝均应在冷却后进行外观检查，不得有裂纹、未熔合、焊瘤、夹渣、未填满弧坑及漏焊等缺陷。外观检查不合格的焊接件，在未返修合格前不得进入下一道工序。

3. 焊缝检验

焊缝应在焊接后 24h 进行无损检验。对局部探伤的焊缝，当探伤发现裂纹或其他缺陷时，应连续延伸探伤长度，必要时可达焊缝全长。对超声波或 X 射线探伤有疑问时，两者需互为辅助手段进行检验。对要求同时用 X 射线、超声波、磁粉方法检验的焊缝，必须达到各自的质量要求。如果超声波探伤已可准确认定焊缝存在裂纹，则应判定此处焊缝不合格。不合格焊缝返修的次数不宜多于两次。经返修的焊缝应随即打磨匀顺，并按原质量要求复检。焊缝缺陷修补方法见表 3-9。

节段焊缝缺陷修补方法　　表 3-9

缺陷种类	修补方法
切除临时连接板时留下的缺陷	伤及钢材表面深度大于 0.1mm 且小于 1mm 的缺陷应用砂轮磨平；深度超过 1mm 者，手工补焊后用砂轮修磨平顺
咬边	深度小于 0.5mm 的，用砂轮磨顺；深度大于 0.5mm 的，手工补焊后用砂轮修磨匀顺
焊缝裂纹或热影响区裂纹	应查明原因，用碳弧气刨清除缺陷，提出防治措施。返修焊预热 100 ~ 150℃，用原焊接方法进行返修焊（焊缝长度小于 200mm 的，可用手工焊）

续上表

缺陷种类	修补方法
气孔、夹渣、未熔透、凹坑等缺陷	用碳弧气刨清除缺陷，手工焊返修，预热 50 ~ 100℃，焊后磨顺
自动焊、半自动焊起弧或落弧的凹坑	如要继续施焊或补焊时，必须将原来弧坑部分或被清除部位的焊缝两端刨成不陡于 1:5的斜坡，再继续焊接

板单元在工厂制造完成后，由水路运输到东莞组装，并与总装基地进行拼装，而后将通过连续匹配制造完成的索塔节段用船运输到大桥吊装码头。节段工厂拼装见图 3-11，节段船运至码头见图 3-12。

图 3-11　节段工厂拼装

图 3-12　节段船运至码头

第二节　索塔吊装方案设计与施工

一、索塔吊装方案设计

（一）吊装方案比选

单主缆悬索桥与双主缆悬索桥相比有许多不同特点，其中索塔在构造外形上就有很大差异。大桥设计采用“人”字形塔，为全焊接钢箱结构。塔尖以下由 28 块（每侧塔柱 14 块）钢构件（节段）拼装而成，钢构件尺寸大、质量重。塔柱倾斜度大，构件的空间姿态较为复杂，要采用多吊点吊装，以便在空中调整位置，才能准确拼装焊接。钢索塔拼装拟采用的吊装方法须适应以上特点，解决其中的技术难题。查阅国内外悬索桥施工资料后，吊装方案比选时考虑了吊车配合吊装法、大型塔吊吊装法和支架法吊装体系三种方案，以上三种方案的比选结果如下。

1. 吊车配合吊装法

需用2台以上大型吊机配合。高空作业难度大,配合困难,而且塔高超过一定高度后,难以选用适合的大型吊机,此方案不可行。

2. 大型塔吊吊装法

本工程索塔为"人"字形塔,塔柱倾斜坡度大,给塔吊设计带来较大困难,再加上控制和调整构件空间姿态须增加多项附属设备,塔吊的设计更为复杂,且成本高昂,设计和制造工期长。因此,此方案不是最优方案。

3. 支架法吊装体系

在索塔四周搭设钢管支架,支架顶部设置千斤顶提升装置和轨道,进行垂直提升与水平滑移就位。支架高度约90m,搭设及拆除难度较大,需要塔吊配合施工。设置4台100t千斤顶提升,该提升机构对位精度及吊装安全度较高,可精确地进行空中姿态调整就位。比较而言,此方案更具适用性,因此最终选择了此方案。支架法吊装体系立面布置图见图3-13。

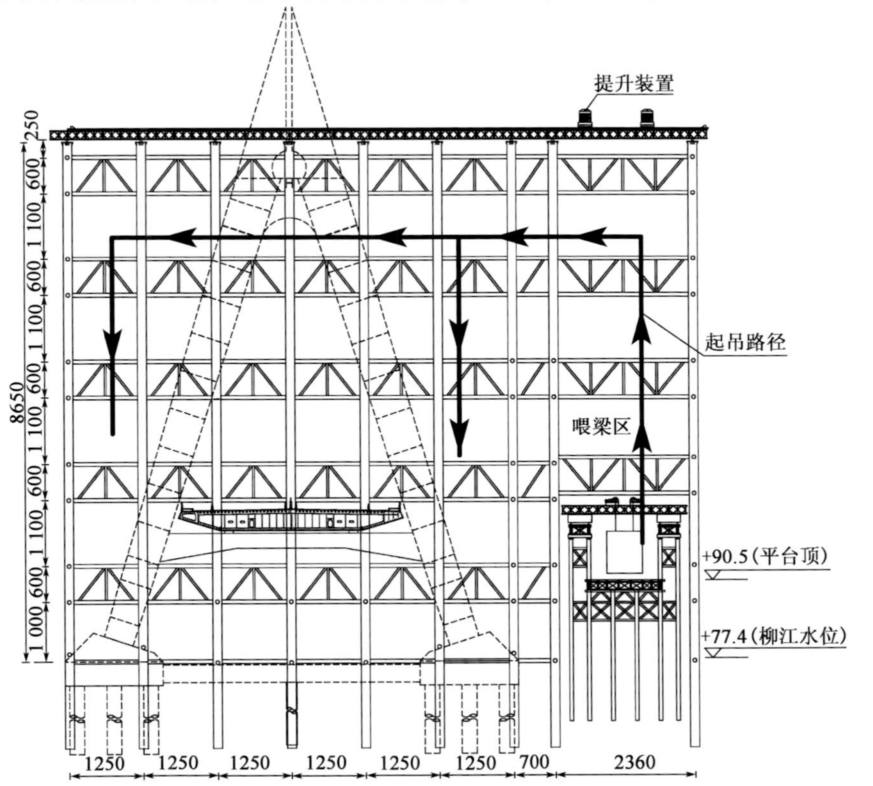

图3-13 支架法吊装体系立面布置图(尺寸单位:cm)

该方案的支架设计是关键，需要控制好支架用量，选择最为合理的布置形式，减少高空作业，减少施工周期，降低安全风险。同时，钢管支架的设计要综合考虑如下功能：

（1）支架需具有合理的覆盖范围，能够满足从船上吊运索塔节段运送至拼装位置的要求。

（2）支架需具有足够的稳定性，能顺利完成节段吊运至空间拼装位置，倾斜对接、微调和焊接施工。

（二）支架法吊装体系设计

支架采用钢管搭设而成，顶部设双横梁提升装置。利用支架吊装鞍座以下28节大型构件（T0～T13），鞍座以下索塔高度为86.5m，支架顶部高程在索塔鞍座顶高程以上。塔尖部分件拼装质量轻，采用常规塔吊安装。平面布置2台塔吊，既作为支架的拼装机具，又同时承担塔尖的安装任务。索塔支架钢管桩平面布置图如图3-14所示。

支架立柱采用ϕ1520钢管，水平联结系采用ϕ630钢管，具有足够的稳定性和刚度。支架强度、刚度和稳定性验算工况考虑柳州地区历史最大风荷载。

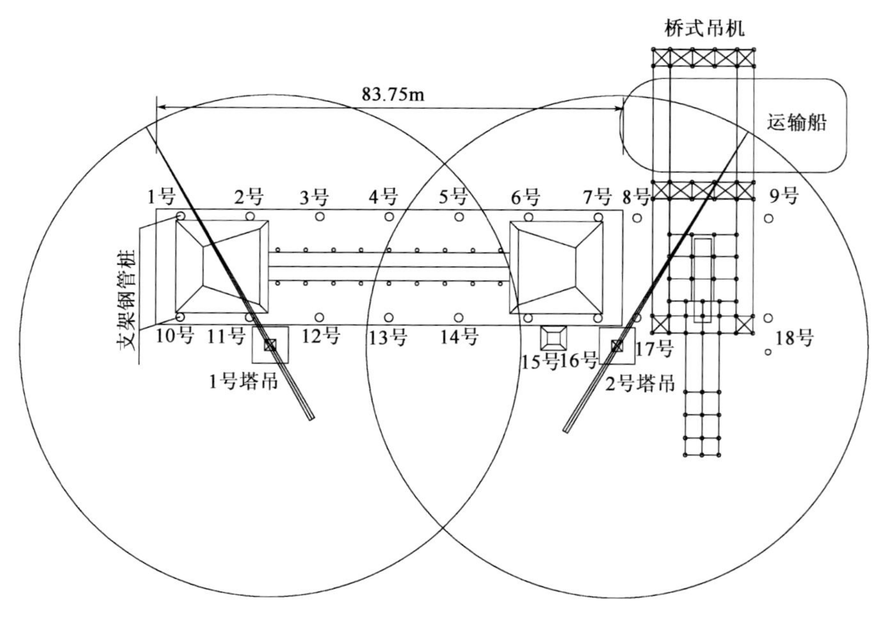

图3-14 索塔支架钢管桩平面布置图

索塔支架顶部设置提升装置2台，支架顶部铺设轨道，作为提升装置走行轨道，安装在单层六排加强型贝雷梁上面。提升装置通过轨道端头水平千斤顶牵引实现往复滑移。提升装置共由 4 台 LSD200—100 型千斤顶组成,来完成索塔节段的起吊、调整和安装。采用 4 吊点吊装,以顺利完成空间姿态的对位、微调。支架下部设置有桥式码头吊机,节段船运到位后利用龙门吊卸船,放置在提升装置下方的喂梁平台上。

二、支架法吊装体系安装施工

(一)支架搭设

根据索塔构造尺寸和具体施工内容确定支架的长度为 106.85m,高度为 86.5m,宽度为 17.9m。支架立柱采用大直径钢管桩,纵联结系采用钢管和型钢拼装而成,整个支架的搭设利用索塔岸侧设置的 2 台 STT153 型塔吊完成。

1. 支架立柱钢管桩施工

立柱钢管桩分为两部分,第一部分是索塔节段安装施工范围的钢管桩,第二部分是索塔节段喂梁区的钢管桩。

索塔节段安装施工区域采用 14 根 $\phi1520$、$\delta=10mm$ 的钢管桩进行搭设,所有钢管桩均布置在索塔基础围堰内,在围堰开挖后进行插打。索塔基础围堰施工时,需要考虑索塔支架钢管桩位置,确保支架钢管桩与承台以及围堰内支撑不发生干扰。支架钢管桩顺桥向间距为 17.9m,横桥向间距为 12.5m。钢管桩采用 DZ90 振动锤插打至岩层面,钢管桩平均长度为 94.5m。

由于承台与围堰间净空狭小,在进行钢管桩插打时,对桩位准确性和桩身垂直度提出了更高要求。插打时在钢管桩周围设置三个垂直度观测点,对桩身的垂直度进行纠正。同时对钢管桩的插打深度和是否到达层面的情况进行全过程控制,并进行记录,保证钢管桩的施工质量。钢管桩插打完成以后,在承台下围堰封底混凝土内设置立柱间第一层联结系。浇筑 4m 厚 C20 混凝土条形基础,将钢管桩包裹,增加钢管桩的锚固长度,抵抗约束反力,保证支架的整体稳定性。围堰内钢管桩锚固如图 3-15 所示。

在索塔基础系梁两侧插打 16 根 $\phi630$、$\delta=10mm$ 钢管桩设置横梁支承平台,钢管桩横桥向、顺桥向间距均为 6m,钢管桩平均长度为 30m。

索塔节段喂梁区采用 4 根 $\phi1520$、$\delta=10mm$ 钢管桩进行搭设,钢管桩横桥向间距为 23.59m。围堰外或覆盖层较少的立柱钢管桩,均采用钻孔灌注桩锚固至基岩内。

第一阶段为插打钢管桩或施工钻孔灌注桩:插打到位后对钢管桩桩顶

高程进行测量,确保钢管桩接头错开 2m,以保证钢管桩接头不在同一断面上。钢管桩桩顶高程调整到位后,桩顶焊接法兰盘。

第二阶段为钢管桩接高施工:单根钢管桩标准长度为 12m,ϕ1520 钢管桩采用布置有 17 个 ϕ22 螺栓孔的法兰连接,法兰内径与钢管桩外径相同。钢管桩在加工场内完成法兰焊接。先将上下两根钢管桩的法兰盘对位,并设置 4 个定位销,确保上下法兰能够准确对位。螺栓拧紧后,焊接法兰接缝,如图 3-16 所示。

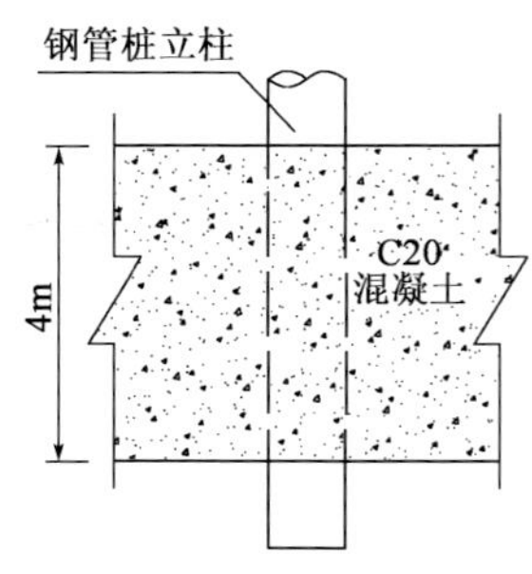

图 3-15 围堰内钢管桩锚固

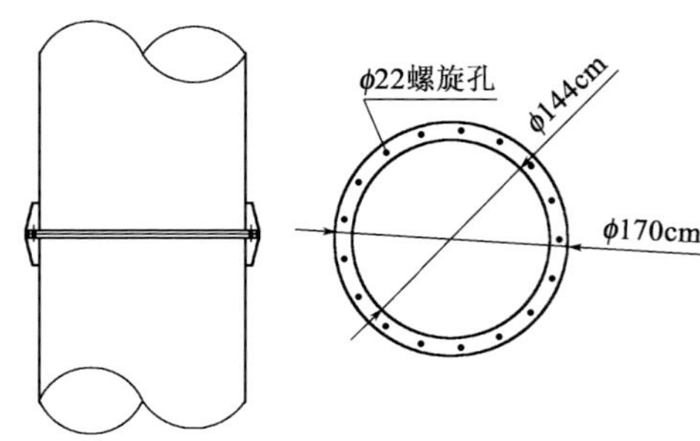

图 3-16 钢管桩连接法兰

ϕ630 钢管桩采用焊接接高或接长,在已插打到位的钢管桩四周焊接限位钢板,对接高钢管桩进行限位,检查钢管桩垂直度,满足要求后开始焊接。焊接接头四周均匀设置 6 块加强钢板。钢管桩对接示意图见图 3-17。

钢管桩接高至设计高程后设置桩帽,ϕ1520 钢管桩桩帽采用 ϕ1.8m、$\delta = 25$mm 钢板,ϕ630 钢管桩桩帽采用 ϕ0.8m、$\delta = 16$mm 钢板,在桩帽四周焊接加劲钢板($\delta = 10$mm),所有焊缝均采用满焊,如图 3-18 所示。在索塔支架的岸侧设置升降电梯供施工人员上下。随着钢管桩接高,分层在支架立柱钢管桩内侧设置 1m 宽的走行通道,施工人员通过通道到达各自作业面。人行走道采用[10 槽钢在钢管桩和联系钢管上焊接设置,如图 3-19 所示。

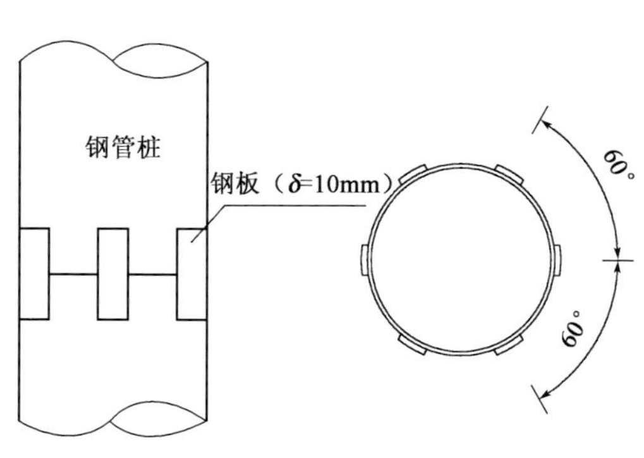

图 3-17 钢管桩对接示意图

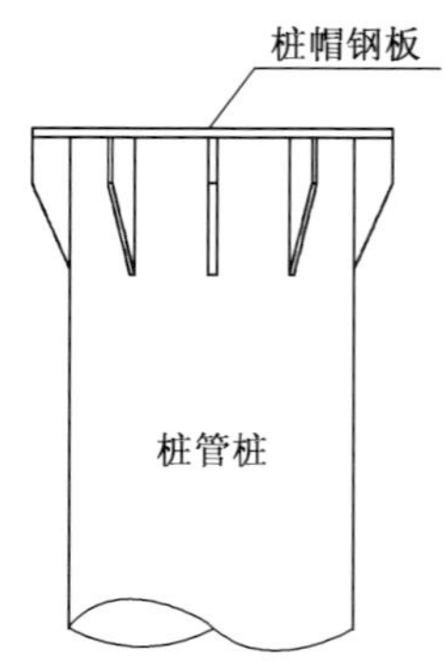

图 3-18 桩帽示意图

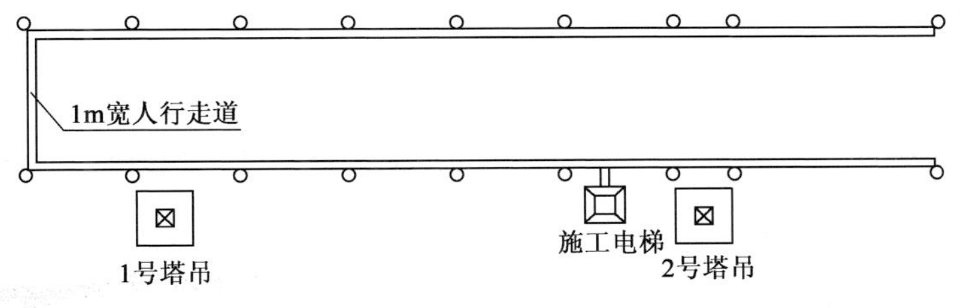

图 3-19　索塔施工人行走道布置图

2. 钢管桩联结系施工

支架联结系采用钢管和型钢。ϕ630 钢管桩联系采用 I22 工字钢，ϕ1520 钢管桩联系由横杆（ϕ630 钢管）和腹杆（ϕ325 钢管）组成桁架。将联结系加工制造成 6m 高的标准件，其规格长度分别有 10.98m、5.48m、22.08m、16.38m，支架内上下层联系的间距为 11m，见图 3-20。

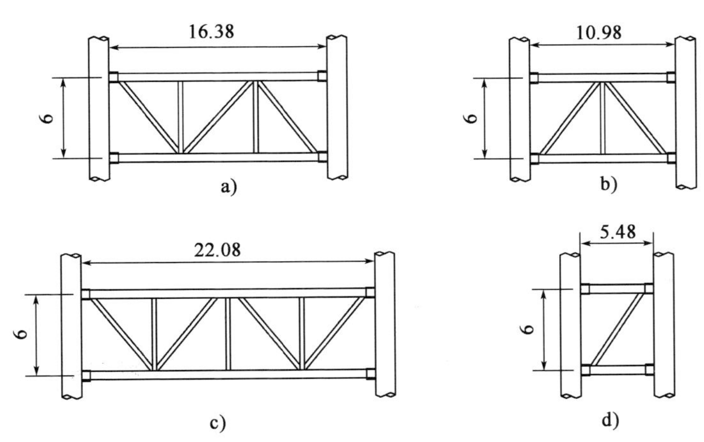

图 3-20　钢管桩联结系（尺寸单位：m）

索塔支架联结系随着钢管桩接高逐步进行设置。为了增强支架整体稳定性，在不影响正常装吊的前提下，根据吊装步骤尽可能多地设置顺桥向的联结系。因此，顺桥向的联结系随着索塔节段的安装，逐步增加，以满足吊装 T13 节段时支架的稳定性要求，见图 3-21。

3. 滑移轨道施工

索塔安装区立柱间距为 12.5m，桩顶架设单层六排加强型贝雷梁和型钢滑道；喂梁区立柱间距为 23.59m，桩顶架设单层八排加强型贝雷梁和型钢滑道，作为提升装置沿横桥向滑移的滑道梁。

在两滑道梁之间架设单层六排加强型贝雷梁，贝雷梁上设置提升装置顺桥向滑道。根据现场2台塔吊的起重能力，贝雷梁按照12m长单层双排贝雷梁作为一个起吊单元进行拼装。拼装好的起吊单元通过塔吊逐个安装在桩顶型钢分配梁上，并通过U形卡将贝雷梁在钢管桩顶固定限位。待一跨贝雷梁安装完成后在贝雷梁的上下弦杆上设置[10联系，将贝雷梁连接成为整体。

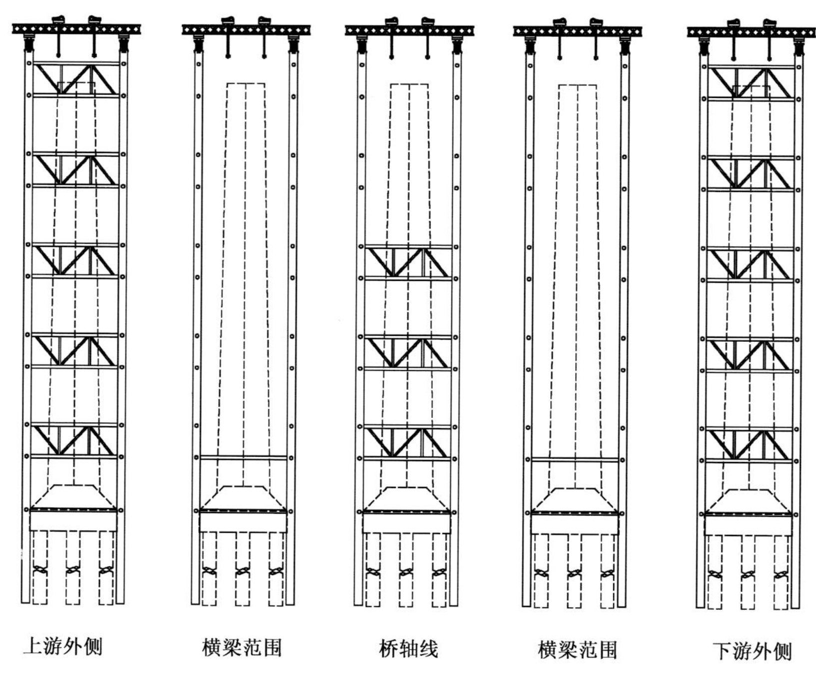

图3-21　顺桥向联结系示意图

（二）桥式码头吊机

通过比较水路和陆路两种运输方式的优劣，决定采用水路进行索塔节段的运输。结合现场地势和地形，需要在索塔支架的旁边搭设一个桥式码头吊机，将水运至工地的索塔节段起吊至喂梁平台。索塔节段除最大节段起吊质量160t外，其他节段起吊质量均在80t以内。采用自行设计的桥式吊机吊装，它由卸船区和喂梁平台组成。160t重的节段只有一节，采用2台100t千斤顶提升，而其他80t重的节段设置1台80t卷扬机天车进行吊装。

1. 立柱钢管桩

桥式码头吊机立柱采用67根$\phi630(\delta=10\text{mm})$钢管桩，平均长度为25m，桩顶设置0.8m×0.8m×20mm钢板桩帽，钢管桩接高与索塔支架内$\phi630$钢管桩的施工方法相同，不再赘述。平面功能区示意及桩位布置见图3-22。

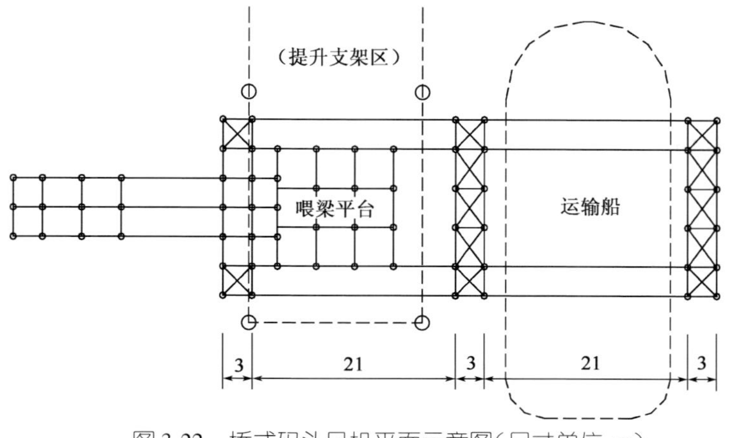

图 3-22　桥式码头吊机平面示意图（尺寸单位：m）

2. 联结系施工

联结系采用Ⅰ22 工字钢，根据实际测量的钢管桩间距加工制造，联结系与钢管桩焊接。为了减小汛期洪水及水面漂浮物对桥式吊机的冲击，减少顺桥向剪刀撑联系而增加水平联结。联结系随着钢管桩向上接高逐步进行设置，以保证钢管桩稳定。

3. 桥式吊机与喂梁平台

(1) 桥式吊机

钢管桩桩顶设置Ⅰ36b 工字钢横梁，架设单层六排加强型贝雷梁纵梁，跨径为 21m，作为桥式吊机走行轨道梁。贝雷梁采用 U 形卡固定在横梁上。贝雷梁安装时每个起吊单元为 21m 跨单排贝雷梁。在轨道梁上设置走行部，架设吊车横梁和天车等组成桥式吊机。桥式码头吊机如图 3-23 所示。

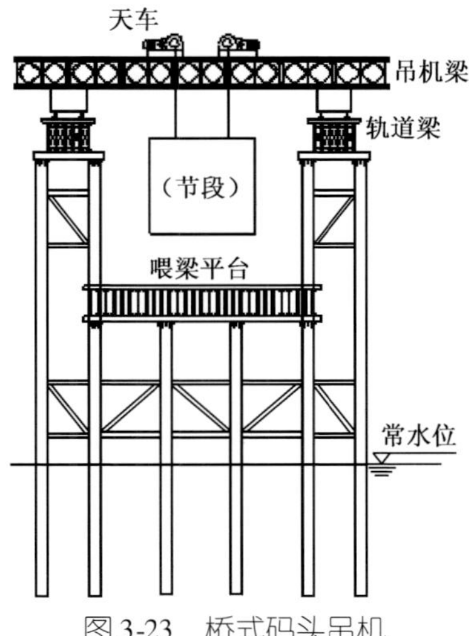

图 3-23　桥式码头吊机

(2)喂梁平台

喂梁平台是索塔节段的临时存放平台。喂梁平台钢管桩顶部设置2Ⅰ32b横梁,钢横梁上架设贝雷片纵梁,每排贝雷梁间距为0.45m,贝雷梁之间采用标准花格架连接成整体。在纵梁的内部每间隔5m设置一道[10槽钢剪刀撑。纵梁上设置Ⅰ22a分配梁,铺设花纹钢板形成喂梁平台。在喂梁平台的两侧焊接0.8m高的围栏,并挂安全密目网。

三、支架法吊装体系拆除施工

(一)拆除思路

支架拆除遵循“后装先拆”的总体原则,具体拆除顺序为:提升设备拆除→提升系统贝雷片纵梁拆除→提升系统走行滑道拆除→贝雷片横梁拆除→联结系拆除→钢管立柱拆除。根据索塔支架拆除顺序,逐步拆除支架顶部的提升设备、提升设备走行梁和桩顶贝雷片横梁。贝雷梁拆除时每次拆除一组15m长单层双排贝雷梁,利用塔吊进行拆除。立柱及联结系拆除分成三个区域。

第一区域为上游1号、2号、10号、11号钢管桩区域。该区域索塔上游1号、2号、10号、11号钢管立柱暂不拆除,并在2号和11号桩之间设置顺桥向联结系,使1号、2号、10号、11号钢管立柱形成一个整体框架。这样便于将塔吊的附墙杆件转换而不影响支架其他部分拆除,在后续索塔塔冠安装时使用1号塔吊。待钢箱梁顶推完成后将该区域内的支架和塔吊同步拆除。

第二区域为3~6号、12~15号钢管桩区域。为了确保尽快实现钢箱梁顶推施工,先拆除3~6号、12~15号钢管立柱、钢管立柱间的联结系以及塔身区域的其他临时设施,包括T13下的操作平台、塔柱间钢管横向支撑等。钢管立柱间的联结系利用塔吊直接拆除,塔身三角形区域内的操作平台、顺桥向联系和塔柱间的钢管横撑,采用先分解为若干部分后再通过安装在T13节段顶部的2台卷扬机配合塔吊逐一拆除。每拆除一层联结系后,拆除该层联结系以上部分的钢管立柱,直至支架的联结系和钢管立柱全部拆除。

第三区域为7~9号钢管桩和16~18号钢管桩以及桥式码头吊机。该区域内所有的钢管立柱和联结系拆除时按照搭设的逆操作进行拆除。伴随着支架的逐步拆除,2号塔吊也逐步拆除其标准节,最后完成第三区域支架拆除和塔吊拆除。

支架拆除后的材料分别通过驳船和汽车运输。

(二)具体实施步骤

第一步:转换塔吊附墙杆件。为保证塔吊自身稳定性,保留1号、2号、11号、12号支架钢管立柱,并在2号、11号立柱之间安装顺桥向联结系,设置1号塔吊附墙杆件,同时将1号塔吊其他附墙杆件转移到索塔上。2号塔吊随着支架拆除而拆除,1号塔吊在安装完成塔冠后拆除。

第二步:利用2台塔吊按顺序从上往下依次拆除提升系统、贝雷片横梁、贝雷片纵梁,贝雷片纵梁拆除时按照每12~15m一标准节进行拆除。

第三步:拆除支架承重部分的2 I40b桩顶横梁。

第四步:拆除S3~S9、S12~S18对应的第五层联结系。

第五步:按照从上至下的顺序依次拆除S3~S9、S12~S18对应的第四层联结系上方的调整段及钢管标准节。

第六步:拆除S2~S7、S11~S16对应的横桥向第四层联结系、索塔横撑及T13节段下方的平台。

第七步:在T13节段上方焊接2 I45a工字钢悬臂梁,悬臂梁悬挑出去5m,并在其上方安装2台5t的卷扬机,在悬臂梁最外端安装一个5t的转向定滑轮,利用卷扬机、定滑轮、塔吊将索塔内侧S4与S13之间的顺桥向联结系分成上下两段分别进行拆除。

第八步:如此反复地对索塔支架由上往下按照横桥向联系→顺桥向联系→钢管立柱标准节的顺序将S2~S7、S11~S16区域内的支架全部拆除。

第九步:利用2号塔吊拆除S7~S9、S16~S18区域内的支架,塔吊随支架拆除而拆除。桥式吊机由浮吊、汽车吊、交通船配合拆除。

第十步:利用1号塔吊安装塔冠及钢箱梁顶推塔顶门架、猫道牵引系统临时连接件,待钢箱梁顶推完成依次拆除塔顶门架、猫道牵引系统连接件。最后拆除S1、S2、S10、S11钢管桩及相对应的联结系,1号塔吊随着该区域内的支架拆除而逐步拆除。

第三节 索塔安装施工

一、下承压板安装

塔柱底部T0节段设置的上承压板与塔座内预埋的下承压板采用锚固

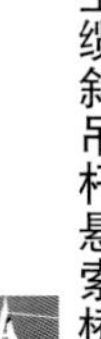

拉杆的形式连接。承压板采用 Q345C 钢板，厚度为 70mm；拉杆采用 40CrNiMoA，拉杆直径为 42mm，每个拉杆张拉力为 386kN。为使上承压板与塔座密贴，塔座内预埋下承压钢板，下方设置开孔板作为剪力键。下承压板为六边形，顺桥向长 10.1328m，横桥向长 7.0098m，不包括加劲肋及焊缝重 29.7t。下承压板安装精度直接关系到索塔的位置、线形、高程、垂直度等。

(一)定位支架安装

1. 定位支架预埋钢板安装

定位支架预埋钢板采用 250mm × 250mm、$\delta = 6$mm 钢板，下部设置两道锚固钢筋，锚固深度为 30cm。预埋钢板位置根据实际情况适当进行调整，避免定位支架与下承压板加劲肋位置产生冲突。预埋钢板底部混凝土须振捣密实。定位支架与下承压板位置关系见图 3-24。

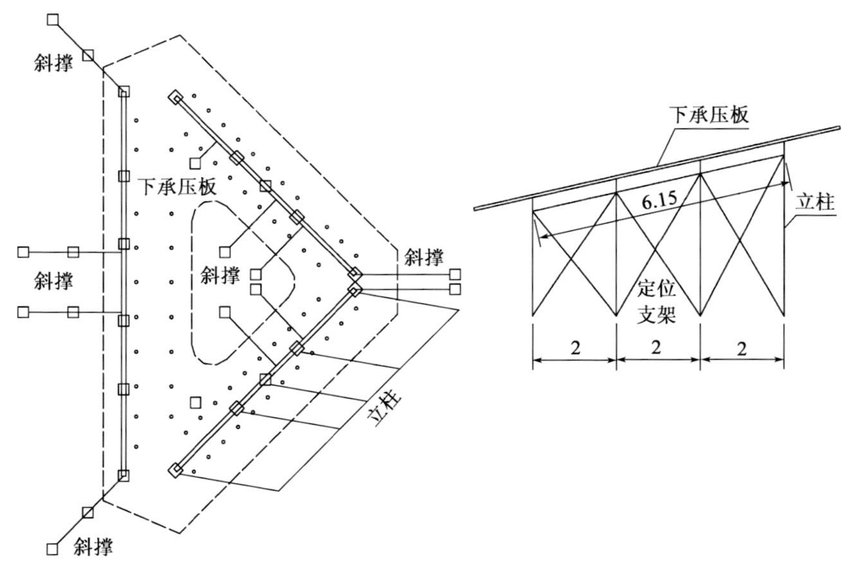

图 3-24　定位支架示意图(尺寸单位：m)

2. 定位支架施工

定位支架立柱采用Ⅰ18 工字钢，连系梁采用∠75mm × 75mm × 8mm 角钢，横梁采用[16 槽钢。立柱顶面高程按照下承压板的角度及高程进行控制，立柱顶面加工成与下承压板板面角度一致的斜坡，顶面高程比下承压板底面设计高程低 3 ~ 5mm，便于下承压板安装时进行高程调节。立柱与预埋钢板之间采取满焊，立柱安装时须控制好立柱的垂直度($\leqslant L/300$)。

3. 下承压板限位支撑

顺桥向在定位支架上设置6处限位支撑，安装时须考虑下承压板板厚在倾斜角度情况下的实际边线。限位装置安装完成后，进行复测，确保限位装置偏位在下承压板平面允许误差10mm范围内。

（二）下承压板安装

由于下承压板尺寸及质量均较大，为便于运输及现场吊装，工厂在加工制造下承压板时将其分为四块，在现场进行拼装焊接。

1. 测量仪器及时间

为保证下承压板安装定位精度，安装方案对测量仪器及测量时间作出了要求：采用精度达到1″的徕卡1201型全站仪；控制测量时间为日出前及日落后4h。

2. 安装方式及顺序

下承压板安装时采取千斤顶配合汽车吊进行，对称安装。先安装中间两块，再安装外侧两块，安装的过程中随时复核定位支架及已安装的下承压板位置。

吊装时须根据安装角度计算好钢丝绳长度，以便起吊时能够将板块及时调整好姿态就位。须严格控制好平面位置、高程，保证板块间对接间隙在《双拥大桥全塔焊接工艺评定》允许误差范围之内。下承压板安装见图3-25。

图3-25　下承压板安装

（三）下承压板焊接

板块对接缝采用马板进行固定，同时与承台的竖向钢筋进行连接，防止焊接时应力集中导致板面变形。焊接时严格按照焊接工艺上要求的电流、电压、焊道及焊接速度等进行,确保焊接质量。焊接完成24h后进行超声波检测,如图3-26所示。

图3-26 下承压板的焊接与超声波检测

二、索塔节段和横梁安装

(一)总体安装步骤

第一步:下承压板安装完成、浇筑塔座混凝土后,对下承压板进行打磨及防腐处理,检查验收预埋拉杆,准备安装T0节段。

第二步:T0节段吊装到位后,采用2台60t千斤顶张拉安装拉杆螺栓,压浆后浇筑裙板内混凝土。

第三步:安装T1~T3节段,设置内支撑后焊接及验收。

第四步:安装横梁L1~L3节段,焊接及验收。

第五步:安装T4~T12节段,逐步设置内支撑,焊接及验收。T12节段安装完成后,安装固定T13节段下方圆弧装饰板,待T13节段安装到位后焊接。

第六步:安装T13节段;T13节段分三部分进行安装,受支架提升体系吊装高度限制,先安装距离喂梁平台最远一段,再安装中间段,最后安装最近一段。安装完成后进行焊接和总体验收。

第七步:安装索鞍及塔顶主缆施工门架,转换塔吊附墙件,拆除桥轴线处支架,随后进行主缆架设施工,与主缆施工同步进行塔冠安装。

第八步:设置索塔检修提升平台,进行索塔防腐涂装。

（二）T0～T12 索塔节段安装

1. 节段吊点设置

由于索塔结构为"人"字形塔，索塔节段是三角形截面，塔柱倾斜。因此，在索塔节段上设置4个吊点，其中2个吊点位于内壁板上，两个侧壁板上各设置一个吊点。每个吊点均由1台LSD200-100型千斤顶进行提升，每个千斤顶提升装置既可同步，也可独立调整高度及顺桥向位置，以便于节段空中姿态调整。索塔节段吊点、吊装分别如图3-27、图3-28所示。

图3-27　索塔节段吊点

图3-28　索塔节段吊装

2. T0～T12 节段安装

先将索塔节段提升20cm高，以喂梁平台上设置的测量点位为基准，将索塔节段初步调整至设计姿态。试吊完成后检查提升装置，开始同步提升，将索塔节段吊运至安装位置粗定位。按照测量定位方案对节段上口测点的三维坐标和对称轴线进行测量，调整索塔节段横向倾斜角度和顺桥向垂直度，进行精确定位。满足设计要求后销接匹配件进行固定，并打好马板，复测无变动后焊接环缝。

精确调整主要是控制测量索塔的横向轴线和纵向轴线，结合制造误差评定，以塔身内侧倾斜面为基准面进行精确对位，保证塔身轴线位置，同时减小制造误差的影响，以保证T13节段顺利安装到位。在每个节段上布设7个测点，粘贴反射片和刻画十字丝，其中1～4号测点控制索塔节段满足横向轴线，5～7号测点控制索塔满足纵向轴线，索塔精确定位测点布置见图3-29。焊接完成后对节段上口各点位进行测量并与设计位置进行比较，记录偏差值以便指导后续的节段安装。

安装过程中需要在T2、T5、T7、T9、T11、T12节段之间设置主动横撑和竖向支撑，确保索塔线形和安装过程稳定。这些节段在安装前需要在相同位置上临时焊接预留法兰盘。主动横撑采用 ϕ630 钢管，竖向支撑采用 ϕ325 钢管。横撑与节段间通过法兰盘进行连接，竖向支撑与横向支撑之间采用焊接。节段间钢管横撑见图 3-30。

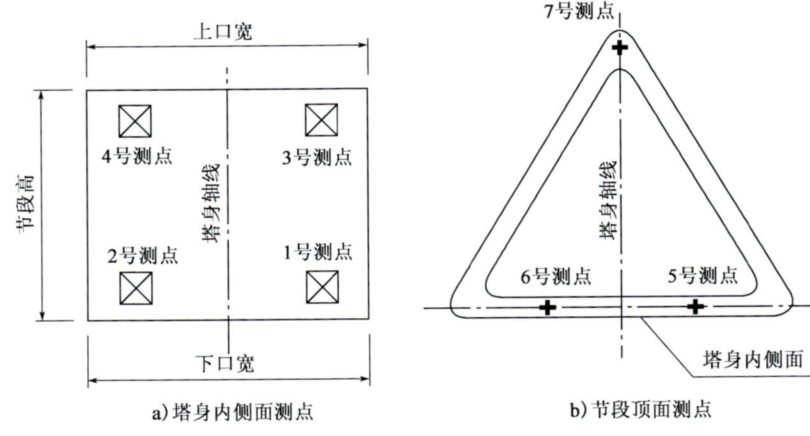

图 3-29　节段精确定位测点布置图

图 3-30　节段间钢管横撑

索塔每个节段安装设置预偏量。通过钢管支撑和千斤顶调整索塔柱倾斜角度或预偏量，使各节段空间位置和整体线形满足设计要求。

(三)横梁安装

横梁位于塔身 T3 节段之间，横梁为钢箱结构，顶边长 41.296m，底边长 53.464m。索塔横梁分为 L1、L2、L3 三段进行安装，L1 重 53.1t，L2 重47.3t，L3 重 45.6t。横梁采用支架法施工，利用围堰内插打的 16 根 ϕ630 钢管桩和贝雷梁搭设安装平台，在平台上设置安装胎架。各段横梁通过索塔支架的提升系统吊运至设计位置放置在胎架上，通过手拉葫芦和胎架处 8 台千斤顶对横梁的平面位置、高程进行调整。安装时，按照 L1 ~ L3 的顺序进行安装，两侧同时进行安装，见图 3-31。通过对各段横梁中心线和高程测量进行控制，在进行索塔其他节段施工时还需对横梁应力和变形进行监测。

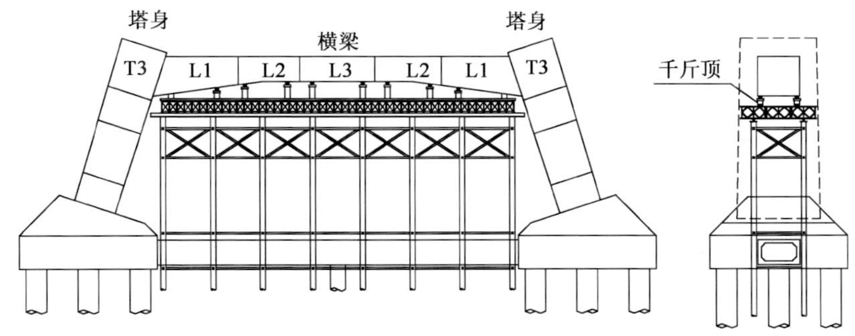

图 3-31　索塔横梁安装支架示意图

(四) T13 节段安装

由于 T13 节段比较重，安装时分三部分进行起吊和安装，现场进行焊接。第Ⅰ部分质量为 17.4t，第Ⅱ部分质量为 150.2t，第Ⅲ部分质量为 17.4t。T13 节段分段示意及安装图分别见图 3-32、图 3-33。

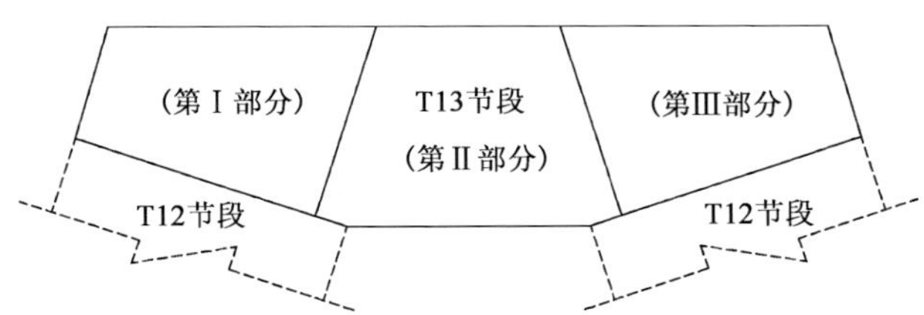

图 3-32　T13 节段分段示意图

图 3-33　T13 节段安装

利用索塔支架前后两排钢管桩之间的联结系设置安装平台，由于索塔吊装喂梁平台位于索塔下游侧，因此从上游向下游进行安装，依次安装第Ⅰ、第Ⅱ和第Ⅲ部分。

（五）索鞍及塔冠施工

T13 节段安装完成后复测顶面高程，进行索鞍平面位置放样。索鞍利用支架提升系统安装。根据索塔安装误差分析结果，确定索鞍安装预偏量。

采用塔吊安装塔冠，在塔冠加工制造时按照塔吊最大起质量进行分节。

（六）桥位环缝焊接的技术要求

（1）桥位焊接必须严格执行焊接工艺规程，同时建立完善的焊工考核制度及跟班检查指导机制。施焊时必须按照设计及焊接规范规定进行焊接产品试板，产品试板的厚度、轧向、坡口尺寸应与所代表的接头一致，并与之采用相同的工艺方法及参数同时施焊。产品试板应做好标记，经验收合格后方可取样试验。

（2）节段间环缝是主要传力焊缝，要求 100% 熔透。桥上焊接施工的环境温度宜在 5℃以上，相对湿度不大于 80%，风力不大于 5 级。若在露天或雨天施焊时，应采取有效的防风、防雨、防潮措施。

（3）定位焊可采用手工焊或 CO_2 气体保护焊，执行桥上焊接工艺相关规定。当出现裂纹或其他严重缺陷时，应先查明原因再清除缺陷并补充定位焊。

（4）焊前全面检查接口的错边、间隙及坡口尺寸。用砂轮清除表面的铁锈，清除范围为焊缝两侧各 50mm，除锈后 24h 内必须焊接，以防接头再次生锈或被污染，否则应在重新除锈后再施焊。

（5）对于有预热要求的焊缝，采用电阻加热或火焰加热，预热温度宜大于 80℃，预热范围为缝口每侧 100mm 范围内。

（6）在钢箱内采用 CO_2 气体保护焊时，焊工要佩戴防护面罩，必须配备通风防护安全设施，以免焊接时产生的有毒气体及烟雾影响焊工安全。

（7）焊接完成后对索塔节段对接焊缝进行超声波探伤和磁粉探伤，对不合格部位及时进行返修，保证焊接质量。

（七）安装成果

索塔顺利安装到位后，对安装过程中的各项数据进行统计分析。索塔的定位精度、焊接质量均满足设计及制造规则的要求（表3-10），同时为类似工程施工积累了宝贵的施工经验。

索塔安装检验记录表　　表3-10

序号	检查项目	规定值或允许偏差	检测结果
1	高程偏差	$\pm L/3000$mm	-3mm
2	轴线偏位	$\pm L/3000$mm	5mm
3	焊缝尺寸	符合制造规则要求	符合制造规则要求
4	焊缝探伤	超声波100%检测	100%检测，一次合格率为95%
5	返修次数	≤2次	一次返修合格率为100%

第四节　索塔养护维修平台设计

索塔涂装和检修维护是施工过程和后期维护的难题，对于一般桥梁塔身检修、涂装可直接设置支架或简易吊篮。大桥索塔高度超过100m，塔身呈倾斜状态，支架搭设困难。

为了完成索塔外表面最后一道面漆的涂装以及成桥以后索塔的检修与维护，在索塔塔冠底板上设置索塔检修提升系统以达到理想的效果。索塔检修提升系统主要由提升卷扬机、导向装置、检修平台、橡胶走行轮四大部分构成，其结构如图3-34所示。

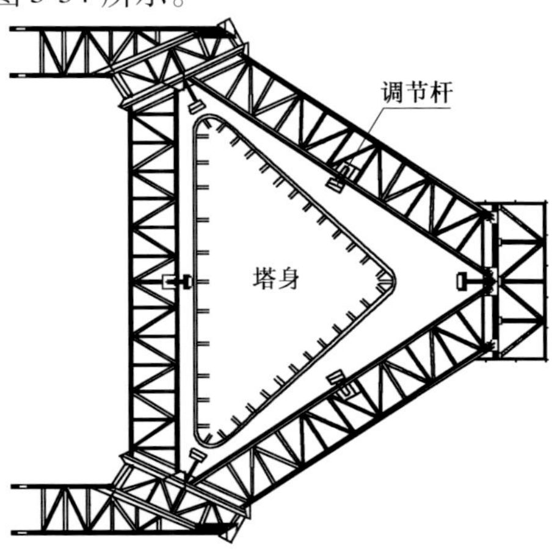

图3-34　索塔检修平台

(一)提升卷扬机

索塔检修提升系统的主要动力系统为3台3t慢速提升卷扬机。在索塔检修施工以及索塔外侧面层油漆涂装施工过程中通过塔顶3台提升卷扬机提升和调整检修平台的具体位置,它能适应变截面钢箱索塔的结构特点,随着索塔截面的不断改变而调整检修平台的姿态,施工方法简单,结构牢固、安全可靠。其中卷扬机的技术性能参数参见表3-11。

3t慢速提升卷扬机技术参数表 表3-11

钢丝绳额定拉力(kN)		30	电动机	型号	Y160M—4
总传动比 i		102.1		功率(kW)	11
卷筒	直径×长度(mm)	ϕ275×570		转速(r/min)	1460
	转数(r/min)	14.3	制动器型号		TJ_2—200
	容绳量(配绳量)(m)	150(110)	电磁铁型号		MZD_1—200
钢丝绳	规格	6×37	外形尺寸(mm)		1360×1065×650
	直径(mm)	17.5	整机质量(kg)		800
	提升速度(m/min)	15.5			

(二)导向装置

由于提升卷扬机布置在索塔塔冠底板上,卷扬机钢丝绳绕过塔冠内、外侧壁板吊装检修平台时,需设置一导向装置将钢丝绳由水平方向转向成沿着索塔塔身平行的方向,以便保证钢丝绳不会与塔身接触而磨损,同时减小卷扬机提升阻力。导向装置由两部分组成,其中一部分为锚固支座,由两块20mm钢板组成,直接焊接在塔冠底板上方;另外一部分为活动转向轮,由一个5t定滑轮和两块40mm厚钢板组成,定滑轮与钢板焊接连成整体,活动转向轮与锚固支座之间采取螺栓连接。另外,为了保证塔冠内侧环境干燥,钢丝绳穿过塔冠壁板完成检修和涂装之后,需对塔冠壁板进行封闭处理,在钢丝绳穿过塔冠壁板处设置400mm×600mm的封闭门进行密封。

(三)检修平台

根据空间三维变截面索塔的结构特点,检修平台设计为型钢与钢板组拼而成的桁架结构。检修平台设计时总共分5节进行,平台总重约3t,平台宽度为1.3m,沿着索塔塔身周边布置。平台走行时主要承受自重以及人群、机具荷载。经结构受力分析，检修平台强度、刚度及稳定性均在容许范围之内。

（四）橡胶走行轮

为了避免检修平台在走行时对塔身面漆产生破坏，在检修平台内侧设置6个宽度为400mm的橡胶滚轮实现沿塔身上下走行，走行轮不会损坏塔身面漆，以保证涂装质量。

第五节　索塔安装的监控量测

一、控制网布设

由于索塔受吊装支架遮挡影响，安装时需要从不同测点进行观测。施工区域控制点点位不足，且施工区跨越柳江两岸三角网联测困难。结合4个四等已知点，决定两岸加密一、二级导线点。钢箱梁在南岸制造储存，造成南岸施工区域视线遮挡严重，北岸虽无施工干扰但建筑物较为密集，待导线点加密完成后，以两地现有导线点分别测设加密施工控制点。

高程控制网利用四等电磁波测距三角高程测量。施工时将已知点换算成独立坐标，以桥纵轴线建立独立的施工坐标系。平面控制网根据安装方案测量定位要求、索塔形状、轴线以及施工方案等全面考虑后确定，其布网原则如下：

平面控制应先从整体考虑，遵循先整体、后局部，高精度控制低精度的原则；控制网中应包括作为场地定位依据的起始点和起始边、索塔主轴线；要在便于施测、使用（平面定位及垂直度控制）和长期保留的原则下，尽量组成四周平行于索塔的闭合图形，以便闭合校核；控制点的间距以120～200m为宜，控制点之间应通视、易量，其顶面应略低于地面；地面上设置的控制点均使用强制归心观测墩，观测墩结构如图3-35所示。

（一）导线控制测量

根据场区控制点复测成果加密施工控制点，施工平面控制点分两级加密。导线控制测量的主要技术要求见表3-12。

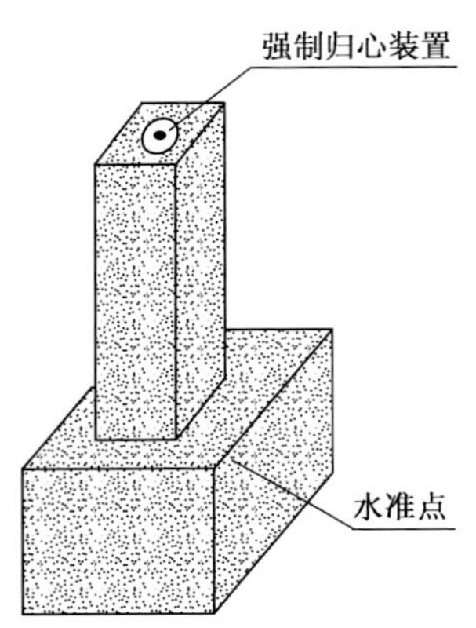

图 3-35　观测墩构造图

导线测量主要技术要求　　表 3-12

等级	导线长度（km）	平均边长（km）	测角中误差（″）	测距中误差（mm）	测距相对中误差	测回数			方位角闭合差（″）	导线全长相对闭合差
						1″级仪器	2″级仪器	6″级仪器		
一级	4	0.5	5	15	1/30000	—	2	4	$10\sqrt{n}$	≤15000
二级	2.4	0.25	8	15	1/14000	—	1	3	$16\sqrt{n}$	≤10000

注：1. 表中 n 为测站数。

2. 当测区测图的最大比例尺为 1:1000 时，一、二、三级导线的导线长度、平均边长可适当放长，但最大长度不应大于表中规定相应长度的 2 倍。

导线点布设如图 3-36 所示。为了更便于观测索塔，充分考虑规范要求和吊装支架的影响，选择首级控制网加密点导线为附合导线，误差处理采用严密平差。在导线计算之前对外业观测数据作一次全面检查和整理，查看有无遗漏、记错或算错的地方，各限差是否满足要求。计算时绘制导线略图，整理已知数据。

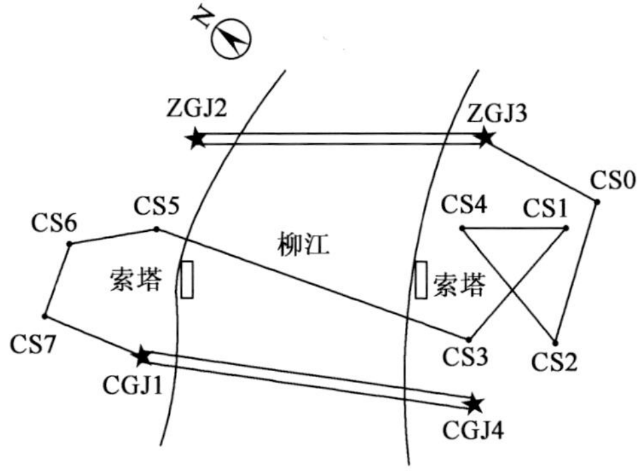

图 3-36　导线网加密示意图

（二）高程控制测量

为满足施工精度要求，至少布设3个水准控制点，建立高程控制网。高程控制网的建立是根据水准基点测设，按条件平差的方法平差计算。水准点布设在通视良好的位置，距离基坑边线不小于15m。控制网精度不低于三等水准网的精度。高程控制需采用三角高程测量，在平面控制点的基础上布设成三角高程导线。高程控制网的测量技术要求与测量允许误差分别见表3-13、表3-14。

三角高程测量技术要求　　表3-13

等级	每千米高差全中误差（mm）	边长（km）	观测方式	对向观测高差较差（mm）	符合闭合差（mm）
四等	10	≤1	对向观测	$40\sqrt{D}$	$20\sqrt{\sum D}$

注：1. D为测距边的长度（km）。

2. 起止点的精度等级，四等应起止于不低于三等水准的高程点上。

3. 路线长度不应超过相应等级水准路线的长度限差。

测量允许误差　　表3-14

等级	垂直角观测				边长测量	
	仪器精度等级	回数	指标差较差（″）	测回较差（″）	仪器精度等级	观测次数
四等	2″级仪器	3	≤7	≤7	10mm级仪器	往返各一次

二、索塔节段安装定位测量

安装定位测量主要是使用全站仪三角高程测量，直接测设观测点三维坐标，进行绝对高程对比，得出调整值。不仅要注意每节段高度误差不超限，更应注意控制高程，防止误差累计而使总高度误差超限。因此，需根据实测的节段高程，评定偏差值及时进行调整控制，必要时还应调整下一节段的制造高度。

（一）观测点布设及精度要求

考虑通视条件，观测点分两种方法布设。一种是在每个节段塔身内侧外表面贴反射片，共4个测点；另一种是在每个节段的顶面刻画十字丝，十字丝位于接缝处中心，内面两点距横轴中心3m，外侧点处于弯角正中，共3个测点。节段到场验收后粘贴反射片和刻画十字丝，见图3-29。

根据安装观测点布设位置计算理论坐标及其到桥中轴线距离，供实测后评定差值。采用边、角同测的极坐标观测方案，首先测量反射片三维坐标，得出坐标差指导调整节段位置。由于受支架遮挡和反射片角度的限制，某些反射片无法观测，这时使用棱镜倒置的方法（图 3-37），将对中杆尖端正对反射片靶中，棱镜气泡保持朝上并水平。根据需要调整棱镜杆长度，使棱镜不被支架遮挡。塔块顶端十字丝则采用小棱镜直接观测。

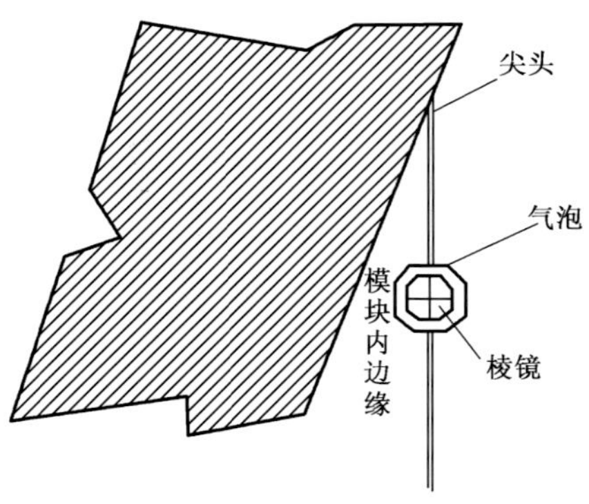

图 3-37　棱镜倒置测点

观测点中误差由观测点对中误差、工作基点对中误差和照准误差组成。采用粘贴反射片的方法，不存在对中误差，观测点对中误差为 0。观测刻画十字丝则产生对中误差，使用前小对中杆需经过严格校正确保气泡水平，由此产生的误差可粗略计为 1mm。采用观测墩及强制对中装置，工作基点对中误差为 0。采用仪器自动照准功能，避免了人工照准误差。

依据规范进行观测点观测中误差评定，要求能满足《工程测量规范》（GB 50026—2007）8.5 条规定的桥梁索塔定位的点位中误差不超过 ±4mm 的要求。

为尽量减小温度影响，每天日落后 4h 至第二天日出前 2h 为观测时段。

（二）安装定位测量程序

安装定位测量分两阶段进行，第一阶段是装吊精确对位过程中的测量，第二节段是每个节段安装固定后的复核测量。首先进行基准网观测，平差计算工作基点的坐标及高程，对安装观测点进行观测，计算其坐标及高程，重复测量至观测点误差满足要求后确定调整参数。利用内支撑调整节段，节段全部安装到位后，复测所有观测点，评定定位控制成果。

三、索塔变形监测

（一）一般技术要求

变形测量等级及精度要求按表3-15的规定执行。

变形测量等级及精度要求　　表3-15

变形测量等级	垂直位移测量		水平位移测量
	变形点的高程中误差（mm）	相邻变形点的高程中误差（mm）	变形点点位中误差（mm）
一等	±0.3	±0.1	±1.5
二等	±0.5	±0.3	±3.0
三等	±1.0	±0.5	±6.0
四等	±2.0	±1.0	±12.0

（二）变形监测网主要技术要求及建网方式

1. 垂直位移监测网

垂直位移监测网主要技术要求按表3-16的规定执行。

垂直位移监测网主要技术要求　　表3-16

等级	相邻基准点高差中误差（mm）	每站高差中误差（mm）	往返较差、附合或环线闭合差（mm）	检测已测高差较差（mm）	使用仪器、观测方法及要求
一等	0.3	0.07	$0.15\sqrt{n}$	$0.2\sqrt{n}$	DS05型仪器，视线长度≤15m，前后视距差≤0.3m，视距累计差≤1.5m。按国家一等水准测量的技术要求施测
二等	0.5	0.13	$0.3\sqrt{n}$	$0.5\sqrt{n}$	DS05型仪器，按国家一等水准测量的技术要求施测
三等	1.0	0.3	$0.6\sqrt{n}$	$0.8\sqrt{n}$	DS05或DS1型仪器，按国家二等水准测量的技术要求施测
四等	2.0	0.7	$1.40\sqrt{n}$	$2.0\sqrt{n}$	DS1或DS3型仪器，按国家三等水准测量的技术要求施测

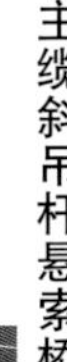

垂直位移监测按变形等级三等的要求施测，在二等精密高程控制测量布设基点、深埋水准点及一般水准点的基础上，按照国家二等水准测量技术要求进一步加密水准基点或设置工作基点，直至满足工点垂直位移监测需要。

2. 水平位移监测网

水平位移监测网主要技术要求按表3-17的规定执行。

水平位移监测网主要技术要求　　表3-17

等级	相邻基准点的点位中误差(mm)	平均边长(m)	测角中误差(″)	最弱边相对中误差	作业要求
一等	±1.5	<300	±0.7	≤1/250000	按国家一等平面控制测量要求观测
		<150	±1.0	≤1/120000	按国家二等平面控制测量要求观测
二等	±3.0	<300	±1.0	≤1/120000	按国家二等平面控制测量要求观测
		<150	±1.8	≤1/70000	按国家三等平面控制测量要求观测
三等	±6.0	<350	±1.8	≤1/70000	按国家三等平面控制测量要求观测
		<200	±2.5	≤1/40000	按国家四等平面控制测量要求观测
四等	±12.0	<400	±2.5	≤1/40000	按国家四等平面控制测量要求观测

水平位移监测网按独立建网考虑，根据变形测量等级及精度要求进行施测，并与施工平面控制网进行联测，引入施工测量坐标系统，实现水平位移监测网坐标与施工平面控制网坐标的相互转换。

（三）变形测量点布设及观测

变形测量点分为基准点、工作基点和变形观测点。每个独立的监测网设置不少于3个稳固、可靠的基准点，基准点选设在变形影响范围以外便于长期保存的稳定位置。工作基点选在比较稳定的位置，观测条件较好时，可在基准点上直接测量变形观测点。变形观测点设立在变形体能反映变形特征的位置。

索塔拼接完成后,变形监测时使用塔身内侧贴的反射片继续观测,每个节段观测上侧两个反射片。索塔基础的观测点布设在承台上,共 2 个。

在荷载变化期间变形监测周期,要求每增加 1 ~ 2 个节段,记录观测荷载变化、气象情况与施工条件的变化。基础混凝土浇筑、回填土及结构安装等增加较大荷载前后应进行观测。基础周围出现大量积水、挖方、降水及暴雨后应观测。出现不均匀沉降时,根据情况增加观测次数。施工期间因故暂停施工超过 3 个月,应在停工时及复工前进行观测。

第四章 主桥钢箱梁制造与安装

第一节 钢箱梁加工制造与运输

一、钢箱梁结构设计

(一)梁段类型布置

主桥跨径组合为40m+430m+40m,钢箱梁梁段分为7种类型(A~G类),共53个节段,如图4-1所示。

A类梁段为边跨端节段,节段长度为8.29m,全桥共2段。B类梁段为边跨标准段,节段长度为9m,全桥共6段。C类梁段为桥塔处节段,节段长度为8m,全桥共2段。D类梁段为中跨靠塔侧第一节段,节段长度为7m,全桥共2段。E类梁段为除D类外的其余斜吊索位置节段,节段长度为10m,全桥共8段。F类梁段为直吊索位置标准节段,节段长度为10m,全桥共32段。G类梁段为跨中合龙段,节段长度为8m,全桥共1段。钢箱梁节段吊重为133~194t,全桥重约8900t,详见表4-1。

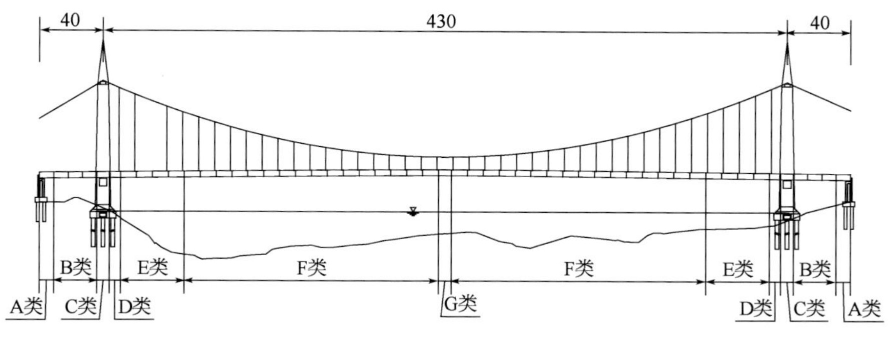

图 4-1　钢箱梁节段划分图(尺寸单位:m)

钢箱梁节段吊装质量表　　表 4-1

序号	梁 段 名 称	全桥节段数量	节段长度	单位质量	单位质量
		(节)	(m)	(t/节)	(t/m)
1	A 类梁段	2	8.29	194	23.35
2	B 类梁段	6	9	157	17.43
3	C 类梁段	2	8	166	20.74
4	D 类梁段	2	7	135	19.25
5	E 类梁段	8	10	177	17.70
6	F 类梁段	32	10	175	17.48
7	G 类梁段	1	8	133	16.57

(二)梁段结构设计

钢箱梁设计为扁平流线型钢箱梁。钢箱梁中间设置纵隔板,箱梁全宽38m,梁中心高 3.5m(外轮廓)。

钢箱梁顶板厚 16mm,上斜腹板厚 14mm,底板、下斜腹板厚 12mm。钢箱梁顶板在机动车道、非机动车道区域采用 U 形肋进行纵向加劲,U 形肋上口宽 300mm,底宽 170mm,高 280mm,板厚 8mm,间距 600mm。人行道区域顶板、下斜腹板、底板采用板式肋进行纵向加劲,加劲肋高 140mm,板厚12mm,间距 350mm。上斜腹板设置两道板式加劲肋,高 190mm,板厚16mm。U 形肋、板式加劲肋均通长布置,一般情况下贯穿横隔板。但在吊点区域,板式加劲肋在横隔板处切断,并与横隔板焊接连接。

钢箱梁中轴线位置设一道纵隔板,全桥通长,板厚为 18mm。在纵隔板左右两侧各设置一道板式加劲肋,高 190mm,板厚 16mm。

钢箱梁内，每隔2～3.33m设置一道横隔板。除A类梁段设置5道横隔板外，其余节段均只设置3道横隔板。除支座位置横隔板特殊构造外，其余节段横隔板均为2道吊点横隔板+1道普通横隔板。普通横隔板板厚10mm，支座处横隔板板厚16mm，吊点横隔板出于受力需要，分区域采用12～30mm板厚，除端头横隔板以外，其余横隔板均采用双面加劲。标准断面如图4-2所示。

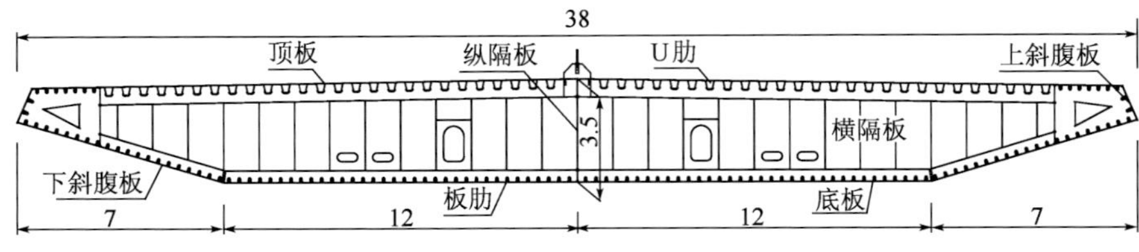

图4-2　钢箱梁标准横断面图（尺寸单位:m）

钢箱梁通过吊耳与吊索连接，全桥吊耳分为斜吊耳、直吊耳两类。斜吊耳构造如图4-3所示，直吊耳构造如图4-4所示。

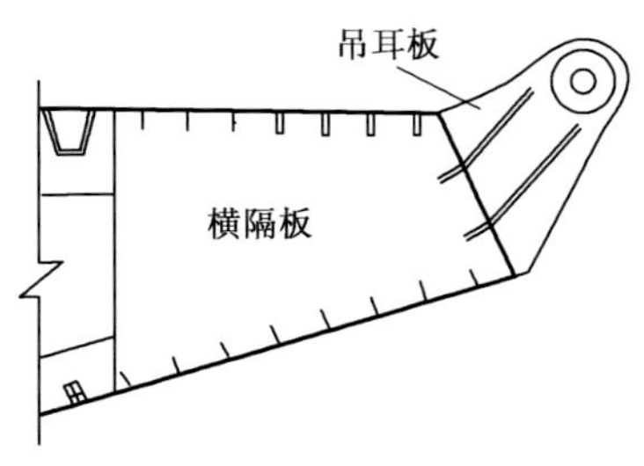

图4-3　斜吊耳构造示意图

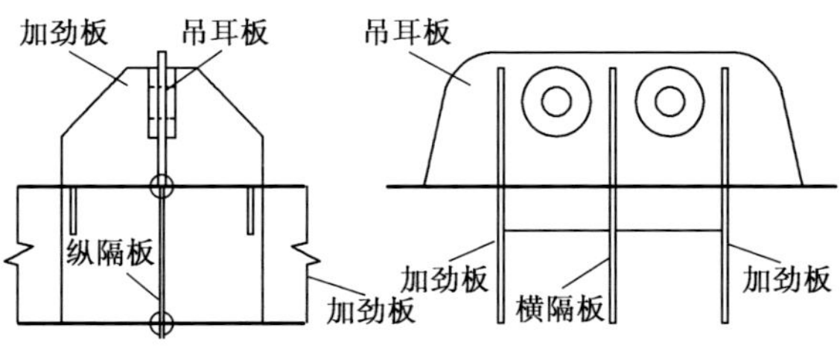

图4-4　直吊耳构造示意图

斜吊耳板厚30mm，销孔处局部加强为130mm。吊点耳板设计为整板，板肋、腹板及顶板在吊耳处均切断或开槽，并与吊点耳板焊接连接。

直吊耳板厚30mm，销孔局部加强为110mm。耳板与箱梁顶板焊接连接，两侧各3道加劲肋进行加强。

箱梁梁端节段上，设置了2个LYQZ6000/1200型竖向拉压支座，约束箱梁竖向位移和扭转；塔柱位置节段设置2个LYQZ10000/1200型竖向拉压支座,约束箱梁竖向位移和扭转;塔柱位置节段设置 2 个横向 GPZ3000 型盆式支座,约束箱梁横向变形;在箱梁梁端纵向设置了 2 个 $F=500\text{kN}$ 的阻尼器,最大位移量 ±280mm,以限制箱梁在顺桥向地震回应下的纵向位移。

二、钢箱梁加工制造与运输

大桥南岸地势平坦开阔,选定为钢箱梁制造和存放场地,设板单元存放场、节段焊接组装胎架、防腐涂装车间、运输轨道和提升龙门吊等形成流水作业线。板单元在工厂加工好以后,通过汽车运至施工现场拼装场地进行节段组装、连续匹配总装,最后进行防腐涂装。涂装后通过 4 台轨道小车将钢箱梁运输到指定位置。工地拼装场平面布置如图 4-5 所示。

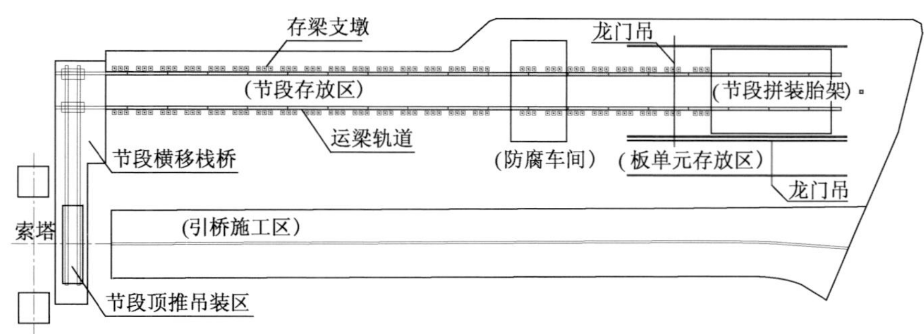

图 4-5 工地拼装场平面布置

(一)板单元加工制造

针对钢箱梁构造,将钢箱梁划分成横隔板、纵隔板、底板、顶板、肋板等多个板单元。

1. 顶、底板单元加工

顶、底板单元是该桥的基本部件。钢板经预处理后采用精切下料,利用画线平台(铸钢平台,可消除跨季节生产时温度变化对板块制造的影响)画出板块纵横基线及 U 形肋、板条肋组装位置线。按焊接工艺试验确定的施焊方法及焊接变形的规律预留焊接收缩补偿量及桥位作业弹性压缩工艺补偿量。U 形肋内按涂装体系要求涂刷油漆。

利用“无码板”装配技术组装板块:即用能控制 U 形闭口肋和板条肋组装精度的专用门式组装胎型(图 4-6)控制组装。避免用码板装配定位,造成较大的装配应力并修磨大量的码板,确保板块的制作精度。

利用“反变形”技术控制板块的焊接变形(图4-7)。针对板块的焊接变形形态,结合其结构形式、热量输入、应力分布及变形趋势,制作焊接反变形胎架。在胎架上用CO_2自动焊机对称施焊U形肋,以尽量减小焊接变形内应力。焊接时重点控制焊丝角度、工艺参数,保证熔深、焊缝外观成形,避免咬边等缺陷。尤其是顶板闭口肋角焊缝,直接承受轮压反复荷载作用,易产生疲劳裂纹。

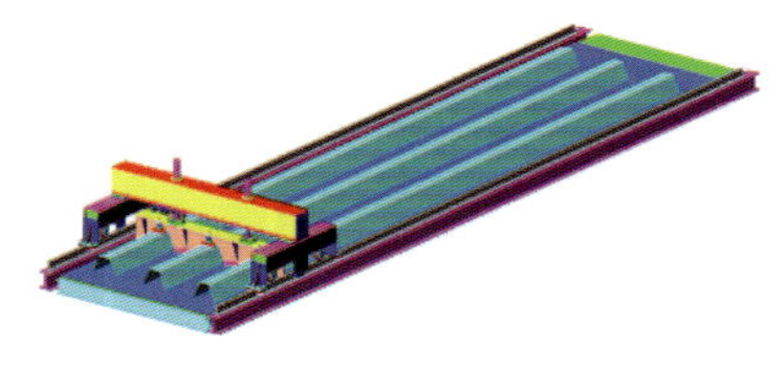

图4-6 U形肋组装胎具

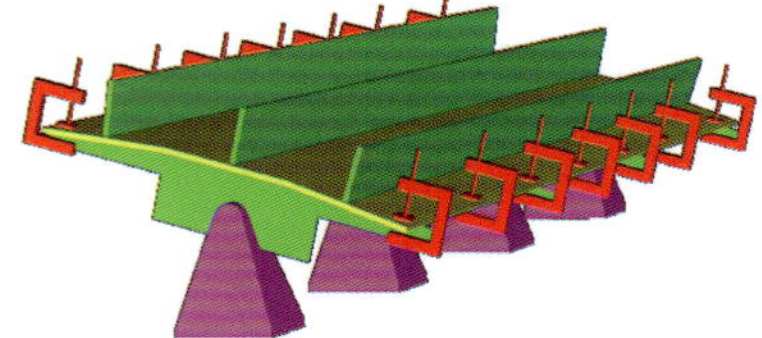

图4-7 焊接反变形胎具

利用火焰矫正的方法,矫正板块扭曲变形、角变形、弯曲变形。重点控制板块对接边缘的波浪变形,满足对接要求。利用画线平台画对接边坡口切割线。顶板和底板各对称预留一对板块纵向配切。顶板板块预留一端在箱体组装时配切。在专用切割平台上用2台小车对称切割。重点控制小车行走轨道的直线度和平整度。

对被破坏的车间漆部位,经除锈处理,再涂车间底漆。U形肋两端用发泡塑料板封严,防止U形闭口肋进水。

以顶板单组件制作为例,板单元制造工艺流程(图4-8)如下。

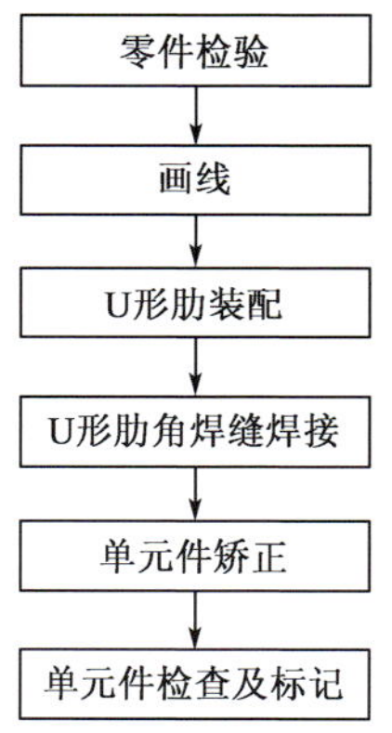

图4-8 板单元制造工艺流程

(1)检查来料(零件号、外形尺寸、对角线、坡口、材质及炉批号)。

(2)画线工作在专用画线平台上完成。板材对位后,按平台上的标记点配合钢带绘制单元件纵横向定位线、结构装配检查线及端口检查线。

(3)U形肋装配在U形肋装配胎具上进行无码装配。将底板吊上U形肋装配机的装配平台上，对中固定，并将端头对齐。使用 U 形肋定位胎膜从 U 形肋一端向另一端进行装配，装配后采用 CO_2 气体保护焊进行点焊。

（4）单元件置于液压专用焊摇平板胎架上焊接。

（5）采用火焰矫正，矫正温度控制在 600～800℃，自然冷却。

（6）将单元件吊到专用检验平台上，检查单元件长度、宽度、对角线差、焊接质量和平面度等。单元件合格后标记并存放。

2. 横隔板单元加工

隔板是箱形梁组装的内胎，它的精度直接控制着箱梁的断面精度。双拥桥横隔板除端头隔板之外，主要为普通隔板 Hf 和斜吊索耳板位置处连接隔板 Hd，横隔板在纵隔板处断开，与纵隔板焊接连接。要求横隔板上 U 形纵肋槽口与板块上的 U 形纵肋相匹配。对横隔板周边加工精度和 U 形纵肋缺口间距精度的控制，是保证箱形组装质量的前提。针对其结构特点，采用如下工艺。

（1）隔板在纵隔板左右两侧分为两个块件制作，斜吊索处隔板从纵隔板处及不等厚板对接处分 4 块精切下料，对接边留刨量。加工厚板对接边过渡坡及对接边坡口。

（2）隔板 Hf2 画线组装各种劲板及人孔补强板等，用 CO_2 半自动焊焊接，矫正后上平台画出对接边刨线及工地组装用竖向基准线，按线刨边。隔板 Hd3 不等厚板在厂内对拼、焊接，画线组装各种劲板及人孔补强板。

（3）组装、焊接在专用胎具上进行，胎具设横梁，使用千斤顶顶紧横隔板以控制焊接变形。用 CO_2 半自动焊焊接，矫正后上平台画线精切周边，画对接边刨线、另一端与腹板焊接边刨线及工地组装用竖向基准线，按线刨边。

（4）箱体组装时为保证横隔板几何尺寸，在隔板接板上设定位档，进行定位组装。被破坏的车间漆部位后，经除锈处理后，再涂车间底漆。

3. 纵隔板单元加工

纵向隔板按照设计分段长度分单元制造。数控精切下料，周边留加工量，画线刨一边并按线组装、焊接各种加劲板，修整画线刨切另三边。被破坏的车间漆部位，经除锈处理后，再涂车间底漆，采用如下工艺。

（1）检查来料（零件号、外形尺寸、对角线、坡口、材质及炉批号）。

（2）画线工作在横隔板专用装焊胎架上进行，胎架周边设有各加劲板位置线标记。采用磁力吊将板材吊上胎架，调整定位后，在周边用夹具将其与胎架固定，再按各标记点绘制加劲肋装配线和单元件定位线、检查线。

（3）对线安装竖向加劲板，测量装配间隙和垂直度。

(4)对线安装横向加劲板,测量装配间隙和垂直度。人孔、管线孔加筋圈分两段装配,贴紧孔边。采用气体保护自动焊焊接各部位焊缝。

(5)将单元件置于检验、矫正胎架上,检查单元件平面度和板边平直度。变形采用火焰矫正,矫正温度控制在600~800℃之间,自然冷却,严禁过烧、锤击和水冷。

(6)检查单元件长度、宽度、对角线、焊接质量、平面度等,合格单元件进行标识后转入存放。

板单元加工时,将两个板块纵向对接焊为板单元组件之前,对板块因运输或吊装等原因产生的变形首先进行机械冷矫或热矫,在满足设计标准后组装焊接。

(二)钢箱梁组装与总装

1.拼装胎架

钢箱梁到达施工现场后拼装成为成品钢箱梁,预拼装胎型长60m、宽39.62m,下设钢筋混凝土条形基础。条形基础之间采取横梁连接使基础形成整体框架结构,防止基础不均匀沉降。胎架上部结构采用型钢组合结构,根据钢箱梁底板及下斜腹板尺寸进行胎架设计,通过预埋钢板将钢箱梁总拼胎架立柱与基础梁进行连接,使胎架与基础形成整体以保证胎架的刚性,基础平面见图4-9。总拼胎架分横向钢架和纵向连接,见图4-10。

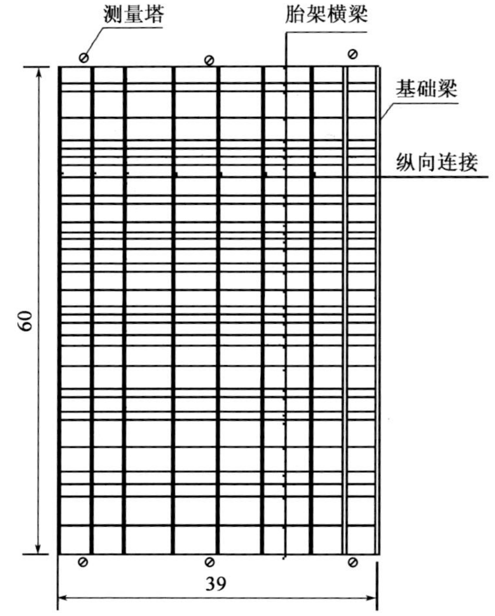

图4-9　拼装胎架基础平面(尺寸单位:m)

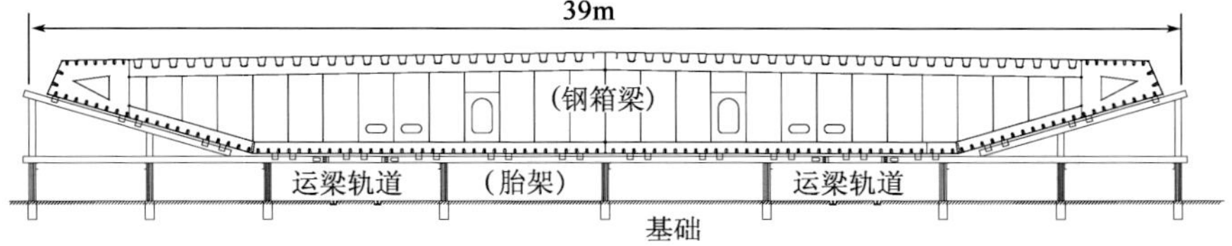

图 4-10 预拼装胎架断面

胎架横梁纵向布置综合考虑 9 个轮次拼装接头位置。横梁以钢箱梁底板、斜底板外形轮廓为基准。考虑焊接收缩补偿,确定胎架外形尺寸。

通过胎架控制箱梁外形尺寸精度及焊接变形,为保证整体刚性良好,在纵向设置 9 条纵向连接。纵横钢架焊接为整体,并与基础相连。为保证钢箱梁拼焊精度达到预拼装目的,在胎型中布置精密控制点位对线测量:在胎架两端各布置 2 个测量塔,在箱梁接口位置及横向位置设置对线台座,台座与基础相连、与钢架脱离,以防止因温度差影响制造精度。

通过测量塔及三纵一横对线台座,控制钢箱梁的长度、拱度、旁弯及吊点中心距等,满足制造精度要求。

2. 节段组装与总装

节段组装流程如图 4-11 所示。总装工艺、焊接工艺等与索塔节段基本相同。

(三)钢箱梁涂装

结构表面的涂装,除了提供适当的外观色彩与视觉效果外,更主要的功能是减缓环境对结构的腐蚀,以延长结构使用寿命。参考《大气环境腐蚀性分类》(GB/T 15957—1995),双拥桥处于强腐蚀环境中,其大气环境属于 C5-I 工业大气腐蚀类型。

涂装设计要求防腐蚀涂层的周期性维修主要针对面涂层和中间涂层,最大限度地保证底涂层的可靠性和完整性,涂层应具有良好的复涂性能。钢结构外表面涂层配套体系见表 4-2,封闭环境内表面涂层配套体系见表 4-3。

钢箱梁放置在存梁场地内,进入涂装厂房前,防腐涂装所有工件在进行表面处理前必须进行除油除污、棱角打磨和清理等表面预处理。首先,清理钢箱梁及钢塔内、外表面的各种污物。其次,清除工件表面加工单位遗漏的残留焊渣焊瘤,如发现加工缺陷应请加工单位修补。除去钢板表面油污,得到无油、无水、无污物、无锈斑及其他包括可溶性盐在内的洁净表面。钢板表面 的油污,如果是局部小块,用汽油或油漆稀释剂擦净即可;如果是大面

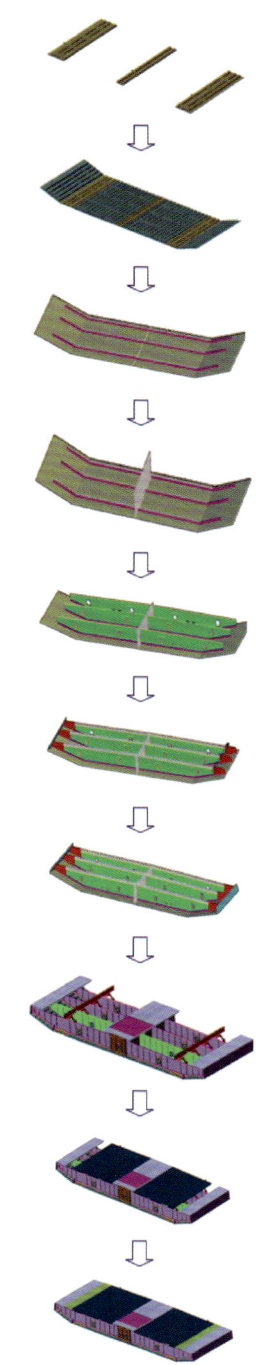

图 4-11
钢箱梁节段组装流程图

积油污，应先用金属清洗剂反复擦洗并用淡水枪冲洗干净，待表面干燥后再用稀释剂擦洗一遍，以确保能除净油污。对于喷砂钢材表面的可溶性盐含量不能确定是否超标时，必须进行检测。

钢结构外表面涂层配套体系　　表 4-2

腐蚀环境	涂层	涂料品种	道数/最低干膜厚(μm)
C5-I	底涂层	环氧富锌底漆	1/80
	中间涂层	环氧(云铁)漆	(1～2)/150
	面涂层(第一道)	氟碳面漆	1/40
	面涂层(第二道)	氟碳面漆	1/30
	总干膜厚度		300

封闭环境内表面涂层配套体系　　表 4-3

工况条件	涂层	涂料品种	道数/最低干膜厚(μm)
配置抽湿机	底漆层	环氧富锌底漆	1/50
	面漆层	环氧(厚浆)漆(浅色)	(1～2)/150
	总干膜厚度		200

检查钢板边缘棱角，对加工单位未打磨锋利棱角、尖角等用角向磨光机打磨至 $R=2$mm 以上圆弧，去除钢板边角毛刺。表面层叠、裂缝、夹杂物，必须打磨处理，必要时进行补焊。在钢箱梁运进涂装厂房涂装前再次对钢箱梁进行检查。

第二节　钢箱梁安装方案设计与施工

一、钢箱梁安装方案和实施步骤

主桥采用扁平流线型钢箱梁。横断面为单箱双室，单一纵隔板构造，钢箱梁节段长度为 7～10m 不等，节段最大质量为 192t。参考其他已经建成或正在建设的悬索桥主梁架设方法，结合双拥大桥钢箱梁结构特点，拟订骑缆吊机吊装施工方案、满堂钢管支架拼装施工方案和单滑道柔性墩多点连续顶推施工方案三种钢箱梁架设方案。

方案一：骑缆吊机吊装施工方案

双拥大桥悬索系统设置单根主缆，采用专门设计的骑缆吊机架将主跨范围内的钢箱节段运至桥位处起吊后进行悬拼焊接，两个边跨采用大型起重机械进行吊装、焊接。

方案二：满堂支架拼装施工方案

在主桥桥位处采用钢管桩搭设满堂支架，并在满堂支架上铺设钢箱梁运输轨道和安装起重吊装设备，钢箱梁加工好以后逐段运至设计位置进行桥位焊接。

方案三：单滑道柔性墩多点连续顶推施工方案

主桥南岸边跨搭设钢箱梁顶推焊接平台，在主跨和北岸边跨采用 $\phi1520$ 钢管搭设 14 个顶推临时支墩，支墩间距 35m。对应钢箱梁纵隔板在临时支墩顶部设置一道滑道梁，每个顶推临时支墩上均设置一套顶推千斤顶。钢箱梁每到达一个临时支墩时，该临时支墩顶推系统开始参与顶推，最终实现钢箱梁从南岸到北岸多点连续顶推。

比较三种施工方案的优缺点：

方案一是按照传统的悬索桥主梁架设方案进行，但是双拥大桥悬索系统为单根主缆，因此，骑缆吊机需要进行特殊设计，设计、制造费用昂贵，而且，单根主缆的骑缆吊机稳定性差，安全风险巨大。

方案二安全风险最小，有利于主桥线形调整，但是，该施工方案将长时间耗费大量的周转材料，增加了工程投资，而且通过计算搭设的钢管间的最大距离不能满足柳江Ⅳ级航道通航和度汛要求。

方案三参照钢梁传统顶推施工作业的经验和参数进行设计。顶推施工工艺成熟，顶推到位后便于主桥线形调整。同时钢箱梁顶推与缆索系统的安装互不干扰，可同时施工，大大缩短了工期。因此，选择采用单滑道柔性墩多点连续顶推施工方案，实施步骤如图 4-12 所示。

二、钢箱梁顶推方案设计

（一）模拟计算

钢梁安装由南岸向北岸采用多支点单滑道连续顶推，顶推距离为 470m，共设 14 个临时支墩，分 14 次顶推。模拟计算模型如图 4-13 所示。

1. 钢箱梁最大支反力

按多排支墩计算，以导梁上 13 号支墩工况计算支墩最大支反力（按照中滑道承受钢箱梁的所有重力）为 6649.4kN，见表 4-4。考虑 1.1 的荷载增大系数，钢箱梁最大支反力为 7314.3kN。

步骤一：第一轮次共4个节段桥位焊接与钢导梁安装。
①将第1节段吊装到焊接平台，滑移至1号支墩处。
②将第2~4节段吊装到焊接平台，滑移到位后匹配连接调整4个节段线形，进行焊接。
③利用浮吊起吊，悬臂拼装钢导梁。

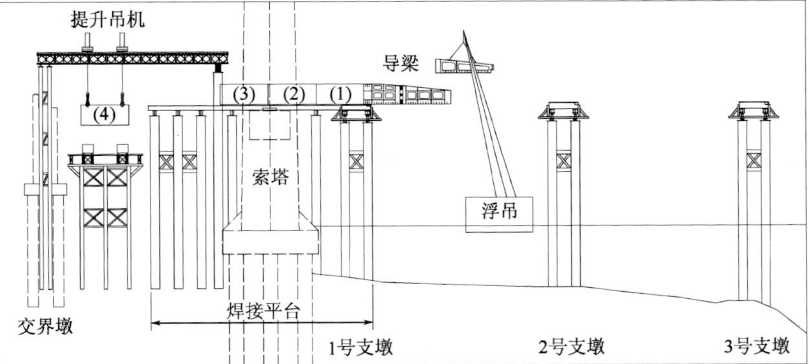

步骤二：第一轮次顶推及第二轮次就位焊接，循环施工完成36节段施工。
①将焊接完成的第一轮次支点转换至焊接平台上的顶推滑道，进行顶推施工。
②将第5~8节段吊装到焊接平台，滑移到位后匹配连接调整第二轮次线形，进行焊接。
③循环上述工序，完成41节段顶推施工。

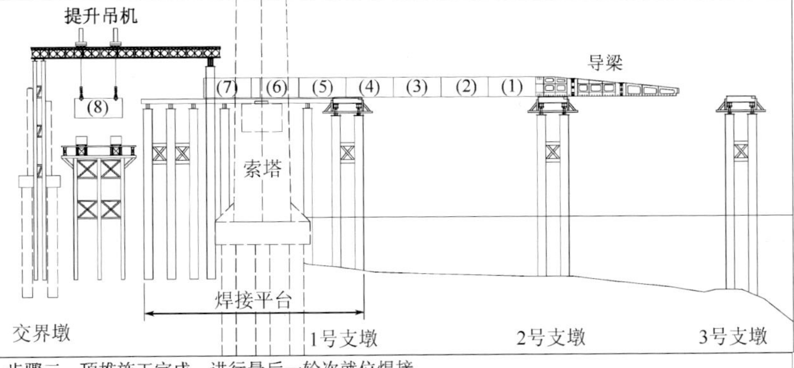

步骤三：顶推施工完成，进行最后一轮次就位焊接。
①拆除钢导梁完成顶推施工的最后一轮次，设置钢箱梁横向限位。
②将第52节段吊装放置在第51节段上，吊装第53节段，滑移活动支架到位。
③第53、52节段依次就位，调整第50~53节段线形，匹配后焊接。

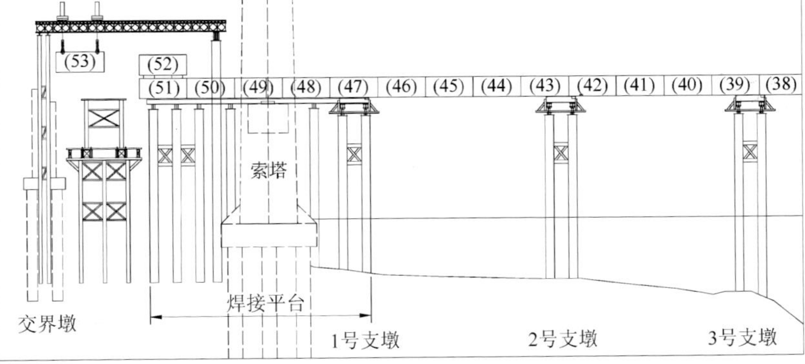

图4-12 钢箱梁顶推施工步骤图

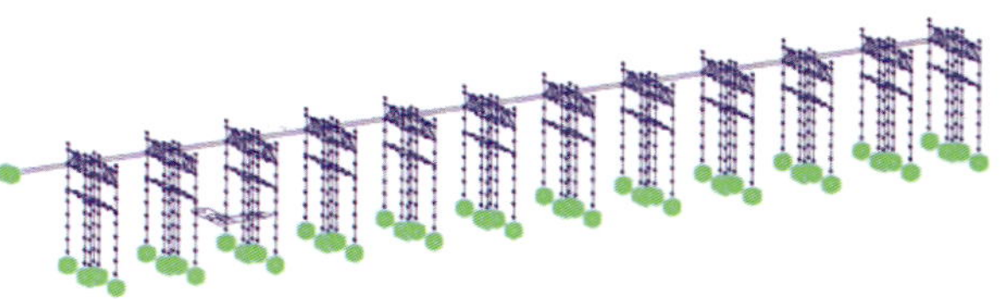

图4-13 模拟计算模型

2. 最大静摩阻力

按单个支墩计算，摩擦系数取为0.1，则单个支墩最大静摩阻力为630.9kN。

各支墩支反力和静摩阻力(摩阻系数按0.05考虑) 表4-4

支墩 \ 工况	导梁上13号临时墩的各支墩反力(kN)	导梁上13号临时墩的各支墩摩阻力(kN)
0号墩	1921.8	96.1
21号主墩	2309.0	115.5
1号临时墩	2756.9	137.8
2号临时墩	4919.3	246.0
3号临时墩	6185.6	309.3
4号临时墩	5962.2	298.1
5号临时墩	5929.8	296.5
6号临时墩	5996.9	299.8
7号临时墩	5994.0	299.7
8号临时墩	5993.3	299.7
9号临时墩	5997.5	299.9
10号临时墩	6050.4	302.5
11号临时墩	6649.4	332.5
12号临时墩	4686.7	234.3
13号临时墩	149.1	7.5
合计	71502.0	3575.1

3. 钢梁最大弯矩、挠度

见本章“三、钢箱梁顶推临时工程施工”。

4. 顶推施工中钢箱梁局部受力分析

顶推施工过程中钢箱梁局部应力状态复杂，对钢箱梁顶推过程进行分析，研究钢箱梁局部应力分布状态。采用结构有限元分析软件 midas-Civil

7.4.1 进行分析计算。建模时,采用梁单元模拟导梁、厚板单元(考虑剪切)模拟钢箱梁。为尽可能准确模拟钢板局部受力状态,完全按设计布置纵横隔板及加劲肋板,并对滑道支座上方的钢箱梁单元进行细分。

本次分析采用“一次落架法”的思路,通过改变临时支墩的位置,模拟顶推过程中钢箱梁的不同受力状态。所有计算均假定滑道、临时支墩变形引起的不均匀沉降对钢箱梁内力的影响,可通过顶推施工措施予以改善。

(1)荷载

钢箱梁自重由程序根据材料重度自动计算;导梁自重根据施工图资料换算为梁单元线荷载作用于导梁单元上;钢箱梁焊缝及其他构造板件的自重、施工临时荷载等通过设定自重调整系数 1.15 予以考虑;暂不考虑温度、支座不均匀沉降等作用。

(2)施工工况分析

为了更全面地反映钢箱梁局部受力状态,每轮次钢箱梁顶推施工取以下 6 个典型施工工况为分析工况。

工况 1:梁段焊接完毕且最末尾梁段位于活动支架上。

工况 2:梁段向前顶推至最末尾梁段刚好离开焊接平台 H-6 号墩。

工况 3:梁段向前顶推至最末尾梁段刚好离开焊接平台 H-4 号墩。

工况 4:梁段向前顶推至最末尾梁段刚好离开焊接平台 H-3 号墩。

工况 5:梁段向前顶推至最末尾梁段刚好离开焊接平台 H-2 号墩。

工况 6:梁段向前顶推至最末尾梁段位于焊接平台 H-1 号墩上。

(3)模型建立

根据设计图纸,按照各构件实际空间布置、连接情况、截面尺寸,建立空间计算模型。计算模型以顺桥向为 X 轴,横桥向为 Y 轴,竖向为 Z 轴。为了满足计算精度要求,有限元模型如图 4-14 所示。

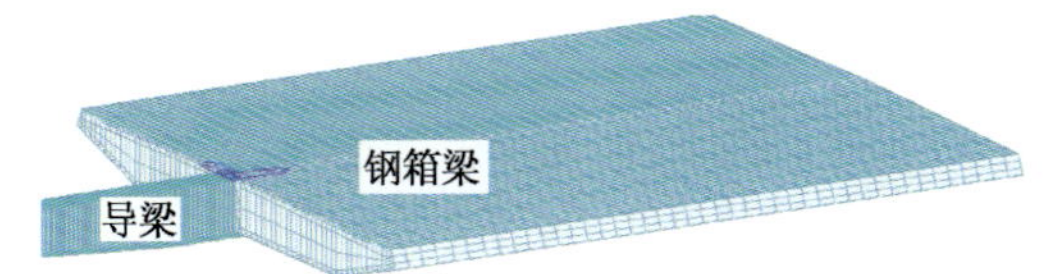

图 4-14　钢箱梁局部分析模型

(4)计算结果分析

根据以上思路分别建立某一轮次钢箱梁顶推施工的有限元模型并分析计算。由于本次计算采用的有限单元较多,以下只给出钢箱梁纵隔板(包括纵隔板附近纵向加劲肋)、横隔板在 6 个施工工况下的应力数值(表 4-5 ~ 表 4-10)。应力结果均取有限单元节点(板顶和板底)平均应力值。

钢箱梁顶推工况 1 局部应力状况 表 4-5

位置		节点号	σ_{xx} (MPa)	σ_{yy} (MPa)	σ_{xy} (MPa)	σ_{max} (MPa)	σ_{min} (MPa)	τ_{max} (MPa)
纵隔板及纵加劲肋	5 号墩	134390	-137.6	0	-31.6	7	-144.5	75.7
	4 号墩	138066	-136.2	-23.1	-49.3	-4.6	-154.6	77.3
	3 号墩	258513	-137.9	-21.6	-47.6	-4.6	-154.9	77.5
	2 号墩	306143	-128.5	-17.9	-35.6	-7.4	-138.9	69.5
	1 号墩	332033	-60.1	-4.8	-17.8	0.4	-65.3	32.8
	0 号墩	370946	-99.3	-13.6	28.9	-4.8	-108.1	54.1
横隔板	5 号墩	542	-46.3	-26.8	4.1	-26.1	-47.1	23.5

注：σ_{xx}为单元局部坐标系 x 方向正应力，σ_{yy}为单元局部坐标系 y 方向正应力，σ_{xy}为单元局部坐标系 xy 平面主应力，σ_{max}为最大主应力，σ_{min}为最小主应力，τ_{max}为最大剪应力。

钢箱梁顶推工况 2 局部应力状况 表 4-6

位置		节点号	σ_{xx} (MPa)	σ_{yy} (MPa)	σ_{xy} (MPa)	σ_{max} (MPa)	σ_{min} (MPa)	τ_{max} (MPa)
纵隔板及纵加劲肋	5 号墩	285045	-196.3	-14.1	59.4	3.6	-213.9	108.8
	4 号墩	138696	-105.9	-26.3	-45.1	-6	-126.1	63.1
	3 号墩	257151	-128.7	-22.6	41.9	-8.1	-143.3	71.6
	2 号墩	306178	-138.1	-17.2	-39.9	-5.2	-150.1	75.1
	1 号墩	332132	-43.8	-7	1.5	-6.9	-43.8	21.9
	0 号墩	383658	-34.7	-4.1	1.8	-3.9	-34.8	17.5
横隔板	5 号墩	10	-134.5	-82.7	30.9	-78.2	-134.9	148.9

钢箱梁顶推工况 3 局部应力状况 表 4-7

位置		节点号	σ_{xx} (MPa)	σ_{yy} (MPa)	σ_{xy} (MPa)	σ_{max} (MPa)	σ_{min} (MPa)	τ_{max} (MPa)
纵隔板及纵加劲肋	5 号墩	135440	-105.1	-16.4	19.4	-12.3	-109.1	54.6
	4 号墩	251977	-134.4	-20.3	-63.2	7.8	-162.5	85.1
	3 号墩	257431	-93.6	-17.7	21.8	-11.8	-98.5	49.7
	2 号墩	319514	-97.1	-10.2	-18.4	-6.5	-100.8	50.4
	1 号墩	325222	-68.5	1.7	-34.6	15.9	-82.7	49.3
	0 号墩	383707	-60.9	-7	20.5	-0.1	-67.9	33.9
横隔板	5 号墩	4330	-28.9	-19.9	6.4	-16.6	-32.3	16.1

钢箱梁顶推工况 4 局部应力状况　　表 4-8

位置		节点号	σ_{xx} (MPa)	σ_{yy} (MPa)	σ_{xy} (MPa)	σ_{max} (MPa)	σ_{min} (MPa)	τ_{max} (MPa)
纵隔板及纵加劲肋	5 号墩	136002	-147.5	-31.5	40.1	-18.9	-160	80
	4 号墩	258283	-114.7	-25.1	48.5	-3.8	-135.9	68
	3 号墩	293296	-109.7	-22.5	36.1	-9.4	-122.7	61.4
	2 号墩	331885	-94.7	-10.5	-17.7	-7	-98.3	49.1
	1 号墩	357803	-45.8	-2.6	-9.2	-0.7	-47.7	23.8
	0 号墩	383469	-85.2	-10.8	34.6	2.8	-98.7	50.7
横隔板	5 号墩	7407	-55.9	-29.5	7.2	-27.7	-57.7	28.9

钢箱梁顶推工况 5 局部应力状况　　表 4-9

位置		节点号	σ_{xx} (MPa)	σ_{yy} (MPa)	σ_{xy} (MPa)	σ_{max} (MPa)	σ_{min} (MPa)	τ_{max} (MPa)
纵隔板及纵加劲肋	6 号墩	134318	-165.6	26.4	-42.6	35.4	-174.6	104.9
	5 号墩	136794	-164.4	-17.2	55.8	1.6	-183.1	92.4
	4 号墩	258997	-113.7	-25.7	47.8	-4.8	-134.9	67.4
	3 号墩	306513	-124.9	-15.3	63.1	13.5	-153.7	83.6
	2 号墩	338996	-144.6	8.8	52.7	25.1	-160.9	93
	1 号墩	370654	-49.5	-2.9	-11.1	-0.4	-52.3	26.2
	0 号墩	383751	-46.7	-5.5	18.2	1.4	-53.5	27.5
横隔板	5 号墩	302997	-31.6	-27.5	-5.5	-23.7	-35.4	17.7

钢箱梁顶推工况 6 局部应力状况　　表 4-10

位置		节点号	σ_{xx} (MPa)	σ_{yy} (MPa)	σ_{xy} (MPa)	σ_{max} (MPa)	σ_{min} (MPa)	τ_{max} (MPa)
纵隔板及纵加劲肋	5 号墩	134390	-137.6	0.05	-31.6	6.9	-144.5	75.7
	4 号墩	138066	-136.3	-23.6	-48.9	-5.3	-154.6	77.3
	3 号墩	258513	-137.9	-21.7	-47.5	-4.7	-155	77.5
	2 号墩	306143	-130.7	-17.9	-35.6	-7.6	-140.9	70.5
	1 号墩	332033	-64.5	-3.3	-16.2	0.7	-68.5	34.6
横隔板	5 号墩	542	-46.2	-26.9	4.1	-26.1	-47.1	23.1

经计算分析，顶推施工过程中，滑道支承处钢箱梁局部应力均在容许范围内，压应力及剪应力峰值点一般出现在导梁之后第一个或第二个支墩附近的纵隔板、纵加劲肋板以及横隔板处。顶推梁段悬臂长度越大，压应力和剪应力的峰值也越大。通过模型试算发现，钢箱梁顶推施工对滑道支承的平顺性及支墩的不均匀沉降十分敏感。为保证顶推时主梁的安全，实际施工时需做好必要措施，确保滑道与钢箱梁的充分接触，并尽可能保证滑道光滑平整。现场实际施工时将滑道梁按照竖曲线线形进行布置。

（二）钢导梁设计

钢导梁主要作用是减少钢箱梁前端弯矩和便于采取纠偏措施，分为3个节段加工，依次为首节段长6.5m、中间节段长8.5m、末阶段长10m。根据钢箱梁顶推施工需要，首节段中心线处的顶板、底板及腹板与之对应的加劲肋板局部向前延长70mm，并与钢箱梁端横隔板连接。

钢导梁采用单箱双室全焊钢箱结构，顶板和底板厚16mm。中间设置纵隔板，采用双面加劲。每隔2～2.5m设置一道横隔板。截面全宽2m，梁高2.2～3.5m，总长25m，如图4-15所示。

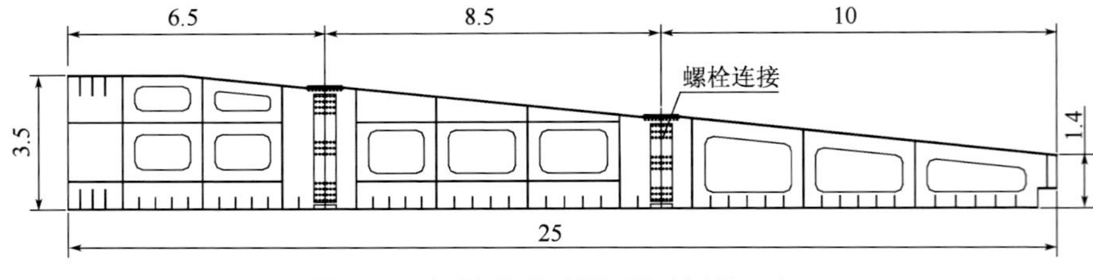

图4-15 钢导梁设计图（尺寸单位：m）

钢导梁材质均为Q235普通钢材，其技术指标应符合《碳素结构钢》（GB 700—2006）要求。焊接材料采用与母材相匹配的焊丝、焊剂和手工焊条，且应符合相应的国家标准。

（三）支墩设计

1. 支墩构造

共设置14个顶推支墩，顶推支墩采用6根ϕ1520×10mm钢管桩进行搭设，支墩间距35m，采用ϕ325×6mm和ϕ630×8mm钢管作为横向联系。支墩构造如图4-16所示。

根据单滑道多点连续顶推施工特点及钢箱梁结构特点，顶推采用单滑道，滑道设计在钢箱梁中间。为顶推过程中的横向稳定，两侧各设置一根辅助钢管桩。

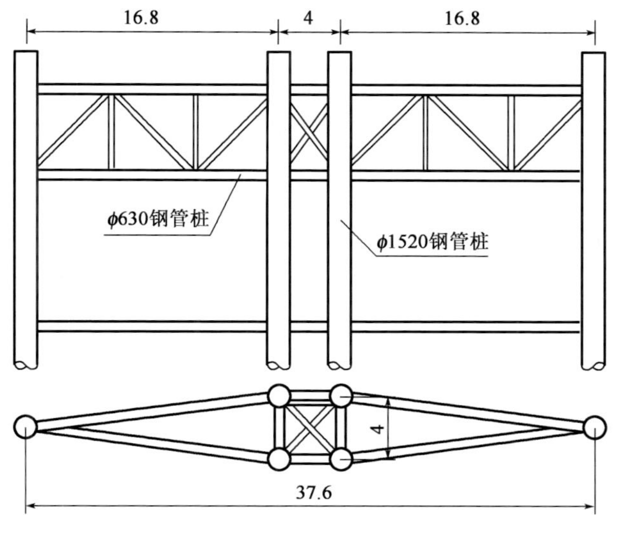

图 4-16　支墩构造示意图(尺寸单位:m)

2. 支墩锚固端

河床基岩裸露,钢管桩插打深度受到限制。为解决嵌岩锚固深度,先在钢管桩内冲孔,进入岩层,再浇筑钢筋混凝土,如图 4-17 所示。

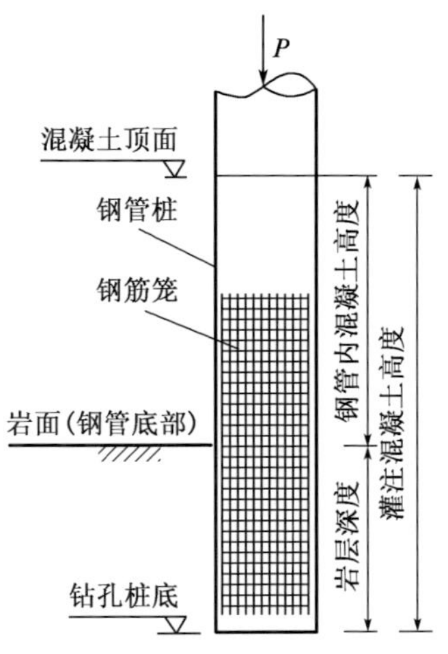

图 4-17　锚固端示意图

从图 4-17 中可见,钢管的支撑力由钢管内壁与混凝土的黏结力提供,一般可用于临时工程,采用下式计算可确定锚固长度:

$$L_2 = \frac{kP}{\pi D\tau}$$

式中：L_2——钢管内浇筑水下混凝土高度(m)；

P——钢管立柱的设计轴力(kN)；

D——钢管的直径(m)；

τ——钢管内壁与水下混凝土之间的黏结力，取为100kPa；

k——安全系数，取2。

支墩承受最大反力 $P=2000$kN 时，计算可得 $L_2=9.3$m。

锚固端嵌岩深度采用下式计算：

$$L_1=\frac{kP-\frac{\pi D^2}{4}q_{\mathrm{pk}}}{\pi D q_{\mathrm{sik}}}$$

式中：L_1——嵌岩深度(m)；

P——钢管立柱的设计轴力(kN)；

D——钻孔灌注桩的直径(m)；

q_{pk}——桩的端阻力标准值(kN)；

q_{sik}——桩的侧阻力标准值(kN)；

k——安全系数。

钢管支墩高度为50m，柔性大。

(四)滑道及顶推系统设计

在焊接拼装平台和顶推支墩顶各设置一条主滑道和两条辅助滑道，布置在钢箱梁底部中间位置和两侧斜腹板处。钢箱梁底部中间滑道为主滑道，承受全部荷载，两侧滑道为辅助滑道，主要起防倾覆和纠偏作用，基本不承受竖向荷载。滑道顶面均按主跨竖曲线线形布置，如图4-18所示。

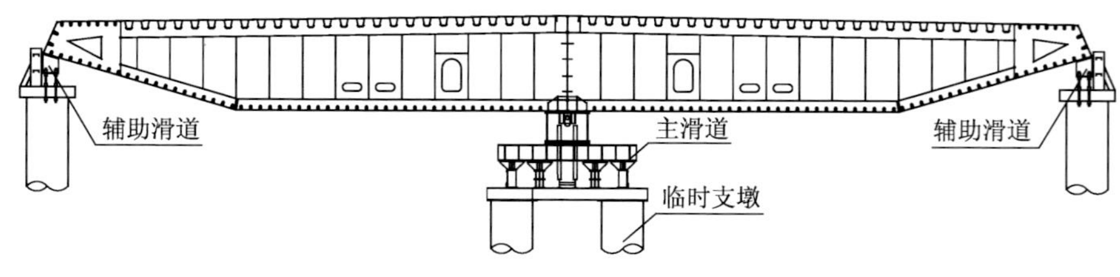

图4-18 滑道设计

主滑道自上而下由四氟乙烯板、不锈钢板、主滑道梁及1台100t千斤顶、橡胶支座、分配垫梁、4台300t千斤顶、桩顶分配横梁及限位架组成，主滑道梁长6m，宽1.5m。滑道系统主要是利用四氟乙烯板与箱梁底面接触，由1台100t千斤顶施加牵引力抵抗摩阻力后进行滑动，两者方向相反且基本平衡，施工过程中对支墩产生的水平力很小。在滑道梁下方沿横桥向布置垫梁和4台300t调高千斤顶作为支墩竖向调高装置，当钢箱梁达到成桥线形时，在垫梁下方设置4个固定钢支墩替代竖向调高千斤顶用以承受上部荷载，如图4-19所示。

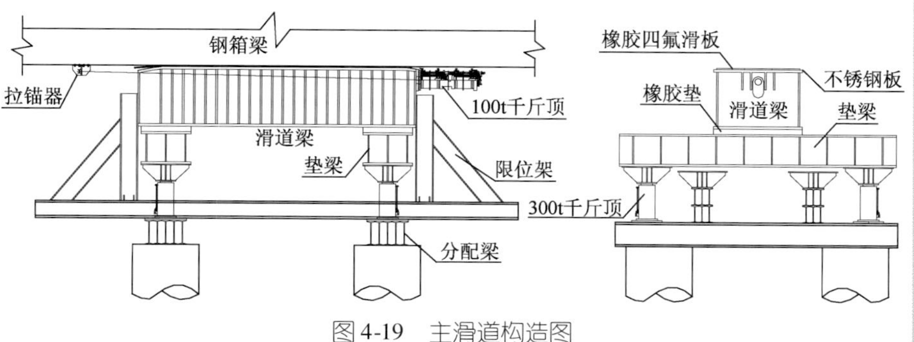

图4-19　主滑道构造图

顶推系统由三部分组成，即自动连续顶推千斤顶、自动连续顶推泵站和主控台，三者关系如图4-20所示。连续顶推牵引设备采用ZLD100自动连续顶推系统，由两个分别装有夹紧装置的穿心式千斤顶纵向串联而成，并配有6个行程开关，配用1860MPa强度的ϕ15.24钢绞线，主要特点在于它的连续性和同步性，其技术性能见表4-11。ZLDB自动连续顶推泵站由液压系统和控制电路系统两部分组成，其技术性能见表4-12。

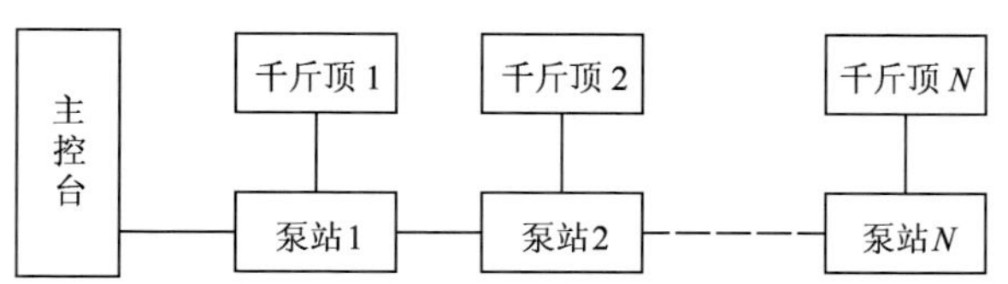

图4-20　顶推系统设备关系示意图

ZLD100 自动连续顶推千斤顶技术性能表　　表4-11

序号	项　目	单位	性能指标	序号	项　目	单位	性能指标
1	公称张拉力	kN	1000	6	穿心孔径	mm	ϕ125
2	公称油压	MPa	31.5	7	外形尺寸	mm	$\phi400\times1580$
3	张拉活塞面积	m^2	3.1416×10^{-2}	8	质量	kg	800
4	回程活塞面积	m^2	1.1074×10^{-2}	9	工作行程	mm	200
5	配用钢绞线	根	9				

ZLDB 自动连续顶推泵站技术性能表　　表4-12

序号	项　目	单位	性能指标	序号	项　目	单位	性能指标
1	额定油压	MPa	31.5	3	油箱容积	L	250
2	额定流量	L/min	2×6	4	电机功率	kW	7.5

续上表

序号	项　　目	单位	性能指标	序号	项　　目	单位	性能指标
5	用油种类		10～30号液压油	8	容积效率	%	≥87
6	额定转速	r/min	1460	9	质量	kg	330
7	柱塞数	个	6	10	外形尺寸	mm	1000×760×1170

落梁(竖向调节)设备由YDG3000S立式液压千斤顶、ZB4-500液压泵站两部分组成,前者技术性能见表4-13。当需要对箱梁进行竖向调节时,通过调整置于垫梁和轨道梁之间的YDG3000S立式液压千斤顶的活塞行程高度来调节箱梁高程。当调整到设计高程后在垫梁下方垫入调整垫块,然后千斤顶泄压回程将负载从千斤顶转移到垫块上。

YDG3000S立式液压千斤顶技术性能表　　表4-13

序号	项　　目	单位	性能指标	序号	项　　目	单位	性能指标
1	公称顶推力	kN	3000	4	公称油压	MPa	38
2	顶举行程	mm	300	5	外形尺寸	mm	ϕ400×580
3	质　　量	kg	487				

三、钢箱梁顶推临时工程施工

(一)钢箱梁运输栈桥

钢箱梁顶推前需将存梁区的成品钢箱梁运至喂梁区,通过喂梁提升吊机吊装至焊接平台参与顶推。根据存梁区与喂梁区的相对位置关系,在24号墩靠下游侧钢箱梁存梁区尾端位置,沿横桥向布置一运输栈桥。钢箱梁运输栈桥设计为贝雷梁膺架结构,膺架立柱由8组6根ϕ630×8和2组4根ϕ630×8钢管桩组成支墩;支墩顶设置2Ⅰ40b工字钢横梁,横梁上方均布搭设2组单层六排贝雷片梁形成运梁车行走轨道梁,贝雷片轨道梁上方从下往上分别布置[20a槽钢枕梁及P50钢轨,以满足运梁车的行走。钢箱梁运输栈桥总体布置如图4-21所示。

钢管桩均采用25t吊机配DZ90振动锤进行插打至岩层面,并用吊机将加工完毕的2Ⅰ40b工字钢横梁、组装完成的单层贝雷片梁吊装到位后铺设贝雷片梁顶[20a槽钢枕梁、运梁车走行钢轨。施工过程中严格控制钢管桩插打的垂直度、焊缝的焊接质量及施工安全。

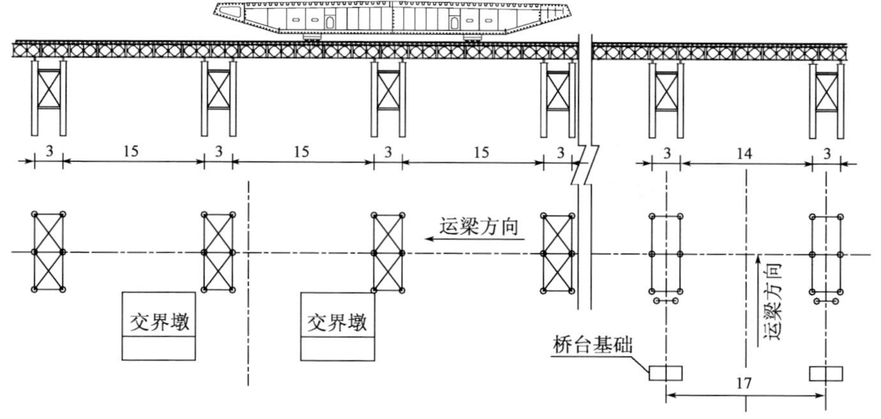

图 4-21　钢箱梁运输栈桥总体布置图(尺寸单位:m)

(二)喂梁提升吊机

喂梁提升吊机布置在喂梁区钢箱梁焊接平台的起始位置。钢箱梁运输到喂梁区后通过喂梁提升吊机提升到焊接平台上方参与顶推。门架主体结构由承重立柱、横梁、纵梁和提升设备等组成,如图 4-22 所示。

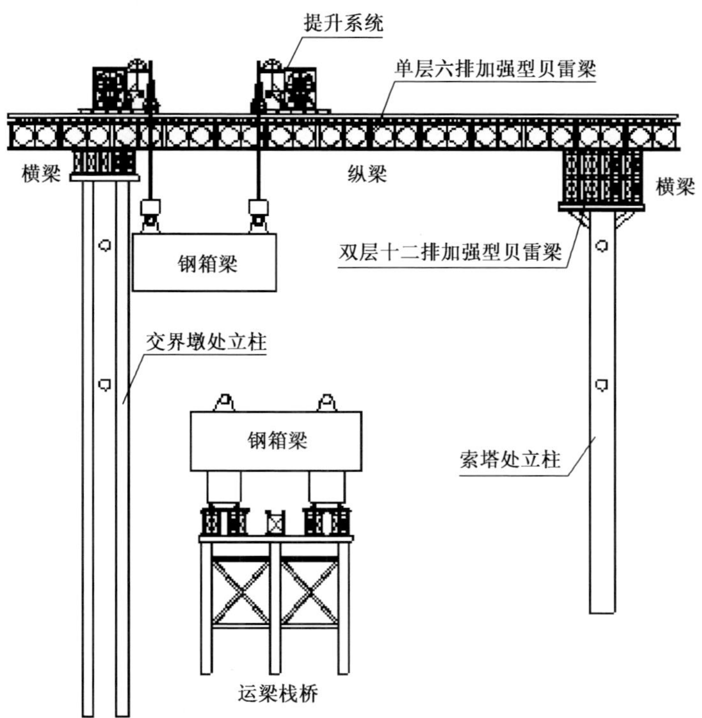

图 4-22　喂梁提升吊机

1. 承重立柱

喂梁提升吊机的支撑结构分为两个部分。第一部分是靠近索塔侧，采用两根 ϕ1520 ×10mm 钢管桩，利用 DZ90 振动锤直接插打至岩层面后接高钢管桩。钢管桩横向间距为 41.5m，两根钢管桩分别在顶推焊接平台的支承钢管桩之间设置 ϕ325 ×6mm 钢管桩联系。第二部分是交界墩处，两侧同样插打两根 ϕ1520 × 10mm 钢管桩，在交界墩左右幅墩身之间插打两根 ϕ630 ×8mm 钢管桩，钢管桩之间设置 ϕ325 ×6mm 钢管桩联系。为防止门架承重立柱在受力时发生不均匀沉降，在原地面钢管周边外包一层 60cm 厚的钢筋混凝土独立基础。门架顺桥向跨度为 29m。

钢管桩顶部设置钢板桩帽和型钢分配梁，靠近索塔处钢管桩顶设置 4 I40 工字钢梁，交界墩处钢管桩顶部设置 3 I40 工字钢梁。

2. 门架横梁、纵梁

喂梁提升吊机横梁直接落在支承钢管顶的分配梁上。靠近索塔处支承钢管桩顶的横梁为双层 12 排加强型贝雷片梁。每层 8 组贝雷片，每组贝雷片由三片贝雷片组成，贝雷片间距 45cm，每组净距 30cm。交界墩处支承钢管桩顶的横梁为单层 10 排加强型贝雷片梁，分为 5 组贝雷片，每组贝雷片由两片贝雷片组成，间距 22.5cm，每组净距 22.5cm。在提升系统横梁顶设置四条提升系统纵梁，两条纵梁为一组设置两个提升吊点。每条纵梁由单层六排加强型贝雷片组成，分为三组，贝雷片间距 22.5cm。提升系统纵、横梁每组贝雷片间均用标准花格架连接，各组之间采用 I10 槽钢加工成整体花格架，间距 6m 设置一道。提升系统纵梁与横梁接触位置设置型钢支座，支座由 I22 工字钢组成。

在喂梁提升吊机纵梁的顶部安装有两条滑道，由 2 I32 工字钢及顶部的不锈钢板组成，作为提升设备滑移轨道。

3. 提升设备

提升设备是根据钢箱梁节段质量，在钢箱梁四个临时吊点位置各布置一台 100t 往复式竖向提升千斤顶，与索塔吊装系统的千斤顶相同。

（三）顶推焊接平台

顶推焊接平台是钢箱梁拼装操作平台，钢箱梁节段焊接、线形调整等均在顶推焊接平台上完成。顶推焊接平台由固定平台和活动平台组成，顶推焊接平台总长度为 50.9m，固定顶推焊接平台从运梁栈桥侧一直延伸并包含1号顶推支墩，活动平台在运梁栈桥上。顶推焊接平台主要由承重结构和平台顶部结构组成。

设置活动焊接平台主要是满足固定焊接平台长度不足和最后两节段箱梁就位焊接需要，当钢箱梁在固定式焊接平台末端有一定悬臂时，悬臂部分可采用移动焊接平台支承。

1. 下部承重结构

固定顶推焊接平台承重结构为 $\phi 1520 \times 10$mm 钢管桩。利用 DZ90 振动锤将钢管桩直接插打至岩层面，再将钢管桩接高至设计高程，钢管桩之间设置由 $\phi 630 \times 8$mm 钢管桩和 $\phi 325 \times 6$mm 钢管桩组成的联系。顶推焊接平台如图 4-23 所示。

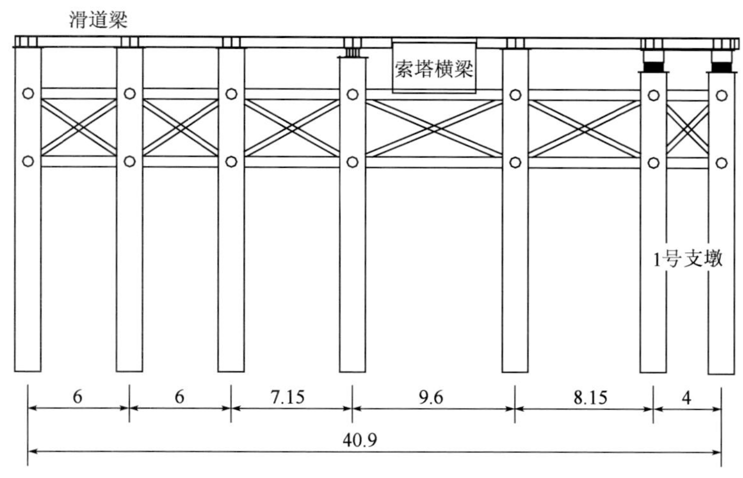

图 4-23 顶推焊接平台(尺寸单位:m)

移动焊接平台立柱由 $\phi 630 \times 8$mm 和 $\phi 325 \times 6$mm 的钢管组成，共 8 根立柱，每根立柱下方设置滑靴。当钢箱梁移到喂梁区后，可通过运梁栈桥上的一台 5t 卷扬机牵引平台到相应位置，将钢箱梁下落至移动焊接平台。顺桥向设置 4 根滑道梁，滑道梁有效长度为 6m，立柱钢管桩之间设置Ⅰ22a 工字钢联系。

2. 平台顶部结构

固定顶推焊接平台的顶部横向联结系上设置钢箱梁桥位焊接和线形调整操作平台。两侧支承钢管桩顶部设置限位调高装置，如图 4-24 所示。中间支承钢管桩顶部设置两条钢箱结构滑道梁作为线形调整用辅助支承，在两条滑道梁中央与钢箱梁轴线相对应位置布置钢箱梁顶推主滑道，如图 4-25所示。

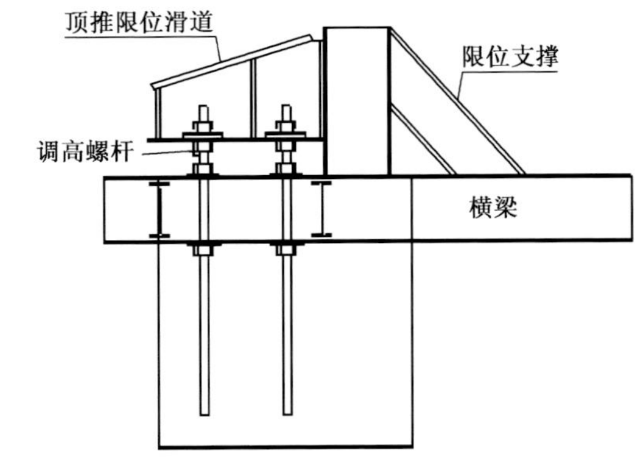

图 4-24 顶推限位调高装置

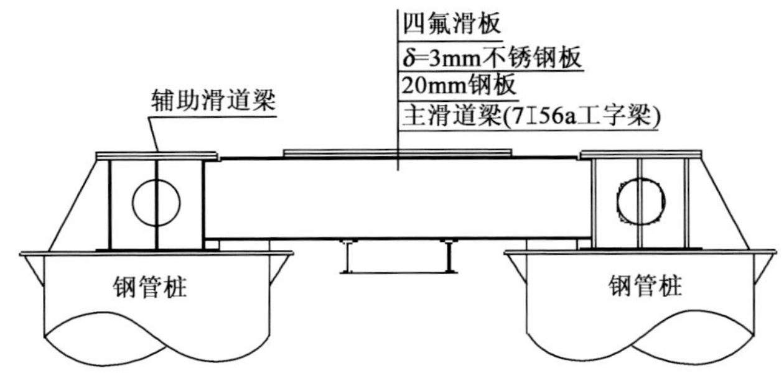

图 4-25 焊接平台主滑道

主滑道由 7Ⅰ56a 工字钢组成,并在主滑道底部焊接由Ⅰ22a 工字钢组成的支顶平台,用作钢箱梁在进行线形调整时的着力点。每个钢管桩位置均设置一条主滑道,共 5 条。主滑道顶面按照主桥成桥线形进行设置,确保钢箱梁在顶推过程中多点同时受力,避免造成受力不均,局部应力过大。通过辅助滑道梁进行钢箱梁线形调整及匹配工作,待钢箱梁线形调整、匹配及焊接完成后,由主滑道作为顶推时钢箱梁的主受力点。活动平台顶部在钢箱梁横向中间位置支承钢管桩顶设置两根辅助滑道梁。

3. 焊接平台施工

顶推焊接平台钢管桩均采用 25t 吊机配合 DZ90 振动锤插打至岩层面,在插打过程中逐步接长钢管桩并设置钢管桩之间联系,同时可利用上下游两台塔吊接长钢管桩。要对钢管桩插打深度、垂直度进行控制,确保钢管桩施工质量。

钢管桩接长到位之前,在最后一节钢管桩顶焊接桩帽。钢管桩之间设置桁架联系,通过连接板与立柱钢管焊接。最后安装滑道梁,注意将滑道梁按照成桥线形预留一定的坡度。

(四)钢箱梁顶推支墩

临时支墩顶高程控制按照成桥线形布置。通过前期对顶推支墩处覆盖层进行测量,发现水中支墩处水深为9～28m,覆盖层厚度为0.3～3.5m。受柳江水流冲刷影响,支墩底部河床面绝大多数岩层裸露,给水中顶推支墩施工带来很大难度。实际探测支墩对应的覆盖层及岩面高程见表4-14。

支墩位置水深及覆盖层厚度　　表4-14

序　　号	点　　位	水深(m)	覆盖层厚(m)	岩面高程(m)
1	2号支墩	9.00	0.50	+67.94
2	3号支墩	9.90	0.30	+67.24
3	4号支墩	17.30	0.50	+59.64
4	5号支墩	15.50	2.50	+59.44
5	6号支墩	19.20	3.50	+54.74
6	7号支墩	16.00	0.50	+60.94
7	8号支墩	24.00	1.20	+52.24
8	9号支墩	17.00	1.50	+58.94
9	10号支墩	19.00	1.50	+56.94
10	11号支墩	21.20	2.20	+54.04
11	12号支墩	27.00	1.50	+48.94
12	13号支墩	27.00	1.00	+49.44
13	14号支墩	28.00	1.50	+47.94

根据柳江水文特征及钢箱梁顶推施工工况,支墩下端锚固措施是施工控制重点和难点。支墩施工时钢管底部尽可能地插打到岩面,并采取钻孔施工,利用$\phi1520 \times 10$钢管桩作为钢护筒,钻孔桩入岩5m,桩基混凝土与钢管桩之间黏结长度也为5m。

由于柳江河床覆盖层较浅,为了保证顶推支墩$\phi1520 \times 10$钢管桩的稳定,确定采取先插打支墩钢管桩,然后在钢管桩内钻孔,最后浇筑混凝土锚固钢管桩的方法加固。因此,水中支墩施工采用浮式平台,并配备浮桥、浮吊等设施,作为设备作业人员,材料的通行运输工具。

1.浮式平台与浮桥

水中顶推支墩总共12个,施工时必须搭设平台方可进行钻孔施工。考虑到平台数量较多且搭设固定式钻孔平台钢材用量大,施工成本费用相当昂贵。因此,水中顶推支墩采用浮式平台进行施工,很大程度上节省了施工成本。为防止浮式平台发生移位,设置8个混凝土锚块进行固定。在确保通航的前提下,分别在两岸搭设施工浮桥,作为走行通道和电缆架设通道。

浮桥长度分别为200m和180m,采用钢管加工而成,并在上面设置分配梁和走行钢板。

2. 钻孔桩施工

综合考虑平台承载能力和工期要求,每个钻孔平台上配备2台冲击钻机进行钻孔,钻孔直径为1.5m,钻渣采用空气吸泥机配合抓斗清除,钻孔终孔后将钢管桩尽可能地跟进到岩层面以下。施工中需注意钢管桩垂直度和平面位置控制,同时需在钢管内灌砂以提高临时支墩刚度。

3. 顶推支墩钢管桩接高

钢箱梁顶推支墩需要接高至水面以上22m,钢管桩接高采用焊接,对接焊缝四周焊接12块连接板($\delta = 10mm$)。桩顶采用$\delta = 2.5cm$钢板设置桩帽,桩帽四周焊接加劲钢板。顶推支墩钢管桩接高均采用30t浮吊进行施工。

顶推支墩钢管间共设置两层横向联系,第一层横向联系位于柳江常水位+77.4m以上1m处,此处设计为平联结构,该层横向联系挡水面积较小以减小洪水影响。上层横向联系在地面胎架上整体加工焊接成形,然后利用浮吊整体吊装对位焊接安装。横向联系施工必须紧跟随钢管桩接高施工进行。待钢管桩横向联系施工完成后,在每个顶推支墩间顺桥向设置钢绞线水平约束,为顶推过程中产生的不平衡水平推力进行安全防护储备。

4. 顶推滑道

顶推滑道采用浮吊吊装安装,将桩顶横梁、垫梁、滑道梁以及钢支墩在地面胎架上整体焊接加工,然后整体吊装安装。

四、钢箱梁顶推安装

(一)钢箱梁就位及桥位焊接

1. 钢箱梁运输、提升

钢箱梁在拼装场地拼装、涂装完成以后,通过4台运梁小车将成品钢箱梁运输至顶推桥位处。采用喂梁提升吊机对钢箱梁进行提升、吊运至拼装焊接平台,并将平面位置和高程调整到设计位置,如图4-26所示。

2. 钢导梁拼装

根据临时顶推支墩跨距布置,待首节段钢箱梁安装到位后进行钢导梁安装。钢导梁利用30t浮吊悬臂焊接拼装。钢箱梁顶推支墩最大间距为35m,导梁设计长度为25m,钢导梁设计为钢板组成的箱形结构,共分3节拼装而成。钢导梁悬臂拼装如图4-27所示。

图4-26 门架提升钢箱梁

图4-27 钢导梁拼装

3. 钢箱梁桥位焊接

钢箱梁吊装就位前,按照节段位置在顶推焊接平台两条滑道上放置调节支点。待所有钢箱梁节段吊装至顶推焊接平台后,连接钢箱梁顶板和底板匹配件。钢箱梁制造时已按主桥竖曲线线形进行加工和匹配,在进行桥位焊接时将匹配件连接到位后,仅需对个别点位进行微调即可达到设计线形。

线形调整到位后,先焊接钢箱梁对接环缝,再安装钢箱梁内肋板、纵隔板嵌补段,每一步焊接完成后对焊缝进行超声波、磁粉和射线探伤检测,如图4-28所示。

a)底板环缝焊接

b)U形肋嵌补段焊接

c)顶板焊缝探伤

图4-28 钢箱梁桥位焊接

(二)钢箱梁顶推

1. 钢箱梁顶推设备

钢箱梁顶推牵引设备采用ZLD100自动连续顶推系统。该系统主要用于各类桥梁及各种大型物件的水平顶推和水平转体工程,是大吨位施工的理想机具。其具体配置见本章“二、钢箱梁顶推方案设计”。

2. 钢箱梁顶推

支墩顶设置的100t千斤顶通过钢绞线与拉锚器连接，利用千斤顶牵引实现钢箱梁向前滑移。从南岸到北岸逐步启动各顶推支墩的千斤顶参与顶推，实现多点连续顶推，如图4-29所示。顶推时启动主控台按钮，各点同时加力直至箱梁开始滑动。当摩阻增大时系统能自动调节而使拉力增大，以保证滑移速度均匀稳定。

图4-29　钢箱梁顶推

各点拉力可根据各支点反力计算，与泵站油压表相比较，以便分析临时墩受力状况。顶推过程中实行总体控制，统一指挥，用对讲机联系，每个临时支墩配备4名操作工人进行顶推控制，检测顶推过程中的位置及受力情况，及时进行调整。此外，配备测量队对顶推施工过程进行全程监测。主桥位于$R=25500$m竖曲线上，为确保钢箱梁顶推能满足主桥竖曲线线形和各支点支反力要求，每个顶推支墩上布置的4台300t竖向千斤顶对钢箱梁高程进行调整。顶推到位后将钢箱梁顶起取出临时支座，安装永久支座。

钢箱梁顶推时，更换四氟滑板是一项重要工作。要使钢箱梁平稳安全顶推，四氟板必须完好平整、紧密排列，钢箱梁底与滑道梁不得出现脱空线形，四氟滑板损坏时应立即更换。当临时支墩发生沉降时需及时调整支墩，保证设计顶推线形，如图4-30所示。

（三）钢箱梁纠偏

钢箱梁顶推过程中不得产生过大偏位，保证顶推线形满足设计及规范要求。需要在支墩顶部、钢箱梁端部和钢导梁前端分别设置纠偏装置。钢箱梁端部采用手拉葫芦固定在上下游辅助支墩上进行纠偏，同时在钢导梁以及第一段钢箱梁底板下方设置限位槽。

限位槽与滑道梁之间设置2cm活动间隙，在进行钢箱梁顶推施工时，利用动态纠偏的方式限制钢箱梁横向位移从而达到纠偏效果，确保钢导梁通过滑道梁时始终在设计位置范围内，如图4-31所示。

图 4-30 更换滑板

图 4-31 顶推导梁在滑道限位

五、顶推支墩拆除

临时支墩共由 6 根直径 1520mm 钢管桩和横向联系组成，分两部分进行拆除：一是上下游各 1 根辅助钢管桩，二是顶推滑道处主受力点 4 根钢管桩。两部分拆除时以水面为分界分两次进行切除。

（一）辅助钢管桩拆除

辅助钢管桩位于钢箱梁外侧，拆除前先将辅助钢管桩与主受力点钢管桩间的横向联系拆除，利用浮吊吊装将水面以上辅助钢管桩切割，与桩顶构造整体吊运至运输驳船。水面以下辅助钢管桩采用水下切割，切割面为河床面。

（二）主受力钢管桩拆除

主受力点 4 根钢管桩、横向联系和滑道梁整体进行拆除。将两艘 300t 驳船连成整体后，在船上搭设拆除支架。支架采用开口形式，便于被拆除支墩能够进入支架中间，两艘船净间距为 6m，两艘船之间通过在船体上焊接 I45 工字钢使其连成整体。在船舱内放置贝雷片桁架，桁架上搭设立柱钢管、设置型钢联系。外侧设置钢管斜撑，斜撑支撑于贝雷片桁架上。支架顶部设置 2 I45a 工字钢横梁，四周设置工作走道，如图 4-32 所示。

拆除前先向两艘船船舱内共注水 200t，使船增加吃水深度，然后将两艘船驾驶到待拆除支墩处就位。将临时支墩钢管桩与船上支架以钢梁临时联结，抽出舱内一部分水，使船上支架支顶待拆除钢管桩。切割临时支墩钢管桩，抽出舱内水使船体上浮，抬起钢管支墩至一定间隙后，启动驳船将临时支墩整体运至码头。利用 260t 履带吊机将被拆除构件整体吊上岸后拆除。水下部分钢管水下切割后利用浮吊吊装。

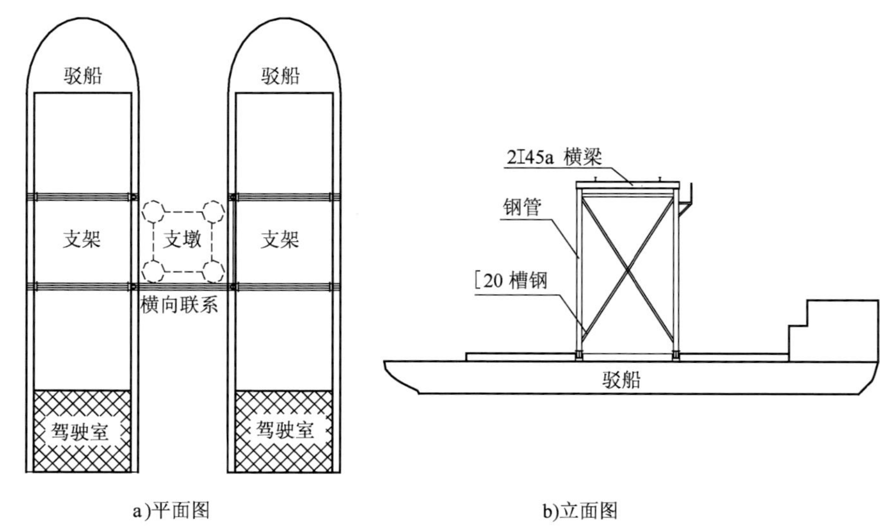

图4-32　支墩拆除运输示意图

第三节　钢箱梁顶推监控量测

顶推施工监控的目的,是通过顶推过程总体仿真计算分析,获取测量与测试数据,从而确定各工况各支点反力,为确定多点顶推中各纵向千斤顶各工况顶推力提供指导;同时通过临时支墩受力分析,提出水平位移、水平位移差控制指标,确保临时支墩水平位移在规定范围内、顶推过程顺利和结构安全。

(一)钢箱梁顶推监控

1. 施工监控正装仿真总体计算

监控计算是施工控制的理论依据,根据工程进展,监控计算工作主要分为施工前期预测计算、施工过程中校核计算、成桥运营状态评估计算三大部分。监控计算成果需要与设计计算结果进行比较分析,差别应控制在容许范围内。

钢箱梁在工厂加工制造,节段拼装时需要根据理论计算及现场实测值确定无应力拼装安装线形。以设计内力及线形为目标值,根据施工各阶段监控测量结果,考虑施工临时荷载及温差影响,计算相应的钢箱梁线形及内力值,并与实测线形及实测内力进行比较,确保顶推施工及成桥后线形平顺,内力合理,结构安全。

根据焊接平台的长度,钢箱梁分轮次进行顶推,每次顶推 4 ~ 5 个节段。考虑到在顶推到达临时支墩前的悬臂状态和上临时支墩时的状态对钢箱梁受力较为不利的因素,将顶推施工过程初步划分为 48 个阶段进行计算,计算阶段划分见表 4-15。

钢箱梁顶推计算的施工阶段划分　　表 4-15

施工阶段	施工阶段描述	施工阶段	施工阶段描述
1	导梁抵达 2 号支墩	17	第五轮顶推开始
2	导梁抵达 3 号支墩前	18	导梁抵达 7 号支墩前
3	导梁抵达 3 号支墩	19	导梁抵达 7 号支墩
4	第一轮顶推完毕	20	导梁抵达 8 号支墩前
5	第二轮顶推开始	21	导梁抵达 8 号支墩（第 5 轮顶推完毕）
6	导梁抵达 4 号支墩前	22	第六轮顶推开始
7	导梁抵达 4 号支墩	23	导梁抵达 9 号支墩前
8	第二轮顶推完毕	24	导梁抵达 9 号支墩
9	第三轮顶推开始	25	第六轮顶推完毕
10	导梁抵达 5 号支墩前	26	第七轮顶推开始
11	导梁抵达 5 号支墩	27	导梁抵达 10 号支墩前
12	第三轮顶推完毕	28	导梁抵达 10 号支墩
13	第四轮顶推开始	29	第七轮顶推完毕
14	导梁抵达 6 号支墩前	30	第八轮顶推开始
15	导梁抵达 6 号支墩	31	导梁抵达十一号支墩前
16	第四轮顶推完毕	32	导梁抵达十一号支墩
33	第八轮顶推完毕	41	第十轮顶推完毕
34	第九轮顶推开始	42	第十一轮顶推开始
35	导梁抵达 12 号支墩前	43	导梁抵达 14 号支墩前
36	导梁抵达 12 号支墩	44	导梁抵达 14 号支墩
37	第九轮顶推完毕	45	第十一轮顶推结束
38	第十轮顶推开始	46	第十二轮顶推开始
39	导梁抵达 13 号支墩前	47	第十二轮顶推结束
40	导梁抵达 13 号支墩	48	顶推到位

2. 钢箱梁顶推施工计算分析结果

根据顶推施工现场实际情况,采用 midas-Civil 建立整体计算模型,模拟顶推施工过程,计算顶推过程中钢箱梁和导梁的线形以及临时墩的支反力。钢箱梁和导梁用梁单元模拟,顶推施工计算模型如图 4-33 所示。

图4-33 钢箱梁顶推计算模型

(1)位移计算结果和导梁前端主滑道高程调整

根据顶推施工阶段计算结果,钢导梁前端上各临时墩前的竖向挠度计算结果见表4-16。竖向位移以向上为正、向下为负,钢导梁前端最大位移为-34mm。

钢导梁关键施工阶段的前端竖向挠度 表4-16

序号	顶推工况	导梁前端竖向挠度(mm)
1	导梁抵达3号支墩前	-34
2	第二轮顶推开始	7
3	导梁抵达4号支墩前	-27
4	第三轮顶推开始	1
5	导梁抵达5号支墩前	-29
6	第四轮顶推开始	-6
7	导梁抵达6号支墩前	-28
8	第五轮顶推开始	-13
9	导梁抵达7号支墩前	-28
10	导梁抵达8号支墩前	-28
11	第六轮顶推开始	0
12	导梁抵达9号支墩前	-28
13	第七轮顶推开始	2
14	导梁抵达10号支墩前	-28
15	第八轮顶推开始	5
16	导梁抵达11号支墩前	-28
17	第九轮顶推开始	8
18	导梁抵达12号支墩前	-28
19	第十轮顶推开始	2
20	导梁抵达13号支墩前	-28
21	第十一轮顶推开始	-10
22	导梁抵达14号支墩前	-6

钢导梁底板不在竖曲线上,纵向大部分为直线段,且导梁前端底板为了方便,上支墩设置了一定的上翘角度,而根据当前施工方案,临时支墩的主滑道高程按照竖曲线设置,可能使得导梁抵达前方支墩时,导梁底板仍高于

滑道支承面。因此,在导梁抵达前方支墩时,可根据导梁前端底板与滑道竖曲线的高程差,对前方支墩主滑道高程进行调整,使导梁尽快支承在主滑道上,减小钢箱梁前端悬臂长度。前方支墩主滑道高程调整量见表4-17。

钢导梁上前方支墩过程中主滑道高程调整量 表4-17

顶推进度	导梁底板与滑道高差(cm)
导梁前端抵达临时墩	56
导梁前端悬出临时墩10m	15
导梁前端悬出临时墩20m	5
导梁前端悬出临时墩25m	0

(2)应力计算结果

根据顶推施工内力和反力计算结果,同时用ANSYS建立壳单元节段模型,计算钢箱梁节段和钢导梁局部应力分布。ANSYS局部计算模型如图4-34所示。节段模型在底板中线的主滑道对应位置,约束竖向位移;在节段两端施加节点力,模拟截面剪力。

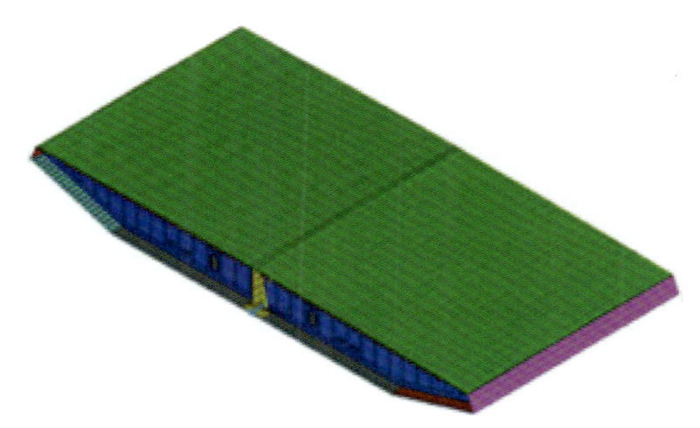

图4-34 ANSYS局部计算模型

根据滑道支承条件和支反力不同,按以下三种工况进行钢箱梁节段局部受力分析。

工况一:2~14号临时支墩主滑道最大支反力。

工况二:顶推平台主滑道最大支反力。

工况三:1号临时支墩主滑道最大支反力。

三种工况下钢箱梁各部位等效应力最大值计算结果见表4-18。

应力计算的总体结果表明,当各顶推支墩主滑道高程位于竖曲线时,在各支墩主滑道承受支反力比较均匀的情况下,钢箱梁的应力均在规范容许范围内。

钢箱梁各部位最大应力计算结果　　表 4-18

工况＼部位		各部位的最大等效应力(MPa)			
		底板	纵隔板	横隔板	顶板
工况一	顶推平台最大支反力	44	106	121	24
工况二	1 号支墩最大支反力	38	138	108	22
工况三	正常支撑最大支反力	93	140	162	51

3. 钢箱梁顶推过程的监测

施工监测是施工控制的重要内容,是获取反映结构实际状态信息的途径,是确保桥梁安全施工的重要因素。测试主要内容有结构变形、应力变形、温度、千斤顶纵向顶推力等。

(1)结构变形监测

在顶推施工过程中每前进一个轮次用全站仪测量钢箱梁、顶推临时支墩等结构构件的平面坐标和高程。监测结构表明顶推过程横向偏位、竖向挠度及临时墩偏位与沉降均处于安全控制范围内,顶推到位后安装线形满足设计和规范要求。

线形测试包括顶面高程测量和中线测量两部分内容。高程测量是将高程控制基准点设在岸上,用精密水准仪由基准点引测钢箱梁上各高程点高程。为防止基准点位移动或破坏,应采取保护措施并不定期地对高程基准点进行复核。中线测量是根据已架设梁段中线标志,采用小角法直接以经纬仪测量其偏角。

根据钢箱梁在无应力状态下的线形控制拼装时的折角。后续施工过程中线形测量测点为每个吊索下吊点处。测点沿横桥向布置三点,分别为中线、上下游边腹板顶面,在梁段连接定位时进行高程和中线偏位测量。

(2)应力变形监测

根据顶推施工情况和施工监控初步计算结果,在关键部位布置相应测点。每个测试断面测点布置如图 4-35 所示,实际测试的具体位置需根据计算确定。

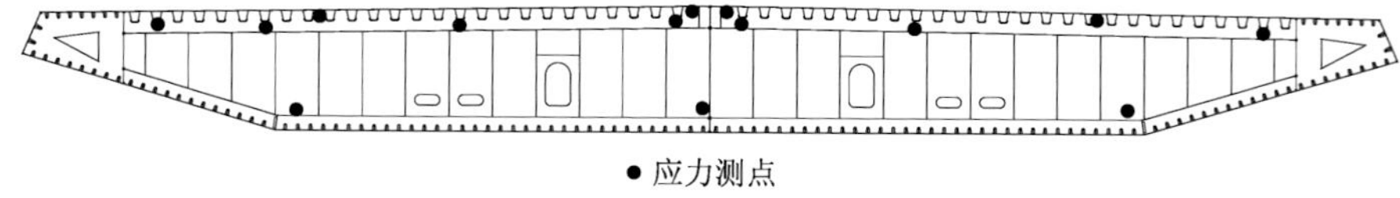

图 4-35　钢箱梁断面应力测点布置示意图

应力测试组件采用附着式钢弦应变计,基座与钢板之间用点焊连接。应力监测时采用光纤智能传感元件测试各个典型工况(主要是顶推过程总体受力应变最大工况及在滑道处转角位移最大工况）应变。

节段准备拼装前（无应力状态），在预定的位置设置表面钢弦式应变计测点，在节段安装后对应力测点进行读数，作为测量初始值；顶推施工过程中，每节段施工完成后进行应力测量；在吊杆张拉过程中，每张拉三根吊杆进行一次钢箱梁应力监控测量，异常情况下，根据测量结果及计算分析结果提出应力监控预警报告，否则，在吊装张拉完成后，对测量结果进行综合分析，提交施工应力阶段分析评估报告；吊杆张拉完成后，结合全桥线形、索力及温度场测量，进行全桥应力测量，根据测量结果及计算分析结果，对架设完成后的内力状态提出分析评估报告。

在二期恒载施工过程中，施工到对应应力测试断面时，对该断面进行一次应力测量，二期恒载施工完成后，结合全桥测量，对全部应力测点进行一次应力测量。根据测量结果，综合分析前期应力测量结果及理论计算结果，提交应力监控报告，根据最后一次的应力测量结果及计算结果，确定成桥状态的内力状态，作为内力初始值档案。

（3）温度测试

温度改变会引发结构几何形状的较大改变。施工期间应根据当时当地的实际情况，制订出测温方案，合适地选择测温设备及测温时间，准确地测量出结构的实际温度，为后续的温效分析打好基础。同时与线形及内力测量结果进行对比分析，确定实际梁长及临时支墩受温度影响的偏位情况，及时进行调整并采取控制措施，确保施工安全。

（二）钢箱梁顶推测量

钢箱梁成桥线形有竖曲线，因此在顶推过程中对于钢箱梁的平面位置和高程控制是确保钢箱梁施工质量和最终成桥线形的关键影响因素。顶推测量主要分以下几个方面。

1. 钢管桩施工测量

顶推支墩钢管桩采用水中钻孔平台和浮箱进行施工，根据支墩钢管桩位置坐标确定水中钻孔平台钢管桩或浮箱位置坐标并进行放样，待平台或浮箱施工完以后对支墩钢管桩位置进行放样和插打控制。对钢管桩孔口高程进行测量，确保钢管桩支墩的位置和入岩深度。

2. 主滑道、辅助滑道施工测量

支墩钢管桩加固完成后，根据主桥钢箱梁竖曲线确定主滑道、辅助滑道高程。并保证滑道与钢箱梁设计位置线形间高差能够通过竖向千斤顶调整。

3. 钢箱梁顶推施工测量

顶推过程中要对钢箱梁的平面位置和箱梁顶面高程进行控制测量。在每节段钢箱梁顶面前后两个横断面上布置三个点作为钢箱梁节段平面位置和高程控制测量点。

每一节段顶推过程中,在开始顶推、顶推中和顶推到位之前对钢箱梁平面位置进行实时测量纠偏。在每一节段开始顶推前对钢箱梁高程通过顶推支墩竖向千斤顶进行调整,确保线形满足设计要求。

4. 钢箱梁顶推支墩测量

为保证顶推施工安全,在顶推过程中必须对每个临时支墩的沉降和水平位移进行监控。水中支墩设计荷载为12000kN,由于现场施工条件制约,支墩施工完成后无法对支墩进行预压观测试验,因此钢箱梁顶推施工期间必须加强支墩观测密度和次数,定期对支墩沉降情况和水平位移进行监控,制订好安全预案及相应措施。水中支墩监控量测时,测量监控点位布置在钢管桩上,每个支墩布置两个监控点,分别位于水面上和桩顶往下 2m 的位置。

根据顶推施工期间具体情况以及钢箱梁前端节段实际受力情况,可将顶推施工监控测量分为两个测量工况进行测量。具体工况如图 4-36 所示。

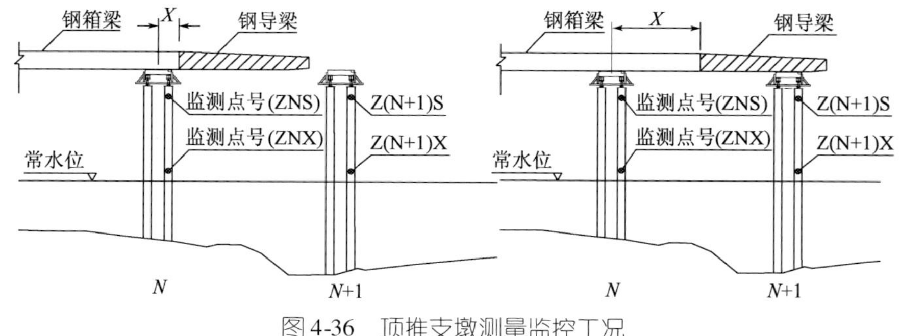

图 4-36　顶推支墩测量监控工况

工况一:钢箱梁搭在第 N 个支墩上,钢导梁未搭在第 $N+1$ 个支墩上,此时钢箱梁处于悬臂状态,悬臂长度为 X。

工况二:钢箱梁搭在第 N 个支墩上,钢导梁搭在第 $N+1$ 个支墩上,此时钢箱梁处于简支状态,钢箱梁最前端到第 N 个支墩的距离为 X。

第五章 缆索安装及成桥体系转换

第一节 施工部署

一、概 况

全桥仅单根主缆,主缆由五跨组成,总长763.87m,由北向南依次为北锚跨、北边跨、中跨、南边跨、南锚跨。成桥状态时跨径组成为20.221m + 146.714m + 430.0m + 146.714m + 20.221m。主缆在成桥状态下的垂跨比为北边跨1∶282,中跨1∶9,南边跨1∶282。全桥缆索系统总体布置如图5-1所示。

主缆由91根通长索股组成,每根索股由127根直径为5.2mm的高强度镀锌钢丝组成,主缆索夹内直径为617mm,索夹外直径为625mm。主缆上安装索夹,与钢箱梁之间采用吊杆连接。主索鞍、索夹及散索套采用不同材料的铸钢件。

柳州双拥大桥缆索系统施工主要内容包括:场地及临建设施建设,大临结构安装及主索鞍、散索套安装,猫道牵引系统架设,主缆索股架设,主缆紧缆施工,索夹和吊索安装,主缆缠丝、防腐涂装,成桥体系转换等。

2222.1
14671.4
1000
41×1000
1000
14671.4
2222.1
南锚碇
南边跨
双拥大道
南塔
北塔
北边跨
北外环
北锚碇

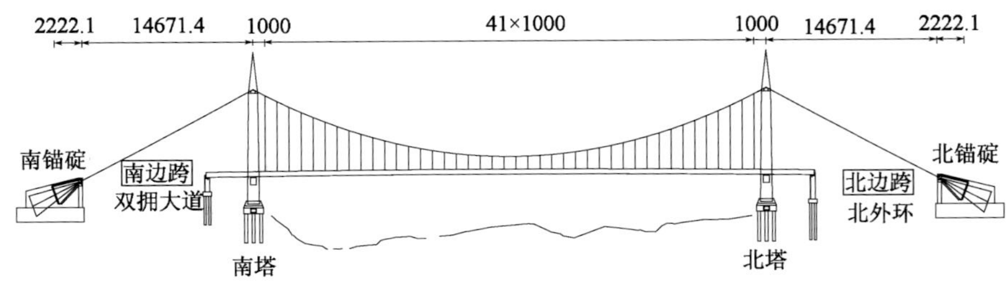

图 5-1　缆索系统总体布置图(尺寸单位:cm)

缆索体系施工流程如图 5-2 所示。

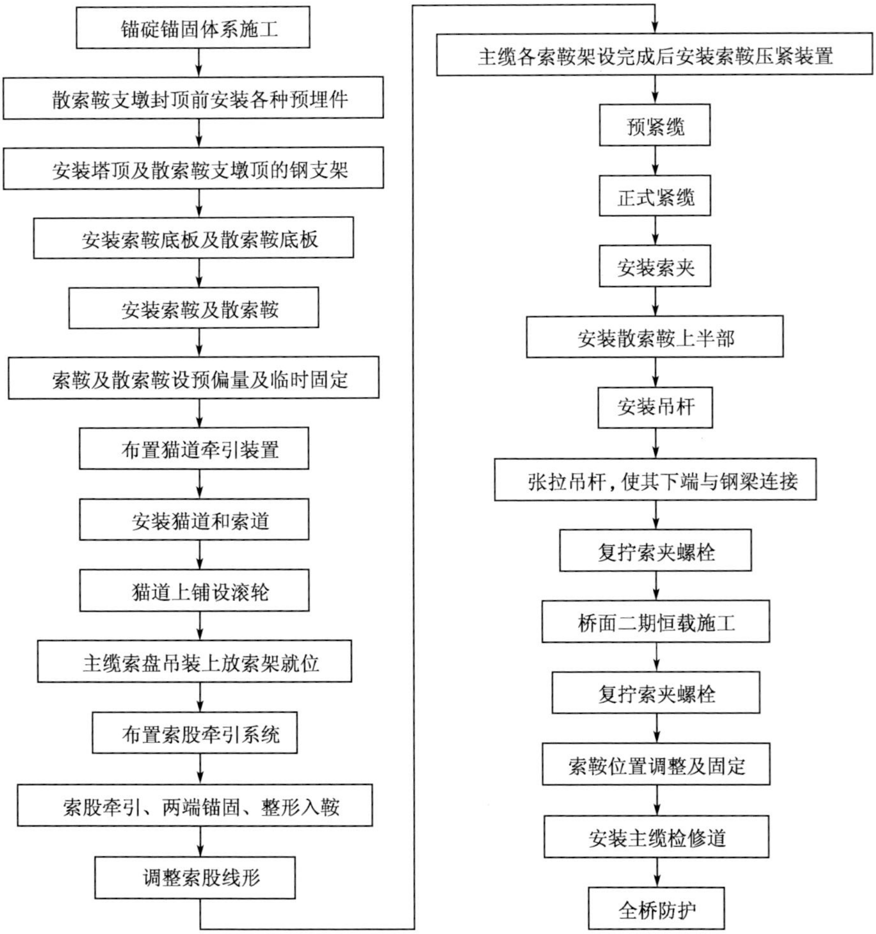

锚碇锚固体系施工
散索鞍支墩封顶前安装各种预埋件
安装塔顶及散索鞍支墩顶的钢支架
安装索鞍底板及散索鞍底板
安装索鞍及散索鞍
索鞍及散索鞍设预偏量及临时固定
布置猫道牵引装置
安装猫道和索道
猫道上铺设滚轮
主缆索盘吊装上放索架就位
布置索股牵引系统
索股牵引、两端锚固、整形入鞍
调整索股线形
主缆各索鞍架设完成后安装索鞍压紧装置
预紧缆
正式紧缆
安装索夹
安装散索鞍上半部
安装吊杆
张拉吊杆，使其下端与钢梁连接
复拧索夹螺栓
桥面二期恒载施工
复拧索夹螺栓
索鞍位置调整及固定
安装主缆检修道
全桥防护

图 5-2　缆索系统总体施工流程

二、总体布置

(一)缆索系统施工场地布置

根据双拥大桥场地的地形特点以及引桥连续梁、锚碇施工工期安排,结合施工技术方案和施工特点,本着合理使用场地的原则,缆索系统施工主要场地布置在南岸项目经理部附近。缆索系统工程主要临时工程包括:生活区、办公区、施工便道、索股存放区、放索区、钢箱梁加工区、钢箱梁存放场地等。缆索系统施工场地总体布置如图 5-3 所示。

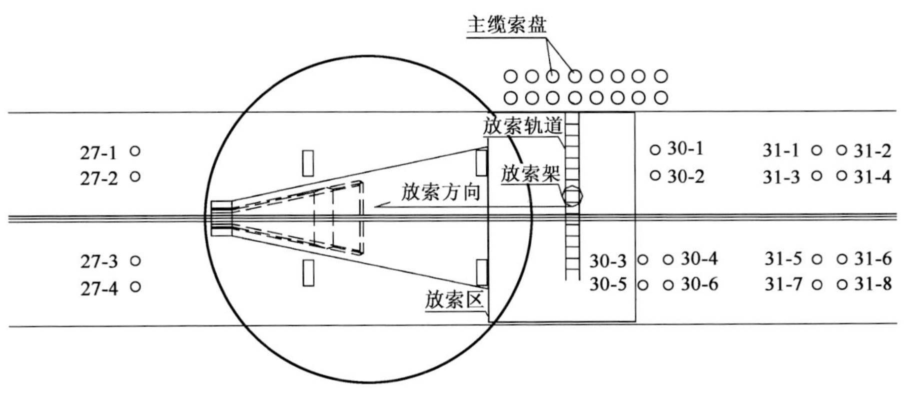

图 5-3　缆索系统施工场地总平面布置图

(1)经理部驻地:K13 + 300 ~ K13 + 450 的线路左侧,驻地布置在匝道与征地红线之间的空地上,经理部占地 $3500m^2$。经理部内部设置办公区、生活区、篮球场、车库、乒乓球场、专用材料堆放场地等。

(2)施工便道:南岸一条既有乡级公路经过本工程施工区域附近,进入施工现场需要修建一条施工便道,作为人员、机械、材料进出场的通道,便道全长 900m,连接市区,延伸至经理部驻地和工地。

(3)钢箱梁加工场地、存放场地:根据双拥大桥主桥单主缆这一桥型特点,钢箱梁采取顶推施工方案进行架设,缆索系统施工和钢箱梁施工互不干扰、相互独立,可以并行施工。在主缆架设期间,在索股存放场地旁边设置钢箱梁加工场地和存放场地,占地面积约 $12000m^2$。

(4)索股存放区:在南岸锚碇与钢箱梁加工场地之间布置 $500m^2$ 索股存放场地,索股架设前预存一定数量的索股;在存索区内布置一台 35t 的汽车吊,以满足场地内运输装卸的需要。受南岸场地大小的限制,索股存放场地设计能力可同时堆放50盘索股,横向2排,纵向25排。

(5)放索区:在南岸锚碇后锚块后面29~30号墩箱梁下方布置25m×40m的放索区。在索股存放场地与放索场地之间沿横桥向布置放索轨道,放索通道从南岸锚碇后方沿桥梁轴线位置布设,放索宽度为4m。

(6)施工临时用水:经过前期的调查,南岸施工区域附近没有自来水,井水和柳江水是当地村民饮用水来源。通过协商,项目部生活用水在村庄内井水的接驳口提取,施工用水直接从柳江提取;北岸饮用水在鹧鸪江园艺场的井水接驳口提取,施工用水直接从柳江提取。

(7)施工临时用电:根据南北两岸的施工任务量的不同,在南岸配置了一台600kV变压器提供生产生活用电,北岸配置了一台400kV和一台360kV变压器提供生产生活用电。此外,为了防止突发性停电给施工带来的影响,南北两岸各配置了一台200kW发电机。

(二)塔吊大临设施的布置及选型

双拥大桥主塔高104.811m,根据施工需要并结合主塔的结构特点和地形情况,缆索系统施工中在南岸主塔旁边设置一台STT153塔吊,北岸主塔旁边设置一台TC6517b-10塔吊。该塔吊在主塔塔冠安装和主缆架设中起着至关重要的作用。主塔塔身作为塔吊附墙的重要组成部分,22号墩塔吊附墙杆共设置4层,平均每20m布置一层,23号墩塔吊附墙杆总共设置3层,平均每30m设置一层。塔吊附墙杆总体布置一部分杆件附着在主塔塔身上,另一部分附着在主塔支架上。附墙杆主体构件由$\phi630\times8$mm钢管组成,钢管一端与塔吊采取螺栓连接,另一端与墙体之间焊接连接。附墙杆安装时采取塔吊本身起吊附墙杆件到设计高程位置对位安装,安装完毕后派专人对附墙杆节点处焊缝及销轴进行检查,保证塔吊使用安全。主缆架设期间,塔吊布置如图5-4所示。

悬索桥缆索系统安装施工过程中,施工机具、材料的吊装转运、塔顶门架安装、紧缆机、缠丝机等专用设备的安装及拆除,均需考塔吊来完成。综合考虑起吊质量和工作半径,以主塔塔冠最大节段质量和吊臂长来选型,南岸23号墩塔吊的最大臂长为45m,吊重为3.5t,工作高度为112m,最终选择STT153塔吊。

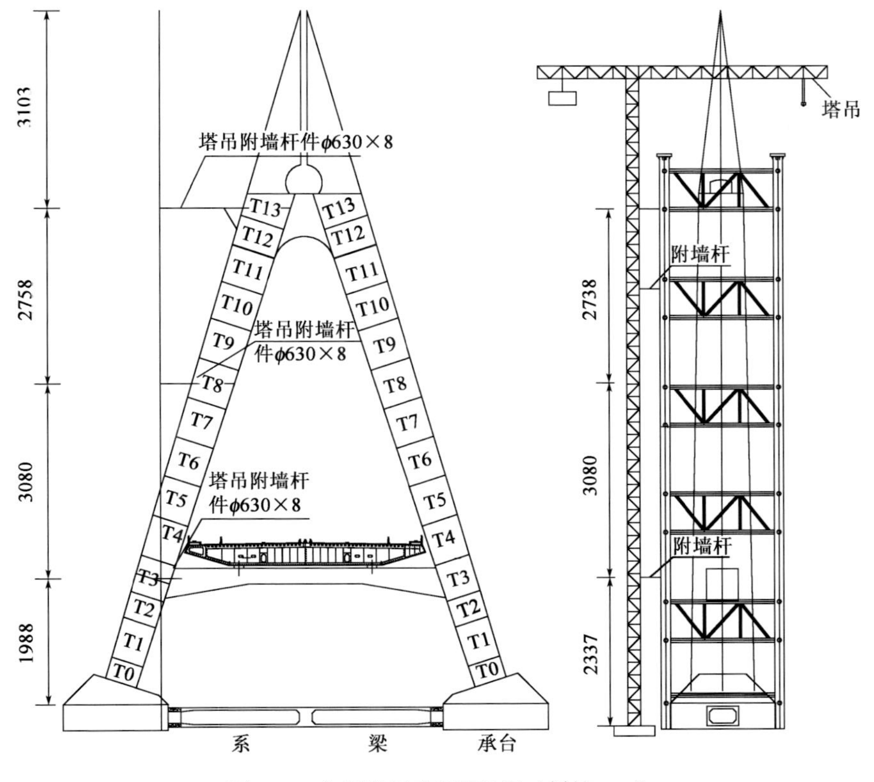

图5-4 主塔塔吊布置图(尺寸单位:cm)

第二节 主索鞍及散索鞍安装

一、主索鞍总体构造

主索鞍由鞍体、格栅、上下承压板及拉杆组成。鞍体和格栅为铸钢件,材料牌号为ZG270—500,按照《一般工程用铸造碳钢件》(GB/T 11352—2009)进行加工。上下承压板为低合金高强度结构钢,材料牌号为Q345B,按照《低合金高强度结构钢》(GB/T 1591—2008)进行加工。拉杆为合金结构钢,材料牌号为40Cr、40CrNiMoA,按照《合金结构钢》(GB/T 3077—99)进行加工。由于单个鞍体重104t,为了便于安装,将鞍体分为前后两部分进行加工。主索鞍鞍体下设不锈钢板—聚四氟乙烯板滑动副,以适应施工中的相对移动。为增加主缆与鞍槽间的摩阻力,并方便索股定位,鞍槽内设竖向隔板。在索股全部就位并调股后,在顶部用锌块填平,再将鞍槽侧壁用螺栓夹紧。

塔顶设有格栅底座,以安装主索鞍。格栅悬出塔顶以外,以便安置控制鞍体移动的千斤顶,鞍体就位后将格栅的悬出部分割除。索鞍下承板与隔栅通过 $\phi50$ 的钢销连接。主索鞍详细构造如图 5-5 所示。

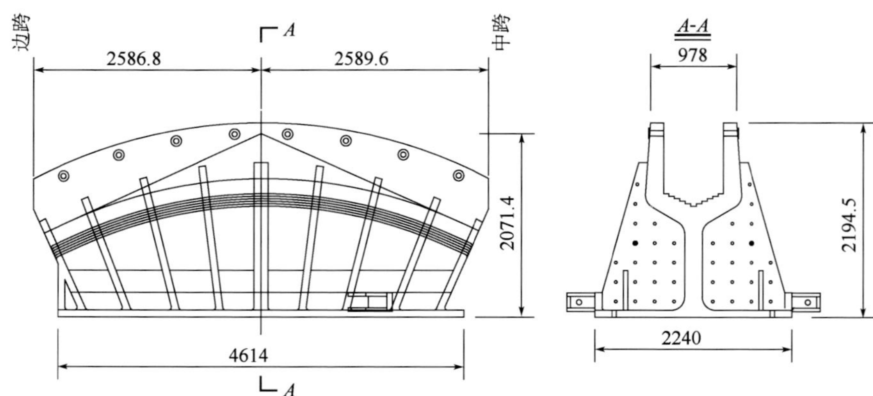

图 5-5 主索鞍详细构造图(尺寸单位:cm)

二、主索鞍安装

双拥大桥主塔 T13 节段施工完成后进行主索鞍的安装施工。主索鞍进场后,首先在现场将两部分鞍体拼装成整体,经主塔吊装支架吊装安装(图 5-6)。主索鞍安装前首先安装格栅,格栅吊装过程中必须保证平稳,当起吊至设计高程后,移动主塔支架顶部提升系统到设计位置后缓缓下放格栅至塔顶。利用精密水平仪及全站仪等测量调整格栅的高程及平面位置,使格栅精确定位,严格控制坐标和高程误差在设计及规范要求范围内。格栅与底板有间隙的地方采用薄钢板填塞密实,并焊接固定,最后在格栅内灌 M50 水泥浆,厚度为 5cm。

格栅与主塔 T13 节段顶部的塔冠下承板焊接。由于格栅与塔冠下承板的材质不一样,在焊接时采用对焊缝锻打的方式消除焊缝的残余应力。格栅的主要作用是保证塔顶平面平整,与主鞍的下承板接触良好;使主鞍的垂直反力能均匀传递到塔柱横梁各个隔板;格栅与顶推千斤顶的反力架相连作为其传力构件;因桥塔在恒载作用下压缩量为 28mm,为保证主缆在成桥状态达到设计高程位置,在格栅设计中考虑对该变形量的补偿。

格栅安装到位以后,通过销接将鞍体下承板固定到格栅上,上承板与下承板之间采用螺钉进行连接和固定。主索鞍鞍体安装于上承板上,鞍体底部的不锈钢板与上承板的聚四氟乙烯板形成滑动面,在鞍体的两侧设置耳板,通过长拉杆与上承板上的耳板连接固定,以便调整鞍体的偏移量。

当鞍槽内的隔板和索股全部就位并调整后,顶部用锌质填块填平,然后压紧横梁,再把鞍槽侧壁用拉杆上紧。

图5-6 主索鞍吊装安装

三、散索套安装

散索套由套体、底座和高强度螺栓组成。套体为铸钢件,材料牌号为ZG20Mn,按照《大型低合金铸钢件》(JB/T 6402—2006)进行加工。散索套底座为低合金高强度结构钢,材料牌号为Q345B,按照《低合金高强度结构钢》(GB/T 1591—2008)进行加工。结合主缆安装,散索套加工时分为上、下套体两部分加工。散索套构造见图5-7。

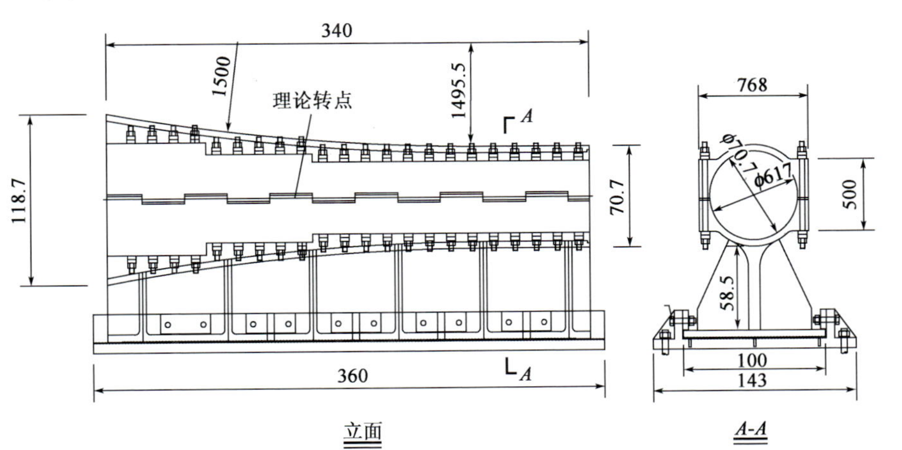

图5-7 散索套总体构造图(尺寸单位:cm)

散索套套体及座板均采用铸钢件。下套体下与底座板上均设置不锈钢板以适应施工中的滑移和成桥后主缆在活载作用下的微量滑移。不锈钢板间采取一定润滑措施。

主缆张拉至空缆线形后合上上套体，安装挡块，上紧散索套高强螺栓，高强螺栓预紧力设计值为396kN，首次预紧力为566kN。桥梁竣工后需对预紧力进行测量，若预紧力降至设计值以下则需补张拉至设计值。

散索套通过锚栓锚固在锚碇内，套体分成上下两部分，下部分套体在主缆安装前安装就位，上部分套体待主缆安装完成以后安装，与下部套体通过高强度螺栓进行连接。散索套安装直接由50t汽车吊进行。散索套下半部安装在底座板上时，设置向锚跨的预偏量，用钢挡板临时固定，并在散索套两端设置主缆索股定位夹具，以保证在架设主缆期间，每根索股在散索套内的位置排列准确。架设完全桥91根主缆索股后，安装散索套上半部，扭紧高强螺栓，拆除钢挡板，使散索套与支墩在纵桥向处于无约束状态。

第三节　猫道设计与架设

一、猫道系统设计

（一）猫道总体设计原则

主缆索股的架设是悬索桥上部结构施工的关键。猫道是为完成架设索股牵引、索股调整、紧缆、吊索安装、防腐涂装等一系列工序而专门设置的施工便道。其结构的合理性、安全性架设方案的可操作性将直接影响到缆索系统施工的各个主要工序的质量和进度。

猫道承重索在塔顶跨越时通常分为“分离式”和“连续式”两种构造形式。受到塔顶门架和塔冠空间的限制，双拥大桥猫道承重索采取三段分离式结构。猫道设计借鉴了国内的相关成果和先进技术。受主缆结构形式的影响，猫道设计为单幅猫道牵引系统，因此单幅猫道的抗风稳定性控制是施工过程的重点和难点。为了保证单幅猫道的抗风稳定性，结合钢箱梁顶推施工的特点，施工中将水中临时支墩作为猫道揽风绳的固定装置，可以在不同的里程位置根据需要设置相应的揽风，便于施工，不影响通航，工期可控。

猫道的总体设计原则需满足以下几个要求：

(1)猫道面的线形应平行于主缆钢丝束在自由悬挂状态下的线形。

(2)应尽量减轻自重,减少挡风面积。

(3)能满足机械作业所需的工作面和操作净空要求,同时要求安装和拆除方便。

(4)对塔顶要测量监控,严格控制索塔偏移量。

(5)考虑猫道承重索受载后非弹性伸长值,根据主缆设计空缆线形进行承重垂度调整,因此要求设置调节装置。

(二)结构设计

猫道设计主跨为430m,南北两边跨均为146m。在主缆中心线下方设一副猫道,猫道距离空缆索线形1.4m,主要由承重索、猫道面、栏杆、扶手、滚筒等组成。猫道面低于主缆中心约1.4m,在综合考虑主缆直径、紧缆机和缠丝机最小工作空间的基础上,猫道面层的净宽度为3.5m。猫道总体布置见图5-8。

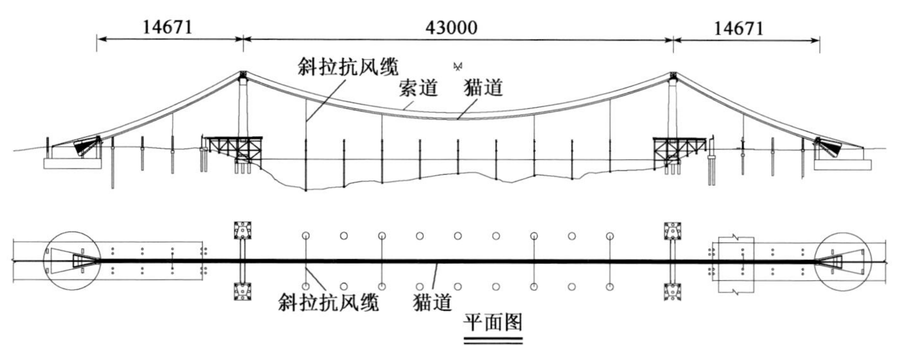

图5-8　猫道总体布置图(尺寸单位:cm)

1. 猫道承重索及扶手索

双拥大桥主跨及边跨的每幅猫道均选用8根 $\phi32$ (6×37+IWR)钢芯钢丝绳作承重索。其抗拉强度为1770MPa,单根钢丝绳破断力为645kN,安全系数大于3.5,采用3跨分离式结构布置。承重索用钢丝绳夹头分别锚固于塔端、锚碇表面的连接件上。承重索分中跨和边跨两跨断开布置。

承重索使用前按规范进行预拉处理。这是由于钢丝绳非弹性变形较大,这种非弹性变形将直接影响猫道承重索垂度变化,严重时可能造成工作人员站在猫道上而触不到主缆的位置,因而无法进行施工操作。所以首先要进行预张拉，消除非弹性变形。预张拉荷载不小于各索破断荷载的1/2，保持60min，并且要进行两次。测长和标记均可在预张拉场进行。作业时为了防止由温度引起的误差，测定场所5处的温差在1℃以内，所以基本上是在温度稳定的夜间进行。场地受限制时，可分段进行。

2. 猫道面层

猫道面网的底层用ϕ5.0（孔55mm×55mm）的大方眼编织钢丝网，以增加面层刚度。面层用ϕ1.0（孔20mm×20mm）的小方眼钢丝网，以防小工件坠落。另外，在底层和面层两层钢丝网上每隔0.5m绑扎固定规格为40mm×40mm×900mm的防滑木，用铁丝连于面层上，以便于施工人员行走。为了保证猫道整体稳定性，在猫道上方间隔设置固定横梁，横梁采用10号槽钢和8号槽钢制作而成，按3m间距交替布置，并用U形螺栓将横梁与承重索加以固定。在猫道面层上每隔6m设一猫道滚轮，供拖索股用，滚轮高度约为0.5m。在塔顶两侧各10m范围内的滚轮，其高度适当增加，以增加索股越过塔顶时的弯曲半径。

沿猫道两侧每6m设一根6号槽钢作为防护立柱，立柱下端固定在10号槽钢横梁上，两侧的栏杆用高1.2m的ϕ4.0（孔80mm×80mm）大方眼钢丝网防护。每侧采用2根ϕ16的钢丝绳作为防护绳，在防护立柱顶部设置ϕ14的尼龙绳作为猫道扶手索，猫道横断面和平面结构见图5-9。

3. 抗风缆

分别用16mm钢丝绳将南、北边跨猫道跨中与20号、25号墩顶拉结。引桥主梁浇筑完成后则改拉在桥面。将中跨猫道的4个等分点与钢箱梁顶推临时支墩墩顶连接，下锚点设置在临时墩顶两侧加焊出来的锚梁上，以避免主梁顶推施工中相互干涉。每处抗风缆设两根钢丝绳，钢丝绳拉力为破断力的20%～30%，呈“人”字形分开分别拉在墩顶两侧，防止猫道因风力作用横向摆幅过大。

4. 猫道锚固系统

猫道锚固系统由塔顶连接装置和锚碇上方锚固装置两部分组成，在主塔T13节段安装完成后，分别在主塔塔顶其边跨、中跨两个侧面的相应位置处焊接猫道塔顶连接钢板，猫道承重索上端与连接钢板连接（图5-10）。

在锚碇上方散索套支墩墩顶设置猫道下端锚固装置，在散索套支墩侧面预埋猫道下端的锚固钢板，再将猫道钢锚梁焊接于锚固钢板上，猫道承重索下端与钢锚梁连接（图5-11）。

5. 猫道调节装置

对边跨：调节装置设置在塔顶处，下端为固定。

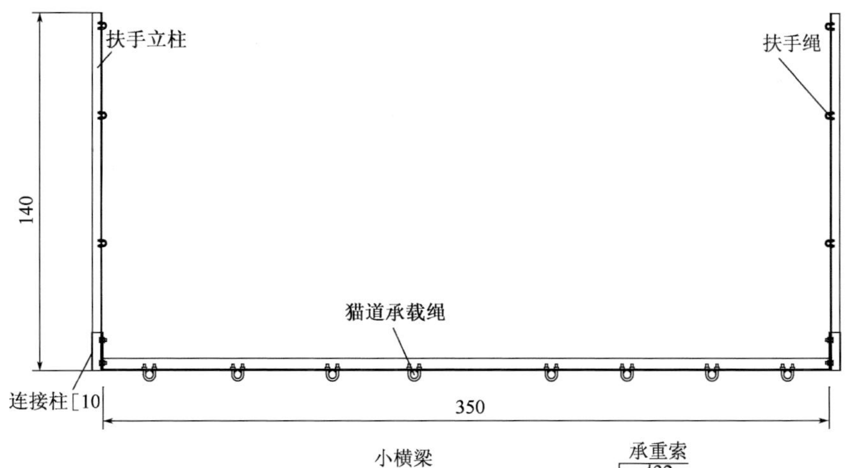

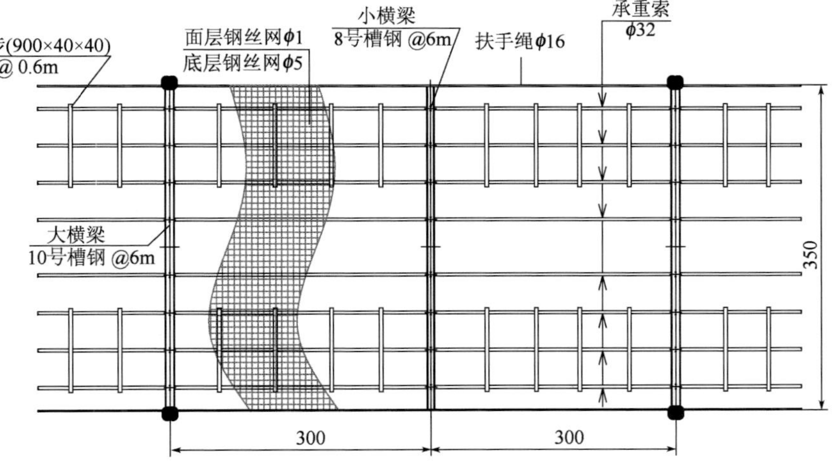

图 5-9　猫道结构图(尺寸单位:cm)

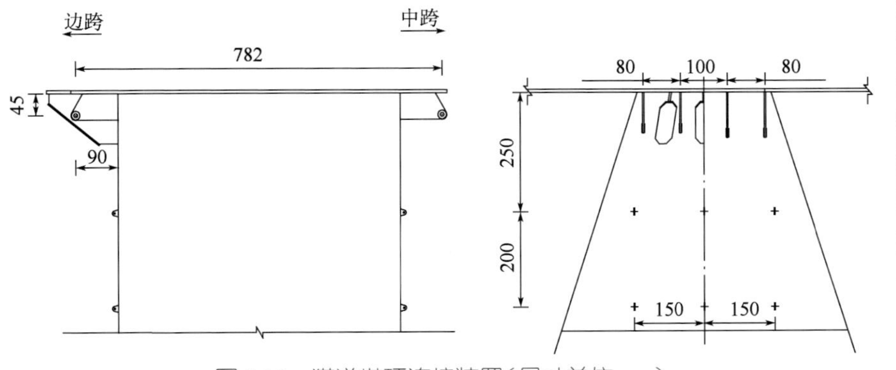

图 5-10　猫道塔顶连接装置(尺寸单位:cm)

对中跨:调节装置设置在两侧塔顶,两侧均为可调。

为方便猫道调节时中跨、边跨设备周转,将中跨、边跨可调节装置都设

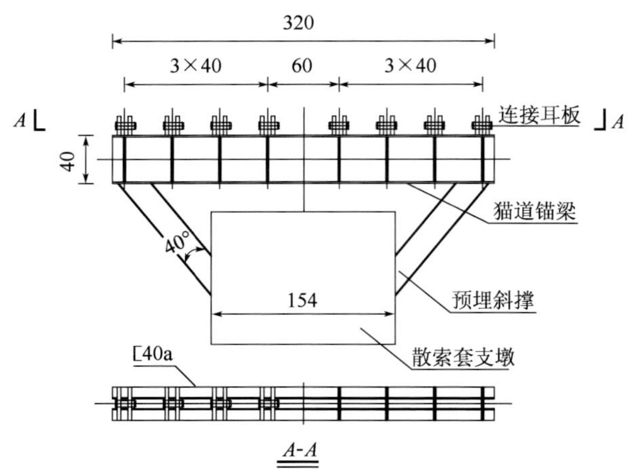

图 5-11 猫道下端锚固装置(尺寸单位:cm)

置在塔端。调节装置一端跟塔端连接装置用插销连接,另一端与猫道承重索连接。通过调节精轧螺纹钢长度可调节猫道高程,可调节长度为 3m,精轧螺纹钢采用 ϕ40 精轧螺纹钢(图 5-12)。

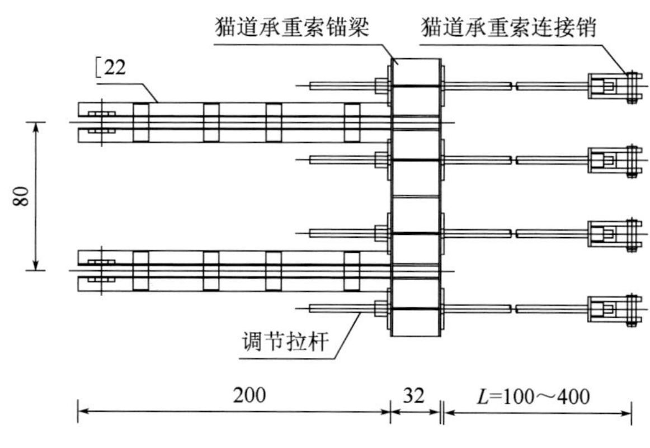

图 5-12 猫道调节装置示意图(尺寸单位:cm)

(三)牵引系统设计

牵引系统是架设于两锚碇之间,跨越索塔的用于空中拽拉的牵引设备,主要承担猫道架设、主缆架设以及部分牵引吊运工作。常用的牵引系统有循环式和往复式两种形式。循环式牵引系统的牵引索是靠驱动装置滚筒以摩擦方式驱动,牵引连续性好,但牵引力较小,只适用于 AS 法主缆架设和悬索桥跨径较小时的 PPWS 法索股架设;往复式牵引系统是把钢丝绳直接卷在卷扬机上,根据需要,牵引力的大小容易实现,跨径大的悬索桥索股架设需要较大的牵引力时较适合采用往复式牵引系统。

往复式牵引系统的牵引索可由猫道滚筒、塔顶滚筒支承，小车直接与牵引索连接，行走于设置在塔顶门架和散索套门架之间的轨道钢丝绳上。由于小车质量轻，拆装运输方便，更宜用于牵引循环系统，可提高索股架设效率。

本工程采用往复式牵引系统来牵引猫道承重索和猫道面层。它由主、副牵引卷扬机构成，分别固定于两岸的锚碇处、主卷扬机采用 10t 慢速大容绳量卷扬机，主卷扬机（北岸侧）担负牵引工作，副卷扬机（南岸侧）担负牵引绳拉回的工作，主牵引绳选用 $\phi22$ 钢丝绳。

双拥大桥主桥为中等跨径悬索桥，根据钢箱梁顶推施工和主缆架设的工期要求，缆索系统施工期间设置 3 套往复式牵引系统，以满足现场工期要求。在南北两岸边跨各设置一套牵引系统，在中跨设置一套中跨牵引系统。边跨牵引系统主要用于实现边跨猫道架设以及边跨主缆牵引，中跨牵引系统主要用于实现中跨猫道架设以及主缆在跨中部分的牵引、架设，见图 5-13。

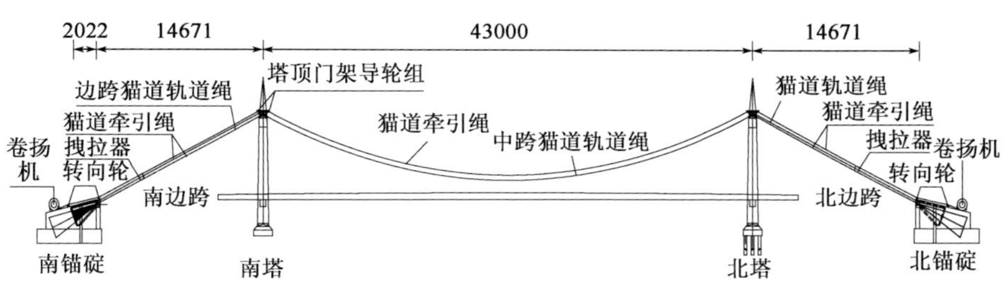

图 5-13　往复式牵引系统（尺寸单位：cm）

二、猫道架设

（一）猫道牵引系统施工

1. 施工前准备工作

猫道牵引系统施工前，根据施工设计图纸，应在锚碇上方预埋卷扬机底座预埋钢板、猫道放索滚轮、猫道下端锚固装置预埋件等，保证后续工程施工要求。根据上部结构施工中各个阶段的施工要求，在锚碇布置相应的各种预埋件及临时结构。预埋件结构按照各种构件受力及构造要求确定。预埋件设计和施工应尽量减少对锚碇散索套支墩结构的破坏，预埋件表面应作防锈处理减少对结构物的污染，施工完成后拆除并恢复结构物设计外观。待预埋件安装完成后利用小型吊机将牵引系统卷扬机及锚碇下端锚固装置吊装焊接安装完成。沿存索区到放索区之间横桥向铺设放索轨道，轨道采取现有50轨施工，轨道下方基础施工时可直接利用引桥箱梁支架基础作为放索区轨道基础，方便施工，经济适用（图5-14）。

图5-14　放索区轨道基础

2. 塔顶门架施工

根据双拥大桥主塔结构特点，主塔和主索鞍均采取支架吊装系统吊装安装施工，因此双拥大桥塔顶门架仅仅用于牵引系统、猫道架设、索股架设、缆索系统吊装施工，塔顶门架的受力相对较小。根据门架的用途，本着安全、经济、适用、方便的原则，将门架设计成钢桁架形式，各构件之间主要采用高强螺栓连接以简化施工安装。塔顶门架长5m，宽4m，高5m，全部杆件（含立柱、横梁、斜撑等）均采用H形钢制作（图5-15）。门架施工时预先在塔底整体拼装，待主塔T13号段安装完成后，利用主塔旁边的一台塔吊将门架分段整体吊至塔顶，用电焊将柱脚与塔顶焊接牢固。

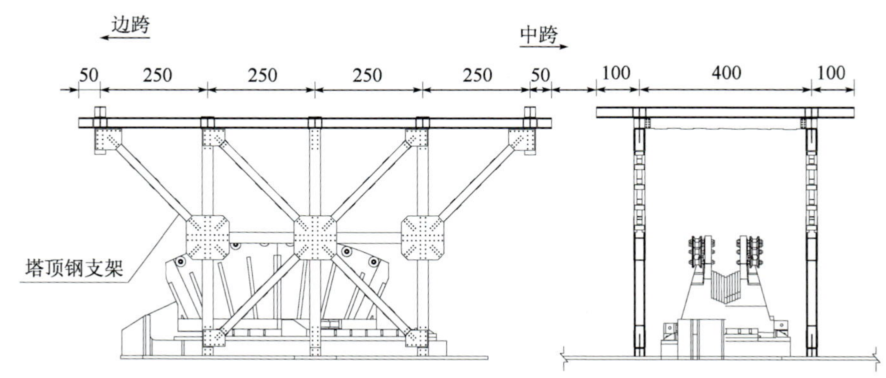

图5-15　塔顶门架总体布置图（尺寸单位：cm）

门架设计时，根据不同的工况，找出最不利荷载组合进行门架结构分析和计算，以确定门架材料的规格、结构节点的处理方式等。

门架结构受力分析采用结构有限元分析软件MIDAS进行。计算结果表明，门架各构件的强度、刚度、稳定性以及门架立柱柱脚的强度均满足设计规范要求。

塔顶门架上方牵引锚固系统由 2 台 5t 卷扬机共同组成，索股牵引到位后，须经提索整形后入鞍。横移时先将握索器安装在主缆索股上，确保主缆索股与握索器不发送相对滑移。塔吊门架 5t 卷扬机经动、定滑轮绕线后与握索器相连组成提升系统，起动提升卷扬机，将整条索股提离猫道面放索滚轮，同时利用手拉葫芦，将主塔处索股提离托滚。在此工况下，门架受力最大，经分析计算，该工况下塔顶门架满足施工要求。

由于主缆索股架设期间，引桥连续梁也跟随主缆的架设而同步施工，此时位于散索套支墩处的引桥连续梁下方膺架正好跨越散索套支墩，因此，散索套门架的施工完全可就地取材。利用引桥连续梁膺架作为散索套门架，大大节约了工程成本，同时工期也得到了有效的保证。

塔顶门架、散索套门架拼装完成后，在门架顶面纵梁上设置轨道、平车、牵引卷扬机等行走系统，在门架上方、锚碇后锚块上分别布置卷扬机。然后安装滑车组等提升系统，并对整个吊装牵引系统、平车行走系统进行检测调试，确保所有机具设备均可安全正常工作之后，进行门架试吊工作，为正式提升索股做好充分的准备。

3. 猫道牵引索安装

双拥大桥缆索牵引系统分边跨和中跨两套牵引系统，边跨牵引系统由一台 5t 卷扬机和导向轮组成一个往复式牵引系统，中跨牵引系统由南北锚碇两台 10t 卷扬机相互连接共同组成，主要用于主缆在中跨区域的架设。其牵引索安装步骤如下：

（1）将锚碇顶部 5t 卷扬机钢丝绳利用主塔旁边的塔吊牵引至塔顶，穿过塔顶导向轮，最后返回到原处，形成一个封闭循环式的牵引索。

（2）利用边跨牵引索牵引带动边跨猫道轨道索至塔顶固定。

（3）牵引系统的架设是以简单经济，并尽量少占用航道为原则。本工程的主梁是通过顶推法进行施工，按工期进度先导索过江时钢箱梁已经从南往北顶推了约 150m，余下江面每隔 35m 布置有临时墩。先在南岸将 $\phi22$ 主牵引钢丝绳沿钢箱梁牵引至导梁梁端，采用驳船将 $\phi16$ 先导索从北岸牵引至钢箱梁先导梁位置，将 $\phi22$ 主牵引钢丝绳牵引过江，北岸卷扬机相连，构成一套完整的牵引系统。

（4）利用主牵引索牵引安装中跨锚碇轨道索。

（二）猫道架设

1. 猫道承重索安装

中跨：将承重钢丝绳索盘、放索架吊至南塔塔顶，利用塔吊配合将其前

端与 $\phi22$ 牵引索联结，开动 10t 卷扬机牵引系统，使猫道承重索向北侧塔顶前进，同时利用放索架制动装置调节放索速度；当承重索前端头到达北塔顶后，用手拉葫芦配合与北塔顶猫道锚梁固定，再将后端与南塔顶猫道锚梁固定。

边跨：将承重绳索盘运至塔底，利用塔吊将前端头提至塔顶与锚梁联结；等承重绳后端头完全脱离索盘后，用 5t 卷扬机将后端头往锚碇牵引，与锚碇处锚梁连接。

待全部猫道承重索架设完后，测量各索中点高程，用液压千斤顶逐根调整其高程，要求同一幅猫道各承重索之间的跨中高程偏差不大于 30mm。

2. 猫道面层铺设

中跨：从塔顶往跨中方向铺设。将预制好的铁丝网用塔吊吊至塔顶上，逐片放在承重钢丝绳上，绑扎方木踏步，装上槽钢横梁和 U 形螺栓（U 形螺栓不拧紧螺帽）；安装牵引及反拉系统，将铁丝网往跨中方向牵引；钢丝网每牵出 3m 后，暂停牵引，待连接好下一片钢丝网和槽钢横梁后，再继续向前牵引铺设。刚开始铺设时应由反拉系统控制滑出，铺设到一定程度后需用牵引系统控制滑出。

边跨：从锚碇往塔顶方向铺设。将制作好的钢丝网片吊至锚碇顶部，逐片放于承重钢丝绳上，绑扎方木踏步，装上槽钢横梁和 U 形螺栓，U 形螺栓不拧紧螺帽，利用牵引装置将钢丝网自桥面向塔顶牵引铺设。

当猫道面层滑到位后，扭紧 U 形螺栓螺母，将铁丝网固定于猫道承重索上。安装栏杆立柱及扶手钢丝绳、猫道滚筒。

中跨、边跨猫道面的架设精度，要以塔的两侧水平力差距不太大为准。在架设过程要监测塔的偏移量和承重索的垂度，以策安全。

3. 猫道线形调整

猫道是用于主缆架设的临时结构，其线形基本上就是主缆的空缆线形。双拥大桥猫道面层化主缆空缆时的高程底 1.4m。猫道的安装精度对主缆索股的安装和缠丝有较大影响，因此也需要进行精确控制。一般来说，猫道成形精度要控制在 ±10cm 之内。

用液压千斤顶，通过张拉拧紧或放松调节拉杆螺母来调整猫道高程，直至整幅猫道线形符合要求。

4. 猫道改吊

猫道改吊在索夹安装完毕后进行。根据设计图纸了解到在吊索安装过程中，随着钢箱梁荷载的逐步增加，主缆中跨跨中高程将降低 3m，主缆的线形随着吊索张拉不断地变化。为了使猫道线形适应主缆线形变化，需进行猫道改吊施工，将猫道每隔一定间距悬挂于主缆之上，使其与主缆线形保持一直，并在吊装过程中放松猫道锚固系统调整装置，控制猫道与主缆间距保持相对不变，满足高空作业要求。

根据以往悬索桥施工的经验，猫道改吊是在猫道上每个36m有猫道横梁的地方，用一道 ϕ21.5 钢丝绳按照图示方法交替将猫道悬挂在主缆上。猫道悬挂的顺序是：中跨由跨中开始，同时由跨中往南北塔方向进行；边跨由中点开始，同时往塔顶和锚碇方向进行。猫道悬挂方法见图5-16。

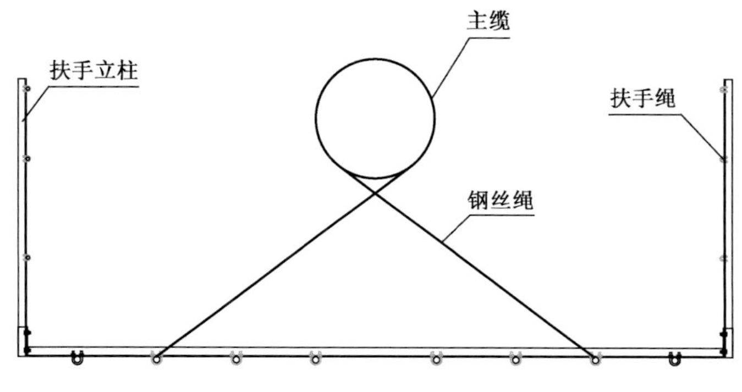

图5-16　猫道悬挂示意图

猫道改吊施工步骤可分为以下几步：

(1)在槽钢两侧猫道面网上剪两个小孔，以便 ϕ21.5 钢丝绳穿过。

(2)用手拉葫芦收紧猫道，猫道面与主缆中心的距离，中跨侧控制在1.4m左右，边跨侧控制在1.5m左右。

(3)把 ϕ21.5 钢丝绳在主缆上绕一圈，然后穿过猫道面层网上的小孔，套住猫道承重索和槽钢。

(4)拧紧钢丝绳卡子，放松葫芦。

(5)适当放松锚固系统的连接拉杆，打好便桥。

(6)重复以上施工步骤，直至猫道改吊工作全部完成为止。

三、猫道拆除

猫道拆除的主要施工流程如下。

(1)布置卷扬机并与猫道下端连接：在引桥桥面，固定一台10t卷扬机，设滑轮组与猫道下端连接，卷扬机经滑轮组改道后，牵引力为 $10\times6=60$t。

(2)沿主缆中心线将猫道分割成两半：从塔顶往桥面方向，用气割沿主缆中心线将猫道铁丝网、槽钢横梁割开，分成上、下游各两半，分别拆除以减轻拆除时单件质量，保证其单片水平力均小于卷扬机滑轮组的牵

引力。

(3)解除猫道下端与桥面的连接:收紧卷扬机，当猫道与桥面连接处的插销不受力后将其拆除,确保猫道与桥面完成脱离。缓慢放松卷扬机,使猫道沿桥面缓慢向塔侧滑动,直至塔底位置并自动停止。在此放松过程中,用麻绳将猫道往横向牵引,以避免铁丝网碰伤吊索;同时在桥面相应位置铺木模板,防止铁丝网刮伤桥面。

(4)解除猫道上端与桥面的连接:用塔吊(或卷扬机)将猫道上端往上提起,当猫道与塔顶连接处的插销不受力后将其拆除。塔吊缓慢下放,直到将猫道空中段放至桥面。

(5)猫道拆散、运离桥面:在桥面将猫道铁丝网、横梁、立柱、钢丝绳等各部件拆散,分批运离桥面。

(6)拆除顺序:先拆边跨再拆中跨。

第四节 主缆架设

一、主缆架设工程概况

双拥大桥设计为单根主缆,主缆总长763.87m,在主塔塔顶处通过位于塔顶的主索鞍。主缆由五跨组成,由北向南依次为:北锚跨、北边跨、中跨、南边跨、南锚跨,跨径组合为22.221m + 146.714m + 430m + 146.714m + 22.221m,全桥成桥总体布置见图5-1。主缆在成桥状态下的垂跨比为中跨1:9,边跨1:282。

根据我国制造、安装等方面的经验和设备条件,主缆采用PPWS法。主缆从北锚碇到南锚碇的通长索股有91股,边跨不设背索。每根索股由127根直径为5.2mm的高强度镀锌钢丝组成。主缆在架设时竖向排列成尖顶的近似正六边形,紧缆后主缆为圆形。其索夹内直径为617mm,索夹外直径为625mm。索股两端设索股锚头,索股锚头采用热铸锚,在锚杯内浇注锌铜合金,使主缆钢丝与锚杯相连。锚杯内锚固锥体的锥角及锚固长度采用经验公式计算确定,锚固力及可靠性还应通过试验验证。

二、主缆索股的预制

索股制造单位应编制《索股制作工艺细则》,经审查后,根据该细则进行试生产。待试制索股通过质量评定后，方可申请开工，批量生产。

编股时应记录所使用钢丝的盘号，并从检验记录中查得抽检钢丝的线径和弹性模量，统计出钢丝的平均线径和弹性模量。

按设计确定的各索股无应力长度及各标记点间的距离，经过温度修正后，制造各股基准丝，然后在编索生产线上编制索股。索股断面呈六边形，六边形的左、右两个顶点分别设置着色丝和基准丝，安装索股时需通过着色丝检查索股是否扭绞。每根索股内的钢丝在全长范围内应保持平行，不允许出现交叉和扭绞现象，索股内127根钢丝的长度应尽量保持一致，以保证受力均匀。索股每隔1.5m用强力纤维带绑扎定型，主缆中相邻索股的绑扎带位置应错开设置，以减少主缆的空隙率。

每根通长索股沿长度方向均应有9个标记点，分别是：主跨中央点、南北主索鞍标记点、南北边跨中央点、南北散索套标记点、索股两端标记点。

各标记点在预制索股的相应位置处加以标记，具体要求是：用两种颜色对比强烈的油漆，根据基准丝标记点位置，在索股整个周边涂刷标志，使标记点位于两种色漆的交界处。

标记后的预制索股应及时浇注锚杯，制成成品索股，并于锚头侧面标明索股编号。然后卷入索盘，索盘直径须满足放索要求。在索股的制作、运输、存储过程中应保证钢丝的锌层不受损伤及有害物的污染，并要做防锈保护。主缆索股测长精度要求为：基准丝1/15000，标记点间距离1/15000。

三、主缆安装

主缆安装工艺流程如图5-17所示。

1. 布置牵引系统

采用往复式小车牵引系统，牵引索与索股前锚头相连，索道运输小车将索股前锚头与牵引索吊起一定高度，通过卷扬机牵引使索股运行于猫道滚筒上，而运输小车则运行于轨道索上。

主牵引卷扬机：10t慢速卷扬机，固定在北锚碇上表面，负责将主缆沿猫道放开。

副牵引卷扬机：10t慢速循环卷扬机，固定在南锚碇上表面，负责将主牵引钢丝绳收回。

2. 放索

将主缆放索架放在南锚碇后侧，用汽车吊将索股放入放索架内，将前端锚头从放线架上抽出后与牵引系统连接牢固。放索时启动前端卷扬机缓慢放索,沿边跨、中跨猫道将索放开。放索过程中应有专人跟踪牵引系统和索股前进,同时要保证索股六面紧密、平整、笔直。

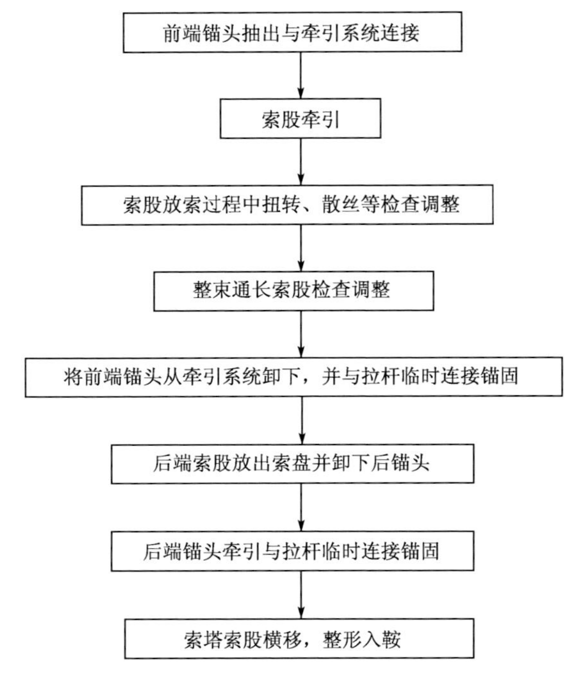

图5-17 主缆安装工艺流程

牵引过程中如发现有绑扎带断裂(散带),应及时停止牵引,用新绑扎带(自粘胶带)重新临时绑扎,以避免因索股散丝和在牵引过程中钢丝挂住滚轮被拉断。同时,在牵引过程中密切监视索股中着色丝的位置变化情况,派人用专用夹具随时修正,防止索股牵引过程中的扭转。

后端部分索股,由于引出时摩擦作用,钢丝较乱,要理顺修复一部分股丝,同时要在边跨内疏散,不能留在锚跨内;两端锚头与锚碇上的拉杆对应连接,见图5-18。

利用塔顶支架通过提升系统及提索装置将索股从猫道滚轮上提起,确认索股已达到索鞍高度要求后,通过塔顶支架横移装置将索股移至索鞍正上方,见图5-19。

将索股移至索鞍正上方后,将其整成矩形放入鞍槽内设计位置,各索股入鞍顺序按设计要求,入鞍处从边跨端向中跨方向进行,入鞍时要严格控制索股着色丝在鞍槽的位置,以防索股扭转,见图5-20。

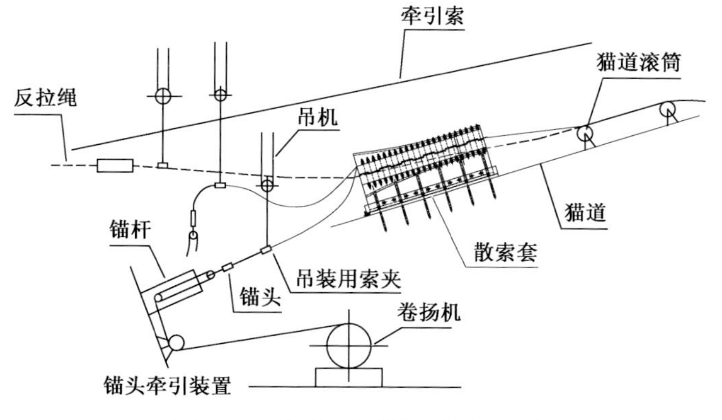

图 5-18　主缆锚头牵引锚固示意图

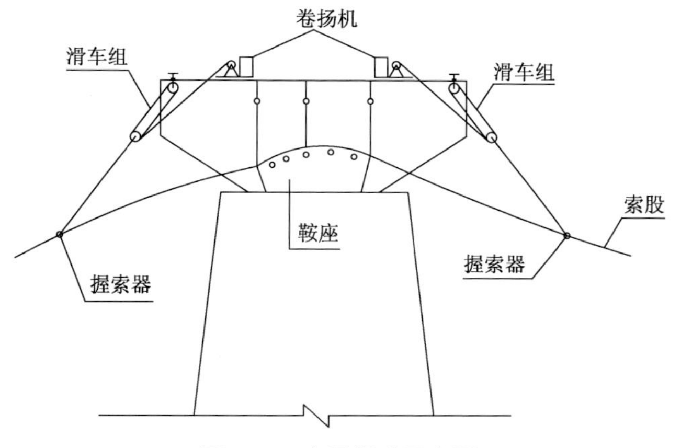

图 5-19　索股提升示意图

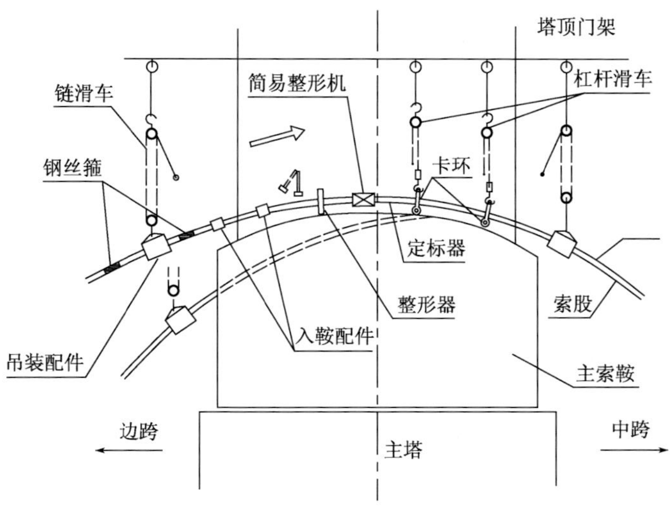

图 5-20　主缆入鞍示意图

由于需要调整索股线形，而且该工序只能在夜间某一时段进行，所以白天入鞍的索股只能位于相同截面的同一排上，不允许未调整线形之前产生挤压现象。

3. 索股线形调整

(1) 调整索股线形的标准

为使上述初步架好的索股与设计规定的线形相吻合，必须进行索股线型调整。白天架设的索股，无论是基准索股还是一般索股，垂度调整必须在温度稳定时进行。调整时，事先用温度计进行索股外界气温和索股温度的计测，把温度变化小的时间定为调整时间(一般在0:00～6:00)。

索股垂度调整温度的稳定条件为长度方向索股的温差$\Delta T \leqslant 2°C$，断面方向索股的温差为$\Delta T \leqslant 1°C$。不具备以上条件时，待条件成熟时再进行。

(2) 绝对垂度调整

以首根索股为基准索股，其他索股施工的线形控制均参照基准索股进行，因此，基准索股绝对垂度调整是控制全桥施工精度的关键。基准索股的绝对高程控制采用三角高程测量法，利用全站仪进行测量：在基准索股的中点位置固定一个棱镜，分别在两岸距桥约100m的地方设置全站仪测站，通过全站仪观测基准索股上的棱镜，经计算后得出基准索股中点的绝对坐标。基准索股的绝对垂度调整在对跨长、外界气温、索股温度测定后进行。根据测量结果计算出索股绝对垂度调整度。垂度调整方法见图5-21。

选一侧塔顶索股为固定端，将索股位置标志与鞍座中心标志重合并固定。在可动侧塔顶索鞍安装调整装置(卷扬机+滑轮组)，调整跨内移动索股直至索股的移动量符合垂度调整量。移动索股时，在各鞍座部位为了消除索股间的摩擦，可用塑料小锤敲打。调整完了的索股，在塔顶鞍座内索股上作出标记，然后在各塔顶鞍座部位临时固定索鞍。

中跨垂度调整完以后，进行形状计测，计算出边跨垂度调整量。在边跨内移动索股，调整方法与中跨相同。因为在锚跨(临时散索夹与锚碇之间的索股)不能进行垂度调整，须对它进行索力控制，索力的调整以设计提供的数据为依据，其调整量可根据调整装置中千斤顶的油压表读数和锚头移动量双控确定，必要时可用传感器来控制索力。主缆张拉见图5-22。

在索股的垂度控制过程中，由于自然干扰因素较多，如风的作用、气温的剧变等，均会给测量带来不定的影响，因此，需选择气温稳定、风小的时间段进行该项工作。

(3) 相对垂度调整

相对垂度调整是指一般索股相对于基准索股的垂度调整，相对垂度调整方法与绝对垂度调整方法基本相同。但相对垂度调整时，索股调整量不

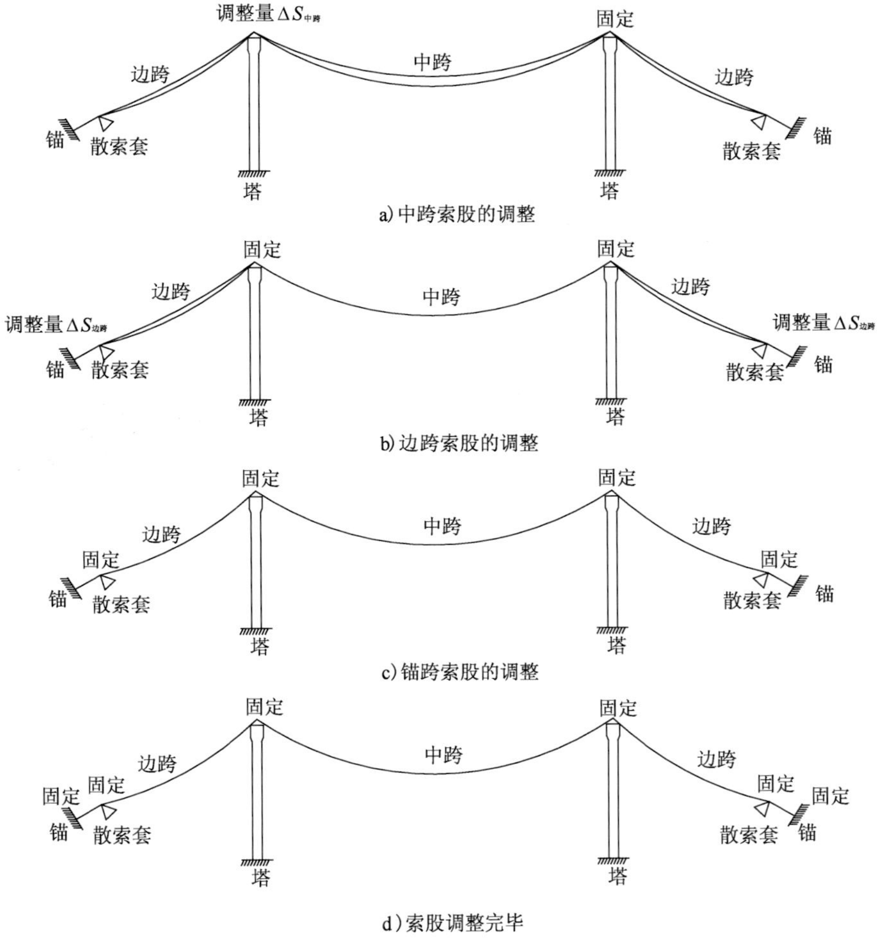

a) 中跨索股的调整

b) 边跨索股的调整

c) 锚跨索股的调整

d) 索股调整完毕

图 5-21　主缆垂度调整程序图

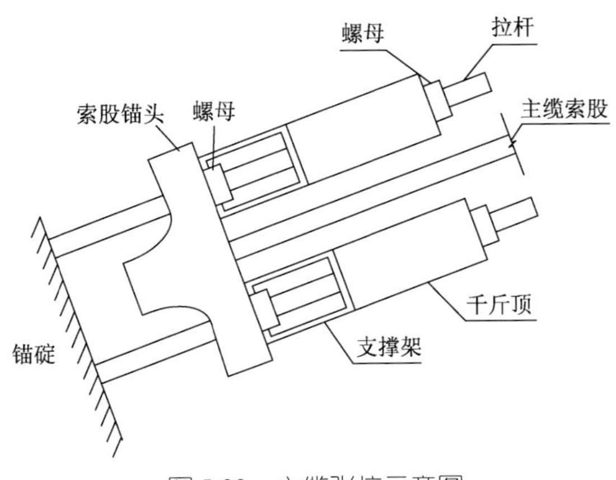

图 5-22　主缆张拉示意图

宜过大,否则被调整索股就压在下面的索股上,这样则不能测定正确的相对垂度。另外,如果压在基准索股上,基准索股的垂度就会失常,因此,相对垂度的调整,要在对下面的索股若即若离的状态下进行,见图5-23。

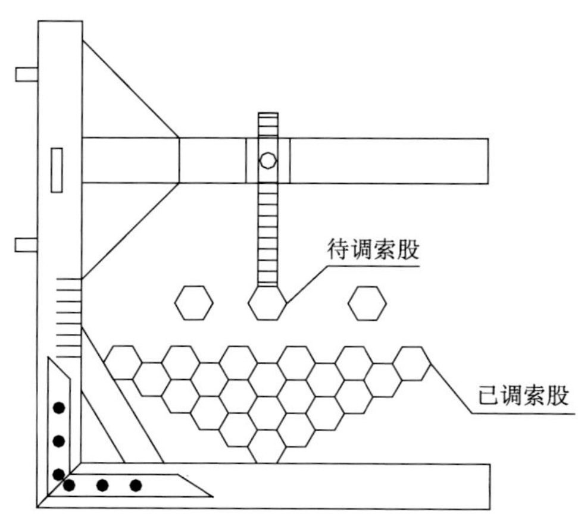

图5-23　索股高程测量示意图

(4)垂度调整量的控制

索股垂度调整时都是采用预拉高一定距离,缓缓下放到设计位置的方法进行。计算该桥主缆在设计理论线形下索股跨中高程变化与下放索股长度对应值,结果见表5-1。

主缆在设计理论线形下索股跨中高程变化与下放索股长度对应值(单位:cm)　　表5-1

高程变化 Δh	中跨 ΔS_2	$\Delta h/\Delta S_2$	边跨索股下放长度 ΔS_1	$\Delta h/\Delta S_1$
100	48.41	2.06	12.57	7.95
50	24.35	2.05	6.65	7.51
20	9.77	2.04	2.75	7.27
10	4.89	2.04	1.39	7.19
5	2.45	2.04	0.7	7.14

施工时,中跨、边跨索股调整量与跨中高程变化可近似取为1∶2和1∶7进行估算,使调整索股由高到低步步逼近设计位置。

四、紧　缆

索股架设完成以后,为了把索股群整形成圆形而进行紧缆工作。紧缆工作大致分为预紧缆和正式紧缆两个过程。

(一) 预紧缆

预紧缆是把架设完成的索股群大致整成圆形的作业。为了使主缆索股沿全桥分布均匀、钢丝的松弛不集中在一个地方，预紧缆时可把全长分为40m左右的间隔，并宜按图5-24所示的顺序进行。

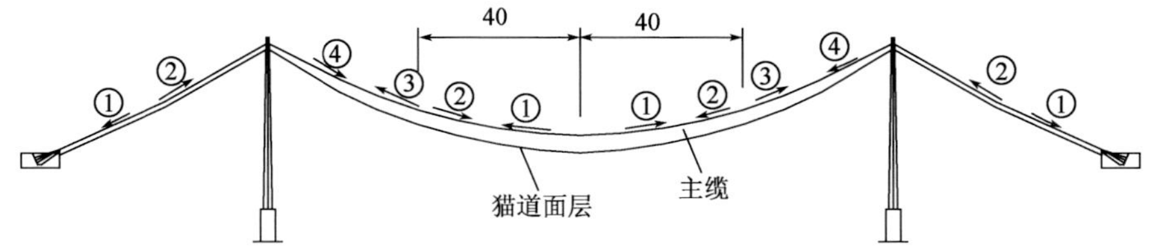

图5-24　预紧缆顺序示意图(尺寸单位：m)

预紧缆要在温度比较稳定、索股排列整齐的夜间进行，索股的绑扎带采取边预紧边拆除的办法，不要一次全部拆光。首先，将预紧点附近6～7m范围内的外层绑扎带解掉，在主缆外层包上一层起保护作用的麻布袋或塑料布条。装上ϕ16镀锌钢丝绳千斤头，收紧手拉葫芦如图5-25所示。一边用大木锤沿主缆周围敲打、振动，一边用加压器加压，使主缆大致成为圆形。同时要注意尽量减少表面钢丝的移动，然后用软钢尺测量主缆的周长，预紧缆的目标空隙率在26%～28%之间。

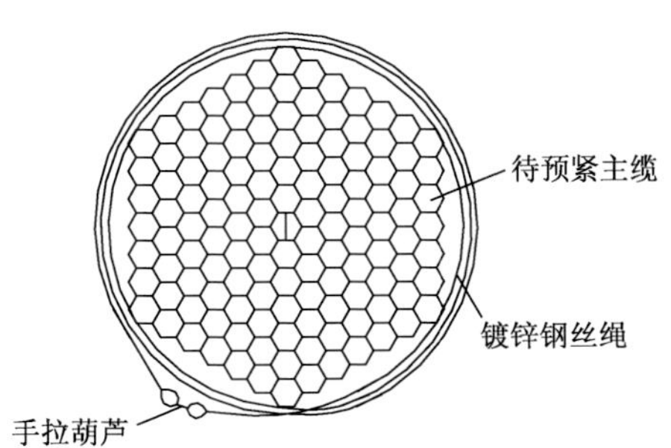

图5-25　预紧缆操作示意图

预紧缆的过程就是将上述工序沿全长反复进行的过程，直至索股群大致整成圆形为止。

(二) 正式紧缆

正式紧缆采用紧缆机把主缆整成圆形，并进行到所规定的空隙率，其作业可在白天进行。紧缆机的移动由简易缆索天车进行。采用紧缆机进行主缆紧固时,首先启动紧缆机作业液压千斤顶,当紧缆机轴线和主缆中心线重合后,再启动其他4台千斤顶。协调好4台千斤顶的顶进速度,当6台千斤顶达到一样冲程之后,一起联动加压,如图5-26所示。

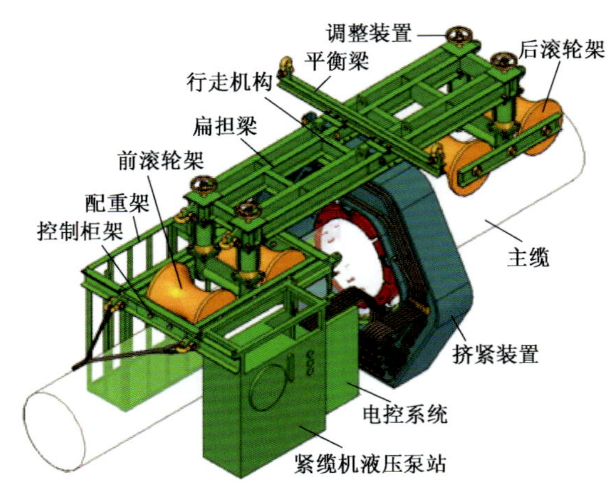

图5-26 JLJ600型紧缆机工作示意图

保持相同的油压挤压主缆。在此过程中要注意保持钢丝的平行,不能有交叉及里外蹿动,如出现这种情况,要及时纠正。正式紧缆是由各跨中央向索鞍方向进行。紧缆机的性能参数见表5-2。

紧缆机的性能参数　　表5-2

序　号	项　目	性 能 参 数
1	适用主缆直径	550~700mm
2	主缆空隙率	≤18%
3	紧固能力	6×2300kN
4	千斤顶活塞直径	345mm(低压)
5	千斤顶活塞最大行程	100mm
6	紧固蹄宽度	250mm
7	液压系统工作压力	25MPa
8	行走机构牵引方式	卷扬机牵引
9	尼龙行走轮尺寸	400~600mm

(三)空隙率测定

用2m钢卷尺在距紧缆机15~20cm的地方测量周长,紧缆后的主缆空隙率是根据测定主缆周长换算成直径计算出来的,其计算公式如下:

$$k = 1 - \frac{nd_2}{D_2}$$

式中：k——主缆空隙率；

n——钢丝总数；

d——钢丝直径；

D——紧索后主缆直径。

当空隙率达到设计要求时，在靠近紧缆机的地方打上两道钢带，钢带间的距离为10cm左右。松开紧缆机，移到下一个紧缆点，每一个紧缆点间的距离约为1m。这时再复测上一个紧缆点的周长，并把所在位置及周长记录下来。

第五节　主缆防护涂装

（一）防护工艺

（1）清洁主缆表面。

（2）在钢丝表面刷涂磷化底漆1道，干膜厚度约10μm。

（3）涂抹不干性防护腻子，厚度约3500μm。

（4）缠ϕ4镀锌钢丝，缠丝拉力为2.5kN。

（5）缠丝后表面清洁干净，刷涂磷化底漆1道，干膜厚度约为10μm。

（6）刮涂聚硫密封剂，厚度约为2500μm。

（7）刷涂彩色防护面漆，干膜厚度约为250μm。

（二）主缆防护主要工序的施工控制

（1）表面清洗。涂装前将主缆表面的水分、油污、锈蚀等清洗干净，并在清洗干净1h内进行涂装施工。

（2）刷涂底漆及面漆。在涂料配制前先将各组分用混合器充分搅拌均匀，然后按规定比例配制，并混合均匀；每次刷涂应保证均匀，并严格控制湿膜厚度。

（3）刮涂密封剂。用刮刀将密封剂填满主缆表面的缝隙，沿一个方向刮抹，避免残留气泡、孔洞，并尽量压实；在密封剂活性期内进行整形施工，确保密封效果，并使表面均匀光滑；待密封剂施工期过后，方可进行下道涂装施工。

（4）缠丝。缠丝工作主要由CSJ800型缠丝机完成（图5-27），用缠丝机向上坡方向密缠ϕ4的镀锌低碳钢丝（先边跨后中跨）。首先将钢丝端头固定在索夹上，在索夹外进行缠丝，先用特制工具逐圈将钢丝推入索夹槽隙中就位（钢丝嵌入索夹槽隙至少3圈），手动缠丝至便于缠丝机工作的位置后，即可进行正常缠丝工作。缠丝拉力为2.5kN，必须确保缠丝紧密。缠丝后用防水腻子对索夹进行嵌缝。清除缠丝后挤出表面的密封腻子，涂抹磷化底漆及面漆。对于缠丝机无法作业的区域采用人工手动缠丝。CSJ800型缠丝机的机械性能见表5-3。

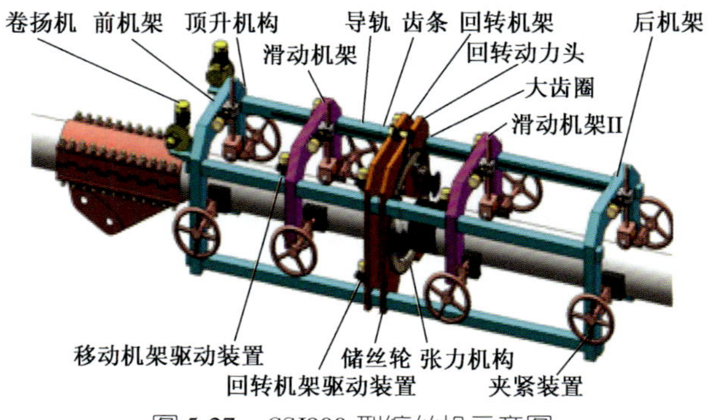

图5-27 CSJ800型缠丝机示意图

CSJ800型缠丝机的机械性能表 表5-3

序　号	项　目	性 能 参 数
1	缠丝方法	连续缠丝
2	缠丝方向	上坡或下坡
3	适用钢丝	圆形钢丝 $\phi3.2 \sim \phi4$，S形钢丝
4	缠丝张力	200～250kg可调，张力即时显示
5	同时缠绕钢丝数量	2
6	储丝轮能力	250kg×2个储丝轮（总长5060m，缠800mm主缆可得8m）
7	适应主缆直径	750～850mm
8	跨越主缆索夹长度	最大3200mm
9	缠丝转速	0～30r/min
10	缠丝速度（4mm钢丝）	0～240mm/min
11	移动方法	齿轮齿条式
12	行走方法	卷扬机牵引自行
13	行走速度	1.2m/min，50Hz
14	倾角	≤30°
15	整机质量	约7000kg
16	控制	缠丝缠绕/进给可单动或同步联动，整机行走与旋转支架反向行走可单动和联动

第六节　索夹及吊索安装

(一)索夹吊索工程概况

吊索采用高强镀锌钢丝平行索,分为特殊吊索和一般吊索两种,特殊吊索为PES(H)7—109,一般吊索为PES(H)7—85,共84根。所有吊索的上锚头采用销接与索夹连接,下锚头采用销接与钢梁连接。吊索仅设于中跨,边跨无吊索。

索夹为铸钢结构,根据吊索拉力和主缆倾角不同,分为A、B、C、D、E、F6类,A类吊索为PES(H)7—109,共4根,剩余吊索为PES(H)7—85。A类、B类吊索为主塔塔身附近的5对"人"字形吊索,共20根,剩余吊索为C类吊索,为直吊索,每处在顺桥向由2根组成,共64根。

(二)索夹安装

1. 测量放样

(1)索夹安装位置放样

当主缆紧缆并且线形定型后,白天沿主缆的曲线把索夹的粗略位置在主缆做临时标记。夜间于空缆状态下把临时标记作为参考进行索夹正确位置放样。由于高空作业,工作场面狭小,可以采用全站仪的红外线测距法。

(2)标记

根据放样结果,从放样点往两端测量出索夹边缘所在位置,用红色记号笔做上定位标识,在主缆上索夹边缘往外5cm处用蓝色记号笔做上参考标识,方便安装索夹时对位,即在每个索夹安装位置的主缆上共做5处标识。标记标识要清楚,完成后,对正规标记位置要再一次用全站仪进行复测、确认。

2. 索夹安装

(1)运输

把塔顶临时放置的索夹,由塔顶吊机转换到缆索天车上。由缆索天车把索夹和索夹螺栓一起运到安装位置。

(2)安装和紧固

由缆索天车上放下索夹,于主缆上进行安装。安装时在索夹的结合部位需注意不让钢丝发生弯曲。具体做法如下:

①索夹下缘孔插入工具螺栓,同时卸下装吊定形构件。

②对索夹位置进行调整,并用工具螺栓进行预紧。此时,要注意保持天顶标识的位置及注意日照的影响。

③卸下绑套索、绑套钢环及辅助索,并在其余螺栓孔插入索夹螺栓,进行紧固。

④卸下工具螺栓,换上索夹螺栓,进行紧固。

⑤用液压扭矩扳手导入轴力。

⑥螺母的拧合力矩应先经过试验,具体做法是:施工前取三根备用的高强螺杆和螺母在索夹上进行拧合试验,高强螺杆的一端安装压力传感器,另一端用液压扭矩扳手进行拧合,记录当传感器显示的力值达到设计值时液压扭矩扳手的输出扭矩,取其平均值指导施工。

⑦螺栓紧固时,同一索夹的螺栓必须同时均衡地导入轴力,目标轴力分2~3次完成。

(3)螺栓轴力管理

索夹螺栓的轴力是通过螺栓沿轴方向的伸长量来管理的,根据各施工阶段以及设计的要求,索夹至少要进行三次紧固:

①索夹安装时的第一次紧固。

②吊杆张拉完成后的第二次紧固。

③二期恒载完成后的第三次紧固。

索夹安装螺栓第一次紧固时,首先要用扳手进行预紧,然后再正式导入轴力。

索夹安装顺序为:中跨是从跨中向塔顶进行,边跨是从散索鞍向塔顶进行。

3. 吊索安装

(1)在吊杆安装位置及相应的猫道面层上剪开1个长方形开口,以便于为吊索安装和吊梁过程中吊索随主缆空间变化而变化提供足够的活动空间。

(2)用索道天车与上端锚头连接,并将吊杆吊起,使其上端与索夹耳板用插销连接,下端等待用插销与钢梁连接。

4. 体系转换

主缆在空缆状态下和在成桥状态下,线形有一定的差异,当吊杆上端与索夹连接后,下端一般与桥面连接板尚有一定距离,无法安装钢插销。可设置如图5-8所示的装置,将吊杆下端往下拉至设计位置,从塔侧向两边依次进行,一部分吊杆可一次张拉到位。吊索张拉见图5-28。

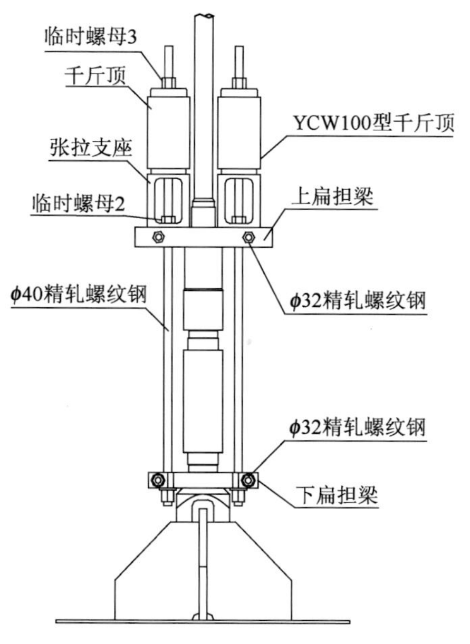

图 5-28　吊索张拉示意图

(1)主桥施工过程中如塔顶偏移量过大,可通过调整索鞍偏移量来调节:利用塔顶反力支架,用千斤顶将鞍座推到设计位置。

(2)顶推前应确认滑动面的摩擦系数,严格掌握顶推量,确保施工安全。

(3)完成二期恒载后,再次调整索鞍位置,使索鞍回到无偏移状态,然后固定鞍座。

吊索张拉施工顺序见表 5-4。

吊索张拉施工顺序表　　表 5-4

操作顺序	操作效果
挂索 1	1 号索安装到位
挂索 2	2 号索安装到位
顶推索鞍 01	第 1 次顶推索鞍,索鞍相对位移 20cm
挂索 3	3 号索安装到位
挂索 4	4 号索安装到位
挂索 5	5 号索安装到位
挂索 6	6 号索安装到位
挂索 7	7 号索安装到位
挂索 8	8 号索安装到位

续上表

操作顺序	操作效果
顶推索鞍02	第1次顶推索鞍，索鞍相对位移17.5cm
挂索9	9号索安装到位
临时张拉11~12	11~12号吊索临时张拉，每处吊点索力3000kN
顶推索鞍03	第3次顶推索鞍，索鞍相对位移17.5cm
挂索10	10号索安装到位
临时张拉12~13	12~13号吊索临时张拉，每处吊点索力3000kN
挂索11	11号索安装到位
顶推索鞍04	第4次顶推索鞍，索鞍相对位移17.5cm
临时张拉13-15	13~15号吊索临时张拉，每处吊点索力3000kN
挂索12	12号索安装到位
临时张拉14~16	14~16号吊索临时张拉，每处吊点索力3000kN
挂索13	13号索安装到位
临时张拉15~17	15~17号吊索临时张拉，每处吊点索力3000kN
挂索14	14号索安装到位
临时张拉16~18	16~18号吊索临时张拉，每处吊点索力3000kN
挂索15	15号索安装到位
临时张拉17~19	17~19号吊索临时张拉，每处吊点索力3000kN
挂索16	16号索安装到位
临时张拉18~19	18~19号吊索临时张拉，18号每处吊点索力3000kN，19号每处吊点索力2000kN
挂索17	17号索安装到位
临时张拉19~20	19~20号吊索临时张拉，每处吊点索力2000kN
挂索18	18号索安装到位
临时张拉20~21	20~21号吊索临时张拉，每处吊点索力2000kN
挂索19	19号索安装到位
挂索20	20号索安装到位
挂索21	21号索安装到位
拆临时支墩	拆临时支墩
顶推索鞍05	第5次顶推索鞍，索鞍相对位移17.5cm
二期恒载	桥面铺装等荷载

第七节　主缆施工线形监控

一、施工控制参数的选取

首先采用非线性分析软件，通过对影响结构行为的材料特性、几何形状特性、温度荷载、施工临时荷载等参数进行敏感性分析，得到各种参数对施工控制目标的影响量，根据实际施工可能出现的情况，确定主要和次要的施工控制参数。

一般而言，主缆索股及吊杆材料弹性模量、钢箱梁及二期恒载的重力、主塔塔顶空间位置、温度效应等参数对施工控制影响较大。而且，这几种参数的不确定性也较大，需要进行充分的试验和测量才能得到。

架设前的主要施工控制参数是：①主缆索股和吊索的下料长度；②钢箱梁的制造和预拼装线形。其中，确定主缆索股下料长度的时间最早，需要有完整的钢丝弹模、线径、温变常数等测量数据，并尽可能准确地估计钢箱加劲梁重及二期恒载等荷载质量；吊索的长度可根据情况在主缆架设过程中或架设完成后提供。

架设过程中的主要施工控制参数是：①塔顶预抬高值及横桥向预偏值；②主鞍座和散索鞍预偏位；③基准索股和一般索股的架设线形；④锚跨索股张拉力；⑤塔顶鞍座的顶推量和时机；⑥钢箱梁的架设线形；⑦钢箱梁焊接时机及工艺。架设过程中施工参数控制的确定需要结合全面的测试和测量数据进行，充分考虑已完成的塔柱、锚锭各控制点的实际偏差和温度的影响。基准索股安装是主缆线形控制的关键，必须进行连续（至少3d）温度及线形测量，把握温度场和线形变化的规律。在架设钢箱梁过程中，为了保证塔柱的安全，需要严密监测塔柱应力和塔顶偏位，及时进行鞍座顶推归位工作。

二、监控测试内容与方案

监控测试既是对理论计算的检验手段，也是修正计算模型的依据，包括前期试验和测量数据的收集（索股钢丝弹性模量、吊索弹性模量、材料重度），以及施工过程中的现场跟踪测试。这些实时监测数据大致可分为：①物理测量数据，如测量时间、结构及环境温度、材料弹性模量等；②力学监测数据，如钢塔应力、主梁应力、主缆及吊索索力等；③结构线形监测数据，如主缆、钢塔及加劲梁线形、鞍座空间位置等。

前期试验和测量数据主要由制造和施工单位提供，施工过程中的现场跟踪测试主要包括以下内容。

1. 主缆锚跨索股拉力及吊索拉力测试

主缆的初始状态（空缆状态）正确与否，是悬索桥施工成败的关键所在。对于边跨和中跨主缆的索力，可以通过矢高确定。对于散索鞍后的锚跨索股，采用频谱法测量其索力。加劲梁架设过程和二恒铺装结束后的吊索索力测量采用频率法进行。

频谱法则利用紧固在索上的高灵敏度传感器，拾取索在环境激励下的振动信号，经过滤波、放大、谱分析，得出索的自振频率，根据索的振动特性确定索力大小。对于短索，由于其弯曲刚度较大，为了提高测试精度，可采用力锤激振。

在散索鞍后的每个索股均采用频谱法测试索力，结合理论分析和有限元计算考虑其刚度和边界条件的影响，以提高测试精度，见图 5-29。

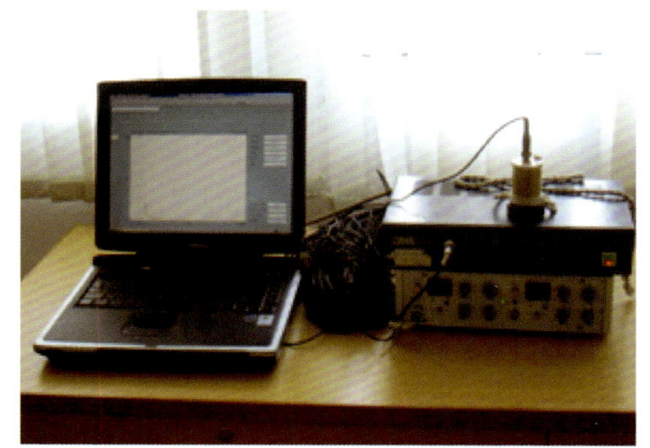
图 5-29　频谱法测试系统

主缆索股的内力测量阶段及频率如下。

（1）基准索股架设阶段，锚跨每次采用张拉千斤顶调整后进行一次监测；基准索线形稳定性观测达标后，测量全部基准索索力并形成分析报告，进入一般索股架设施工。

（2）一般索股架设阶段，以 50% 的抽样比例在索股架设张拉到位后进行索股索力监测；全部索股架设完成后，对锚跨全部索股索力进行监测，并与计算值相结合，确定索股索力调整量；索股索力调整完成后，再对全部索股索力进行一次监测，并形成监测分析报告。

（3）主缆成形至钢箱梁安装前，在每个施工阶段节点时间，以 5% 的抽样比例对指定索股进行定期连续性监测。如果有异常情况,形成锚跨索股索力监测阶段报告,如果情况正常,测量结果不单独形成锚跨索股索力监测报告。

(4)钢箱梁架设期间,每安装3个节段,以10%的抽样比例对指定索股索力进行定期连续性监测。如果有异常情况,形成锚跨索股索力监测阶段报告;如果情况正常,测量结果不单独形成锚跨索股索力监测报告。

(5)钢箱梁架设完成后,对全部锚跨索股索力进行一次测量,并综合分析架设期定期索力测量结果及理论计算结果,形成锚跨索力阶段监测报告。

(6)二期恒载施工完成后,对全部锚跨索股索力进行一次测量,并综合分析架设期间索力测量结果,与计算结果对比,形成索力监测报告,建立成桥主缆索股索力测量初始档案。

吊索索力测试阶段及频率如下。

(1)在钢箱梁架设期间,挂设第 N 对索时,对其后的 $(N-3) \sim N$ 对索进行一次索力监测,并将索力监测结果与计算值进行比较。

(2)在钢箱梁架设的特殊阶段(计算表明吊杆索力比较大的阶段或钢箱梁临时施工荷载偶然增大的),根据需要测量指定的吊杆索力。

(3)钢箱梁架设合龙后,二期恒载铺设前测量一次全桥吊杆索力,对吊杆索力作出分析评估报告。

(4)二期恒载铺设完成后,对全桥吊杆索力进行一次测量,并综合分析架设期间吊杆索力测量结果,与计算结果对比,形成吊杆索力监测报告,建立成桥状态吊杆索力测量初始档案。

2. 几何测量

上部结构的施工是悬索桥施工的关键阶段,需进行大量的施工测量及监控测量。为保证施工监控测量的精确以及达到复核的目的,在施工测量控制网的基础上,加密上部构造局部测量控制点,且为便于测量结果的比较及应用,监控测量按与施工测量同网、同基准点的原则进行。

几何线形测量仪器精度要求每公里往返测量误差不大于1mm,测距精度高于1mm+1ppm,测角精度高于0.5″。针对要求,双拥大桥主缆高程及平面测量误差小于±2mm;钢塔悬臂施工部分高程及线形测量误差小于±(2mm+15ppm$L$),L 为悬臂长度;钢箱梁高程及轴线偏差测量误差小于±(2mm+15ppm$L$),L 为测点至肋间平台前端的距离;基础沉降测量误差不大于±2mm。

几何测量包括塔顶偏位测量、主缆安装线形测量、钢箱梁顶推过程中轴线和高程测量、索夹安装位置测量、吊索张拉安装过程中主缆和加劲梁线形测量、基础沉降测量。对于悬索桥架设施工阶段的测量,只有施工单位、监理单位、监控单位共同参与,发挥各自优势,才能较好地完成。由于线形测

量对测量基准点、测量时机、测量温度的限制，三方不可能同时展开工作，因此几何测量工作以施工单位为主，监控单位参与指导，监理单位参与监督的方式进行，其中施工单位进行日常施工所需要的测量，监理及监控单位对关键施工阶段的测量进行抽测或随同监测。此外，监控还需要根据施工控制的需要对具体测量项目的测量时间、测量精度及测量方法提出具体的方案及要求，并对测量结果与计算结果进行评估分析，在此基础上，确定下一阶段施工参数，形成施工线形测量监控报告。

(1)主缆线形测量

主缆线形测量用全站仪进行测试(图 5-30)，同时测试索夹坐标。主缆架设过程中布置 3 个线形测点，分别在三跨跨中。钢箱梁安装过程中布置 9 个主缆线形测点，分别在南北边跨跨中，南北散索鞍弯起点，塔顶主鞍顶点，主跨 $L/4$、$L/2$、$3L/4$ 的位置。

图 5-30　Topcon 701 全站仪

①基准索股绝对垂度测量。基准索股的测量与调整，是悬索桥主缆架设中最关键的一环。由于塔柱的压缩及偏位，基线索股的安装线形与主缆的空缆线形有一定差别。由于跨度大，温度的变化对索股的线形有较大影响。测量时，先进行环境温度及索温测量，确保在环境温度及索温基本恒定的情况下进行测量，并记录测量时的索温，作为测量结果与计算结果对比时的修正参数。

基准索股绝对垂度采用全站仪双测站单向三角高程测量法。两台全站仪分别架设在南北岸的局部控制点上，而棱镜分别架设在边跨和中跨的基准索股底面。基准索股边跨及中跨跨中位置可根据索股跨中设计坐标及里程，在控制点上测设并刻画标志。垂度测量时，先用两岸的全站仪分别观测基准索股中跨跨中的垂度，当两岸观测结果的差值在许可范围内时，取平均值作为采用结果，并与设计值进行比较，两者差值作为垂度调整依据。跨中垂度调整至设计值后，再用全站仪观测边跨跨中和垂度，并用观测结果进行边跨跨中垂度调整。边跨垂度调整完成后，重复利用上述方法进行基准索股跨中垂度复核测量，确保基准索线形符合设计要求。基准索股调整完成后，进行为期 3 ~4d 的基准索股安装线形稳定性测量，测量完成后综合基准索股理论计算线形参数，综合分析评估基准索股安装精度是否满足要求，并形成基准索股架设监控阶段报告。

②一般索股架设阶段线形测量。一般索股采用控制与基准索股相对高差的办法架设，采用角尺测量。测量选取夜间温度稳定且风力较小的时段进行。

一般索股采用与相邻索股若即若离的原则架设，理想状态索股之间无压力。但是由于存在施工误差，相邻索股之间有可能会互相挤压，或存在较大的间隙。因此，一般索股架设过程中，应每隔一层或两层，对一般索股和基准索股的绝对高程进行阶段性测量，测量方法与基准索股测量方法基本相同。通过阶段性测量，一方面可以检查索股架设线形的绝对偏差，另一方面还可以检查基准索股的有效性。当实测基准索股与理论值存在较大偏差时，启动第二根或第三根基准索，以替代基准索股，作为后期索股架设的依据。

③成缆后各阶段主缆线形监控测量。成缆后各施工阶段主缆线形测量的方法与基准索股的绝对垂度测量方法相同，其测量结果作为相应阶段的施工实测值与监控计算结果进行对比。成桥后主缆的线形测量结果作为竣工后主缆线形的测量档案。成缆后主缆主要测试内容如下：

a. 索夹及吊杆全部安装完成后，钢箱梁架设前进行一次主缆线形测量，确定主缆安装线形与计算值的差别，为下一阶段钢箱梁架设过程中主缆线形预测计算提供修正参数。

b. 钢箱梁架设过程中，每 3 个节段进行主缆线形定期施工控制测量，如测量结果出现异常情况，结合计算结果进行主缆线形异常变化原因分析，提供监控分析报告，否则在钢箱梁架设完成后提供阶段性主缆线形监控报告。

c. 在钢箱梁架设过程中，施工临时荷载出现重大变化前后、鞍座顶推前后或钢箱加劲梁合龙前后，各进行一次主缆线形控制测量。

d. 钢箱梁架设完成后及二期恒载施工完成后，各进行一次全桥主缆线形测量，并综合施工期及施工完成后的主缆线形测量及理论计算结果，分析与评估主缆线形成桥精度，确定成桥状态下主缆线形作为存档初始值。

（2）索夹定位的测量放样

采用全站仪极坐标方法进行索夹定位测量放样。实测时，测站点和后视点均设置在索塔的塔顶。由于索夹的数量较多，需要多次完成，因而放样时应量测空气温度和主缆表面温度，并尽量在温度基本相同的条件下进行索夹放样。测量放样的时间应选择在风小和夜间温度稳定的时候进行，因为在夜间，主缆的顺桥向和横桥向温度、主缆的内外温度以及上下游主缆间的温度较差较小，主缆不发生扭转。索夹放样前根据事先确定的索夹放样参数，对桥址温度场、主缆温度场、塔顶偏位等参数进行测量，确定索夹中心线在对应状态下与主缆中心线的交点坐标位置 A，并据此根据主缆倾角、成形半径确定放样点 B 的坐标（图 5-31）。以往的测量及计算经验表明，主缆上点的高程坐标比纵向里程坐标对外界影响敏感程度高，因此在索夹放样时以 B 点的里程坐标为放样测量重点，B 点的高程坐标为放样测量校验参数。在完成全部 B 点放样后，在一个夜间温度稳定期内进行全部 B 点放样精度的复验测量。B 点坐标的放样复验测量完成后，根据不同位置各个索夹的具体尺寸，计算出索夹安装控制点 C、D、E 及 F 的位置，根据 B 点位置对 C、D、E 及 F 的位置进行放样画线。

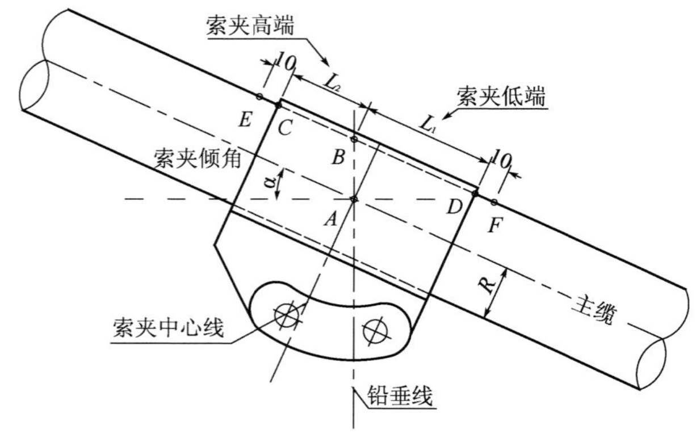

图 5-31　索夹放样点示意图（尺寸单位：cm）

3. 猫道架设过程控制

猫道是用于主缆架设的临时结构，其线形基本上就是主缆的空缆线形。猫道的安装精度对主缆索股的安装和缠丝有较大影响，因此也需要进行精确控制。一般来说，猫道成形精度要控制在 ±10cm 之内。

猫道架设过程中主要分为 4 个阶段：架设猫道索、安装变位钢架、架设猫道面网、安装下拉装置。由于猫道跨度大，刚度相对较小，以上不同阶段的线形会有较大的差别。猫道监控的重点主要包括几个方面：精确掌握猫道荷载（面网、滚轮、电缆等）、精确计算猫道索长度、精确控制猫道索的空缆线形、通过调整下拉装置适当地调整猫道线形。

由于空缆状态猫道索跨中无法安装测量仪器，其线形测量只能采用交会垂高测量法，且其温度测量也只能在塔两侧及锚碇附近进行。由于测控条件的限制，猫道的控制精度较主缆索股精度要低。

由于双拥大桥为单索面悬索桥，因此猫道的横向抗风稳定性需要特别考虑。

4. 主缆架设监控

在确定主缆索股下料长度和空缆线形前必须进行大量的钢丝弹性模量试验、线径测量、温度常数试验等，并进行统计分析，作为理论计算的依据。索股下料制作时必须进行精确的温度修正。

基准索股架设线形是主缆线形的根本依据，需要进行连续几天的时间—温度—线形变化测量。其他索股的线形比照基准索股线形按若即若离的原则架设。

一般索股架设过程中需要对基准索股和一般索股的绝对高程进行多次复核测量，以检查索股的架设精度和基准索的有效性。在基准索股实测值与理论值存在较大偏差时，需要启动第二根基准索或第三根基准索。

为了便于一般索股的架设，也可以考虑设置相对基准索股。相对基准索股一般是每一层最外侧的索股，同一层内其他索股的架设线形可以根据相对基准索股的线形控制。

索股锚跨拉力也是一项重要的控制内容，如果控制不当，可能会使索股在鞍槽内滑动，或散鞍位置偏差较大。锚跨索股拉力的控制应以千斤顶张拉为主，结合频率法测试进行阶段性检查。

主缆线形受温度影响大，架设过程中的主缆线形测量都需要结合温度场测试进行。温度测点布置应能充分反映主缆全桥范围内温度的变化，温度测试分辨精度应在0.1℃之内。

5. 索夹位置监控

索夹的定位在悬索桥施工中是相当重要的一环。索夹的位置准确与否将影响到结构的受力状态。因此，在施工过程中必须采取最佳的测量放样方法，精确地放样出各个索夹的位置，以确保索夹位置满足设计要求。

主缆紧缆完成后，需要实测出的主缆线形、温度场、主散索鞍间的实际里程以及跨径，作为索夹位置计算的初始数据，用于计算索夹坐标的放样参数。放样数据包括：①吊索中心线与主缆中心线交点在空缆状态下的坐标；②吊索中心线与主缆天顶线交点的坐标；③吊索中心线与主缆天顶线交点到索夹两端的距离。

索夹定位完成后，可以采用全站仪和钢尺检查索夹的相对位置和索夹各节段的对称性。

6. 吊索长度和拉力监控

为了保证吊索受力的均匀性和加劲梁的线形，精确计算吊索的无应力长度是很重要的。为了掌握已安装的吊索的拉力大小，可以采用频率法进行测试。频率法测试的参数可以结合有限元计算进行估计。

第六章 施工安全风险管理

第一节 双拥大桥施工安全风险管理的目的和主要内容

随着我国经济的蓬勃发展,大型甚至超大型工程项目不断增多,然而近年来,安全事故数量出现不断上升的趋势,损失巨大,人员伤亡惨重,引发社会不安。特别是在环境条件恶劣、技术复杂的大型工程中,采取新的管理理念和科学的方法,确保施工安全成为当务之急。为此,引入风险管理的概念与方法。

施工安全风险管理是指施工单位在进入实施工程阶段,通过对施工风险的识别和分析评估,采用经济、技术或组织的手段,对风险进行监测、防范和控制。有条件时可以采取回避转移的手段,减少安全事故发生的频率,妥善处理风险事故带来的不利后果,保证工程建设预期目的的实现。与传统的施工安全管理不同的是,前者着重于检查监督、处罚;后者则用科学的手段,识别重大风险源,并提出科学的监测、控制手段,更趋于理性和科学性。

双拥大桥是柳州市重点工程。跨越柳江的主桥为单主缆钢箱梁悬索桥。建设这种桥型,在国内还是第一次。其结构新颖,技术复杂,没有成熟的经验和资料可资借鉴；工程环境和地理条件复杂，参与施工的单位较多，交叉作业在所难免；工种繁多，接口和工序转换频繁，因此引入科学合理的安全管理很有必要。

在依据施工前期和勘探设计单位风险分析成果基础上，施工单位通过专家评估，确定本工程的重大风险源如下。

(1)在紧邻柳江岸边开挖超深、超大的锚碇基坑。特别是北岸，基坑进入岩溶富水地层，易发生基坑崩溃和防洪堤坝垮塌，危及市区人身和财产安全。

(2)单主缆悬索桥，采用A形钢主塔。塔身高，塔柱倾斜度大，结构在安装和体系转换过程中，稳定性差。

(3)钢箱梁宽度大(38.5m)，自重大，安装阶段和成桥阶段均为单支点悬吊(支承)。横向稳定性差，必须选择最安全的施工方案，确保拼装、焊接各工序和体系转换时的安全。

(4)钢索单主缆，抗风性能差。柳江江面风大浪急，更易引起摇晃和振动破坏。确保施工临时设备和人员的安全极为重要。

(5)引桥跨越浙桂铁路线，施工和行车安全互相影响，风险度高。

这些重大风险源如果控制不好，都会招来恶性重大事故。项目经理部清醒认识这一现状，决定引入安全风险管理新手段，确保安全。经过细致的分析研究并结合项目部的资源和能力，确定本项目安全风险管理的主要内容如下。

(1)对施工阶段的施工安全进行重新评估，确定危险源，并制订施工风险管理实施细则。

(2)对施工方案进行风险评估。确定重大施工方案时要进行比选，选择风险度最小(或最合理)的方案为实施方案。

(3)针对施工主要风险源，制订监控实施计划，确定预警值和操作细则。

(4)编制应急预案，建立风险预报、预警、预案体系，确定抢险队伍和抢险物资，并在适当时候组织演练。

(5)建立风险管理专家组。专家组由主管上级单位技术权威和顾问、业主、设计单位以及当地建设部门的专家组成，负责风险评估、分析、应急预案评审工作和重大方案比选、审定。各项施工方案必须经专家组评审后实施。

(6)建立施工安全评估制度。编制安全生产检查、评估标准，定期进行评估，不合格的项目或工序停工整顿，符合标准后方能继续施工。

第二节　施工技术方案的风险评估和方案比选

利用风险管理的理念和手段进行施工技术方案的比选和评估，以选取适应性和操作性强、安全度高的技术方案。为提高评估的技术水平，一般须聘请专家组进行。

（一）风险指数矩阵法

风险指数矩阵法也称为 $R = P \times C$ 定级法。

式中：R——施工风险；

P——发生概率；

C——事故危害程度。

风险指数矩阵分析法常用于进行定性的风险估算。此分析法是将决定危险事件的风险的两种因素，即危险事件的严重性和危险事件发生的可能性，按其特点相对划分为等级，形成一种风险评价矩阵。该法操作简单方便，能初步估算出危险事件的风险指数，进行风险分级。风险指数矩阵分析法编制步骤如下。

（1）由系统、分系统或设备的故障、环境条件、设计缺陷、操作规程不当、人为差错引起事故的有害后果，将这些后果的严重程度相对地定性为若干级，称为危险事件的严重分级。通常严重性等级分为四级，见表6-1。

危险事件的严重性分级　　表6-1

严重性等级	等级说明	事故后果
Ⅰ	灾难性的	人员死亡或系统报废
Ⅱ	严重性的	人员轻度受伤、严重职业病或系统严重损坏
Ⅲ	轻度的	人员轻度受伤、轻度职业病或系统轻度损伤
Ⅳ	轻微的	人员伤害程度和系统损坏程度都轻于Ⅲ级

（2）把上述危险事件发生的可能性根据其出现的频繁程度相对地定性为若干级，称为危险事件的可能性等级。通常可能性等级分为五级，见表6-2。

（3）将上述危险源严重性和可能性等级制成矩阵并分别给以定性的加权指数，形成风险评价指数矩阵，见表6-3。

矩阵中的加权指数称为风险评估指数，指数从1到20是根据危险事件可能性和严重性水平综合而定的。通常，将最高风险指数定为1，对于危险事件是频繁发生的，而且有灾难性的后果；将最低风险指数定为20，对应于危险事件是几乎不可能发生的，而且后果是轻微的。数字等级的划分具有随意性，为了便于区别各种风险的档次，需要根据具体评价对象确定风险评价指数。

危险事件的可能性等级　　表6-2

可能性等级	等级说明	单个项目具体发生情况	总体发生情况
A	频繁	频繁发生	连续发生
B	很可能	在寿命内会出现若干次	频繁发生
C	有时	在寿命内有时可能发生	发生若干次
D	很少	在寿命内不易发生，但仍有可能发生	不易发生，但有理由可预期发生
E	不可能	极不易发生，以至于可以认为不会发生	不易发生

风险评价指数　　表6-3

严重性等级 可能性等级	Ⅰ(灾难的)	Ⅱ(严重的)	Ⅲ(轻度的)	Ⅳ(轻微的)
A(频繁)	1	2	7	13
B(很可能)	2	5	9	16
C(有时)	4	6	11	18
D(极少)	8	10	16	19
E(不可能)	12	15	17	20

(4)根据矩阵中的指数确定不同类型的决策结果，以确定风险等级，见表6-4。

风 险 等 级　　表6-4

风险评价指数	1～5	6～9	10～17	18～20
风险等级	1	2	3	4

(5)根据风险等级确定相应的风险控制措施。一般来说1级为不可接受的风险；2级为不希望有的风险；3级为需要采取控制措施才能接受的风险；4级为可接受的风险，需要引起注意。评价人员可以结合实际情况，综合考虑风险等级。

例如：采用钢套箱围堰施工方案，在“拼装”工序的风险评估中，事故频率按“有时”，事件严重性按“严重”，查表得风险指数为6，风险等级为2。

(二)核对表法

以主塔基础围堰设计方案的比选和风险评估为例。

南、北主塔均位于柳江岸坡上。北塔后侧紧靠防洪堤,柳江水深 7~28m,塔基处水深 5~10m。围堰设计提出钢套箱围堰和密排桩围堰两种方案,施工单位内部争论较大。采用核对表法对两个方案进行风险评估和比较,见表 6-5。

两种方案风险评估和比较　表 6-5

风险管理 \ 技术方案		钢套箱围堰			密排桩围堰		
		说明	风险评价指数	风险等级	说明	风险评价指数	风险等级
围堰构筑阶段	构件的加工制作	较难	11	3	易	18	4
	结构拼装	另搭设平台	6	2	筑岛围堰	18	4
	下沉稳定	难度大	9	2	风险较高	19	4
	围堰滑移	风险较高	10	3	无	19	4
	倾斜或倾覆	一般风险	16	3	无	19	4
	下沉到位	难,风险较高	9	2	易	11	3
	对防洪堤或岸坡滑塌的影响	影响大,风险高	5	1	无影响	16	3
	大型机械风险		16	3		19	4
土石开挖和抽水	侧面漏水		17	3		15	3
	底部漏水(或渗水)	有封底混凝土	15	3	有封底	15	3
	爆破影响		16	3		20	4
	洪水冲毁		8	2		15	3

通过分析表 6-5:钢套箱围堰的平均风险值为 138÷12=11.5,查表得风险等级为 3 级;密排桩围堰的平均风险值为 204÷12=17.0,查表得风险等级为 4 级。此外,还经过经济比较,最后确定采用锁口钢管桩密排桩的施工方案。在锁口钢管桩围堰设计时,还参照风险管理评估的结果,对围堰采取如下加强措施。

(1)南岸边坡陡峭,采用卸载,形成 7m 宽的平台。既有利于稳定,也便于施工。

(2)主塔位置回填土方筑岛(所用土方为锚碇挖出土),填筑宽度为塔基轮廓线外 5~10m。

(3)打入锁口钢管桩深度除按围堰本身稳定性计算外,还要计算边坡(和防洪堤)的稳定性。

(4)采用刚度大的圆形锁口钢管桩代替钢板桩,对稳定性有利。

(三) 数值模拟法

数值模拟法利用数学分析和工程力学的理论,能够综合考虑许多复杂的因素(如时间、空间、地下水、动荷载、接触、振动等力学问题),甚至还能高度仿真,常用于岩土和结构的安全稳定评估、预测施工安全、优化施工方案等。

在评估上节所述的主塔基础施工围堰的风险和比选时,利用数值模拟分析法评估围堰对防洪堤稳定性的影响。建立两种围堰和防洪堤关系的计算模式,见图6-1。利用岩土力学和工程力学理论分析防洪堤的稳定性。

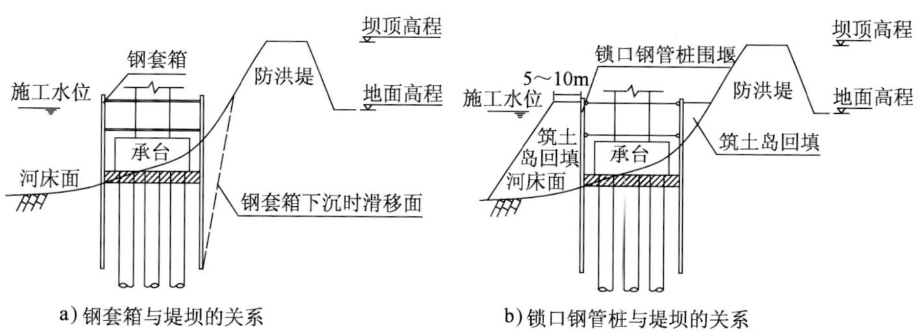

图6-1 围堰与堤坝的位置关系

数值模拟法的主要步骤如下:

(1)构造所要分析问题的几何模型。

(2)在几何模型基础上,构造所要分析问题的数学模型,即事故数值模型。

(3)对划分网格的几何模型,施加初边值条件,并给材料和接触边界赋予本构关系。

(4)计算分析,或对计算基础参数进行分析后再计算分析,利用表格、图形、动画表示结果形式、评判安全稳定性。

(5)优化施工方案,作出评价结论,提出措施建议。

(四) 专家调查表(或称德尔菲法)

钢箱梁的安装,曾给出三种施工方案。

1. 桥面吊机安装方案

(1)主缆安装完成后,边跨采用支架法安装完成。

(2)在主塔搭设临时焊接平台,在平台上安装近塔的三块钢箱主梁,并安装斜吊杆。

(3)在桥面上拼装桥面吊机。

(4)利用桥面吊机继续对称安装钢箱梁,见图6-2。

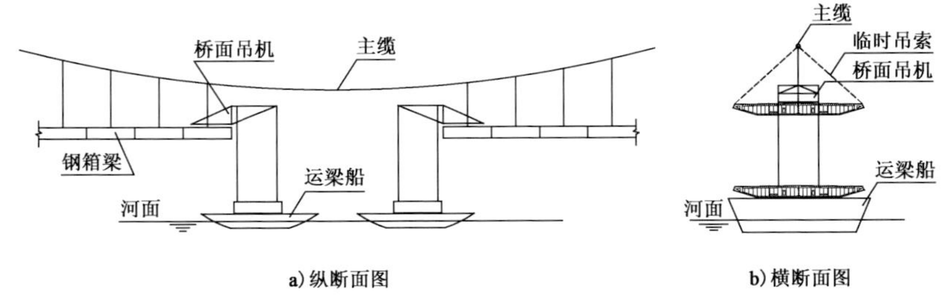

图6-2 桥面吊机安装设计图

2. 施工栈桥安装方案(图6-3)

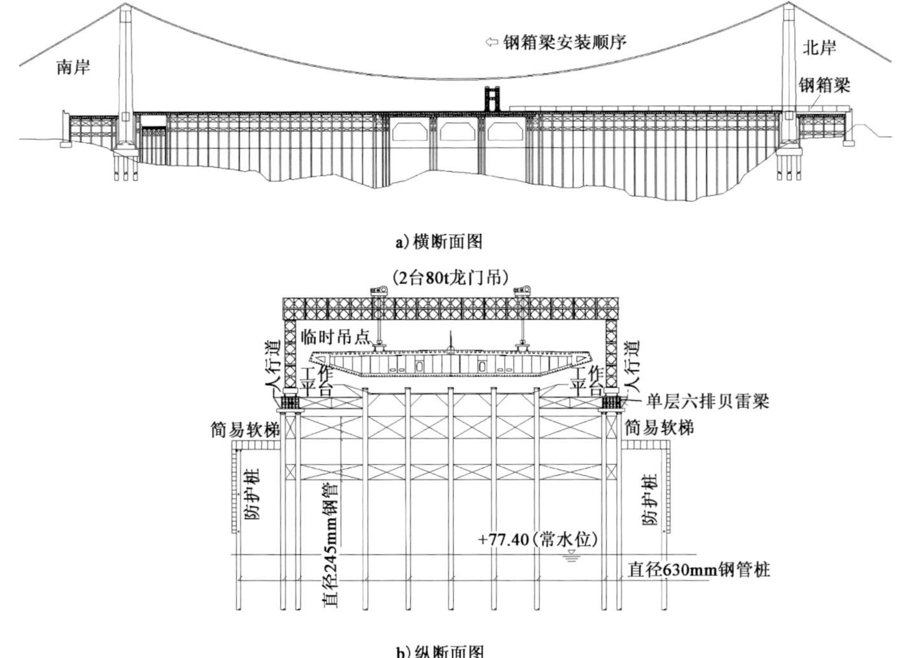

图6-3 栈桥设计方案

(1)边跨钢箱梁采用支架法安装。

(2)在两主塔之间搭设连通的施工栈桥,在河中央设三跨通航孔。

(3)在栈桥上拼装大型龙门吊。

(4)利用龙门吊吊装钢箱梁到设计位置,对位后焊接。钢箱梁在南岸制作,拼装顺序由北向南。

(5)钢箱梁全部就位后再对称安装吊杆。

3. 单滑道多支点连续顶推架设方案

该方案为本工程最终实施的方案,详见本书第四篇。

对以上三种方法,施工单位会同设计、业主三次组织多方专家评估、论证,最后确定采用第三种方案,并对该方案的设计参数——临时支墩的跨度、平面设计、立面设计、支墩嵌岩、滑道副组成等提出意见,供设计参考。

第三节 施工监控、预警系统

双拥大桥是一个多工种联合作业的工程项目。有些子项目由专业队伍分包,存在交叉平行作业状态(如钢箱梁顶推与主缆架设作业平行开展)。工程接口较多,风险大。除此之外,在施工阶段,工程多个子项的风险都存在动态变化,或因地质条件变化,或因环境变化,或因工法变化等。因此,在项目进行中、后期对施工风险进行监控是一项必不可少的工作。其目的是考察各种风险源的动态变化和监测控制产生的实际效果,评估风险减小的程度和变化方向,监控残留风险,进而考虑是否调整风险管理计划,采取有效技术措施或者采取应急预案。

在本工程中采取的监控和控制方法如下。

(一)技术监测与控制

技术监控就是对工程结构物的位置、外荷载、应力、变形、稳定性进行监测,判断结构物的各项指标是否在容许范围内,确保安全。其往往委托具有资质的外单位进行,或者在项目部内组织有专业技术的队伍进行。包括:

(1)主塔基础围护结构的监控测量。

(2)锚碇围护结构的监控测量。

(3)主塔安装的监控测量。

(4)钢箱梁顶推的监控测量。

(5)主缆架设的线性监控。

(6)跨湘桂铁路线支架的监控测量。

以上各内容见相关章节,此处不再赘述。

(二)风险跟踪检查

在施工过程中,由项目副经理和安全总监主持,对中度等级以上的风险源进行监控、跟踪检查。

1. 风险管理跟踪检查内容

工序工况和环境巡视、作业面状态描述、风险处置过程和发展趋势,采用风险跟踪表进行检查。风险跟踪检查利用设计的表格进行,可采取自检、外检或聘请专家的检查方式。本项目采取的检查表示样见表6-6~表6-18。

安全管理检查评分表　　表6-6

序号	检查项目及评分标准	标准分		
		基本分	扣分	得分
1	未设置安全管理机构,或未建立安全生产管理体系,每项扣10分。 未健全安全生产规章制度(安全生产奖惩办法;安全生产教育培训制度;安全生产检查制度;安全生产请示、汇报、报告制度;安全技术交底制度;安全生产专项资金使用制度;生产安全事故报告及处理制度;消防安全责任制度;爆炸物品安全管理制度;易燃、易爆、危险品等管理制度;文明施工管理制度;安全保卫管理制度;环境保护管理制度;卫生健康管理制度;特种作业人员管理制度;临时用电管理制度;安全防护设施用品验收及使用管理制度;各工种及机具安全操作规程;各工种安全技术操作规程;安全生产应急预案;劳务人员安全管理办法;安全效果评价制度),或未以文件下发,每项扣5分。 适用法律、法规、法令、条例、规范、规程、标准、办法等相关支持性文件和工具书不全,每项扣2分。 安全岗位职责未上墙,每少一个岗位职责扣2分;专项安全管理人员无证,每人扣5分	20		
2	未制订安全管理目标(事故控制指标、安全标准工地),扣5分。 未编制环境、职业健康安全管理实施措施,每项扣2分;未创建"安全标准工地"规划及措施,扣5分;未进行安全责任目标分解,扣3分。 50人以上的施工队伍(包括劳务工)未配置专职安全员,扣5分。 未与外协队伍签订安全协议,每个扣2分	20		
3	施工组织设计及专项方案中没有安全技术措施,每项扣5分。 有安全技术措施但未进行安全技术交底或交底针对性不是很强的,每项扣5分。 安全措施未落实,每处扣1分;技术交底未履行签字手续,每项扣1分。 未建立环境因素、危险源辨识台账,或台账不全,扣3分	20		

续上表

序号	检查项目及评分标准	标准分		
		基本分	扣分	得分
4	未坚持安全教育制度,无培训影像资料,无考试(卷)记录,各扣5分。 未对新员工进行"调换工种岗前安全教育",每人扣2分。 特种作业人员无证上岗,每人扣3分;证件过期未及时复审,每人扣1分;未建立特种作业人员管理台账,扣2分	20		
5	未坚持定期安全检查,每次扣3分;公司对项目无定期检查记录,每项扣2分;检查记录未签字,每项扣2分。 检查出的事故隐患未定人、定时间、定措施整改达标,每次扣2分。 伤亡事故未及时上报、发生事故未按"四不放过"原则分析、处理、整改,每次扣10分。 现场危险源场所无安全警示、指示标志,每处扣2分。 专项安全资金的使用不符合规定,每项扣2分	20		
项目小计		100		

安全防护检查评分表 表6-7

序号	检查项目及评分标准	标准分		
		基本分	扣分	得分
1	施工现场人员未戴安全帽,每人扣2分;安全帽不符合标准,每项扣1分;未按规定佩戴安全帽(不系帽绳),每人扣1分;施工现场穿拖鞋、高跟鞋、硬底易滑鞋,每人扣1分;酒后上岗,每人扣5分	20		
2	安全网未按技术标准搭设,每处扣2分;安全网未取得建设安全监督管理部门准用证,每项扣2分;爬梯脚手板未满铺、两侧栏杆未设挡脚板、未挂安全密目网,每处扣3分。 2m以上的高空作业无安全防护及安全标识,每处扣3分	20		
3	高处作业未系安全带,每人扣2分;安全带系挂不符合要求,每人扣1分。 临边作业未防护,每处扣2分;防护不连续、不严密,每处扣1分。 高处作业未统一规定信号、旗语、口哨等地面联系,每处扣2分。 上、下交叉作业处没有有效的隔离措施,每处扣3分。 有行人或车辆通行的场所未设安全通道,或通道无隔离防护棚、无安全警示标志,每处扣3分	30		
4	基坑、沟、井槽等危险场所无防护措施及安全警示标志,每处扣3分;未设明显昼夜警示标志,每处扣2分;施工区内的既有公共交通场所未设专人防护,每处扣3分	10		

续上表

序号	检查项目及评分标准	标准分		
		基本分	扣分	得分
5	劳动防护用品购置、使用未严格按照使用验收管理制度，每项扣3分；有毒有害作业未佩戴防护用品或防毒面具，每人扣3分	10		
6	在污水管网作业前，未进行毒气检测即下井作业或检测无记录，每处扣5分。 挖孔桩作业中，施工人员下井前未进行毒气检测，即下井作业或检测无记录，每处扣5分；通风措施未满足要求或盲目下井作业，每处扣3分	10		
项目小计		100		

施工用电检查评分表 表6-8

序号	检查项目及评分标准	标准分		
		基本分	扣分	得分
1	施工现场总供电系统布设未采用三相五线制（TN－S系统），扣8分。 施工现场临时用电设备在5台以上或设备总容量在50kW及以上者，未有专项用电设计，每处扣5分；临时用电专项设计审批手续不全，每项扣3分。 不符合“三级配电两级保护”要求的，扣3分；开关箱不标准、无门、无锁、无防雨，每处扣2分。 施工用电设计资料不全，每处扣2分；无地级阻值遥测记录的，每处扣3分；电工巡视维修制度记录或填写不真实，每次扣2分；资料乱、内容不全、无专人管理，扣3分	20		
2	在跨越铁路、公路、河流、电力线路挡距内的架空线路不得有接头，横杆未设绝缘子，直线杆未采用针式绝缘子，耐张杆未采用蝶式绝缘子，每处扣2分。 外电路小于安全距离又无防护措施，每处扣3分；防护措施不符合要求、绝缘密封不严密的，每处扣3分。 架空线未设在专用电线杆上，而是随意乱搭乱架，每处扣2分。 照明线、动力线架设高度不够，或穿越通（便）道未穿套保护，每处扣2分；临时敷设电线路缠挂在钢筋、模板、脚手架上，每处扣2分	20		
3	开关箱未按“一箱、一机、一闸、一漏”配置，每处扣5分。 工作接地与重复接地不符合要求，每处扣3分；专用保护零线设置不符合要求，每处扣2分；保护零线与工作零线混接，每处扣2分。 漏电保护器失效、失灵，每处扣2分。			

续上表

序号	检查项目及评分标准	标准分		
		基本分	扣分	得分
3	闸具损坏未及时更换或有裸露闸具,每处扣2分。 一、二级配电箱内多路配电无标记,每处扣5分。 对总配电箱、分配电箱、开关配电箱定期维修检查时,未将其前一级相应的电源隔离开关分闸断电,未悬挂“禁止合闸,有人工作”停电标志牌,每次扣5分。 开关箱中漏电保护器的额定漏电动作电流大于30mA,额定漏电动作大于0.1s,潮湿、腐蚀环境下额定漏电动作电流大于15mA,每处扣3分。 漏电保护器装置参数不匹配,每处扣2分;电箱内无隔离开关,每处扣3分。 配电箱、开关箱的电源进线端采用插头和插座做活动连接,每处扣3分。 分配箱与开关箱的距离超过30m,开关箱与其控制的固定式用电设备的水平距离超过3m,每处扣2分。 开关箱未装设在固定、稳定的支架上,每处扣2分;开关箱中心点与地面的垂直距离大于或小于0.8~1.6m,每处扣2分;动力开关箱与照明开关箱未分开设置,每处扣1分。 电器装置闸具、熔断器参数与设备容量不匹配,安装不符合要求,或用其他金属丝代替熔丝,每处扣3分。 室外220V灯具距离地面低于3m,室内220V灯具距离地面低于2.5m,每处扣1分	35		
4	灯具内的接线不牢固,灯具外的接线未做可靠的防水绝缘包扎,每个扣1分;照明变压器未使用双绕组型安全隔离变压器,每个扣3分;使用自耦式变压器,每个扣5分。 使用手持式电动工具时,未按规定穿戴绝缘防护用品,每处扣2分。 停止使用的电器设备、电源线开关未及时拆除,每处扣2分。 对混凝土搅拌机、钢筋加工机械、木工机械、盾构机械等设备清理、检查、维修时,未将其开关箱分闸断电,门上无锁,未挂警示牌,每处扣3分。 潮湿区域作业和易接触电及带电场所电压大于24V,隧道、地下工程、高温、有导电灰尘、比较潮湿的作业区域电压大于36V,每处扣5分。 现场手持作业灯电压大于36V,每个扣5分;低电压线路使用裸体导线,每个扣3分。 施工现场电线路随地拖拉,随意乱拉,每处扣2分。 现场使用护套线、花线,每处扣2分;现场使用简易碘钨灯,每个扣2分	25		
项目小计		100		

施工机具检查评分表 表6-9

序号	检查项目及评分标准	标准分		
		基本分	扣分	得分
1	电刨、电锯、木工及钢筋加工、木工机械、盾构机等机具传动部位无防护罩,每台扣2分;室外电机没有防尘、防雨罩,每台扣2分;机具安装无验收记录,每台扣2分。 使用平刨和圆盘锯合用一台电机的多功能木工机具,每台扣2分;无锯盘护罩、分料器、防护挡板安全装置和传动部位无防护,每处扣2分	15		
2	电焊机未配装防二次侧触电保护器,每台扣3分;交流电弧焊机变压器的一次电源线(进线)长度大于5m,每处扣2分;二次(焊把)线长度大于30m,接头超过3处或绝缘老化,每处扣2分。 电焊机未做保护接零,每台扣3分;安装后无验收合格记录手续,每台扣3分。 电焊操作人员未穿戴绝缘防护用品,每人扣1分	20		
3	搅拌机(站)无防雨棚,扣3分;混凝土搅拌站配套设备的安装、调试及各项技术性能指标全部符合规定并验收合格后,方可投产使用,未验收合格使用或验收无记录,每处扣2分。 作业前未检查项目是否符合要求,每少1项扣1分: ①搅拌桶内和各配套机构的传动、运输部位及仓门、斗门、轨道等均无异物卡住; ②各润滑油箱的油面高度符合规定; ③打开阀门排放气路系统中汽水分离器的过多积水,打开储气筒排污螺塞放出油水混合物; ④提升斗或拉铲的钢丝绳安装、卷筒缠绕均正确,钢丝绳及滑轮符合规定,提升斗及拉铲的制动器灵敏有效; ⑤各部螺栓已紧固,各进、排料阀门无超限磨损,各输送带的张紧度适当、不跑偏; ⑥称量装置的所有控制和显示部分工作正常,仪器精度符合规定; ⑦各电器设备能有效控制机械动作,各接触点和动、静触头无明显损伤。 检修搅拌机人员进入搅拌桶内,未切断电源、锁好开关箱、挂“有人检修,禁止合闸”警示牌或没有专人监护,每处扣10分。 操作室内无安全操作规程,扣3分	20		
4	操作振捣器(棒)的工作人员未穿绝缘鞋和戴绝缘手套,每人扣3分。 使用手持电动工具随意接长电线或更换插头,每次扣2分;机械安装后无验收合格手续,每台扣2分。 钢筋冷拉作业区无防护措施,每处扣3分;张拉设备未进行检测标定,每台扣5分。 电弧对焊机上未安装防护罩和围屏,场地不干燥、不平整、有杂物,每处扣2分。 多台打夯机并列工作时,其间距小于5m,前后工作时,其间距小于10m,每处扣3分	20		

续上表

序号	检查项目及评分标准	标准分		
		基本分	扣分	得分
5	各种气瓶无标准色标的，每个扣2分；乙炔瓶、氧气瓶间距小于5m，距明火小于10m，每处扣3分。 气瓶存放无隔离措施，每处扣3分；乙炔瓶使用或存放时未立放，每个扣3分。 气瓶无防震圈和防护帽，每个扣2分	15		
6	打桩作业未制订施工方案和安全操作规程，每项扣5分。 打桩机未取得准用证和安装后无验收合格手续，每个扣5分；打桩机无超高限位装置，每台扣5分；打桩作业违反安全操作规程，每次扣5分。 钻机开关箱中的漏电保护器的额定动作电流大于15mA，额定漏电动作时间大于0.1s，每处扣3分	10		
项目小计		100		

落地式脚手架检查评分表 表6-10

序号	检查项目及评分标准	标准分		
		基本分	扣分	得分
1	脚手架未制订施工方案，每处扣5分；脚手架高度超过规范规定，无设计计算书或未经审批，每处扣5分；施工方案不能指导施工，每处扣5分	10		
2	每10延米长立杆基础不平、不实、不符合方案设计要求，每处扣2分；每10延米立杆基础缺少底座、垫木，每处扣2分；每10延米无扫地杆，每处扣3分。 每10延米大脚手架立杆不埋地或无扫地杆，每处扣3分	10		
3	脚手架高度7m以上，架体与建筑结构未按规定要求拉结或拉结不坚固，每处扣2分。 每10延米长立杆、大横杆、小横杆间距超过规定要求，每处扣2分	10		
4	未按规定设置剪刀撑，每处扣2分。 剪刀撑未沿脚手架高度连续设置或角度不符合要求，每处扣5分	10		
5	脚手板未满铺，扣5分；脚手板材质不符合要求，扣5分；有探头板，扣2分；脚手架外侧未设置安全密目网或网间不够严密，每处扣5分；施工层未设1.2m高的防护栏杆和挡脚板，每处扣5分	10		

续上表

序号	检查项目及评分标准	标准分		
		基本分	扣分	得分
6	脚手架搭设前未进行技术交底,每次扣5分;脚手架搭设完毕未办理验收手续,每次扣10分。 无量化验收内容,每次扣5分	10		
7	未按立杆与大横杆交点处设置小横杆,每处扣2分。 小横杆只固定一端,每处扣1分。 单排架子小横杆插入墙内小于24cm,每处扣2分	10		
8	木立杆、大横杆每一处搭接小于1.5m,每处扣1分。 钢管立杆采用搭接,每处扣2分	5		
9	施工层以下每满10m未用平网或其他措施封闭,每处扣5分。 施工层脚手架内立杆与建筑物之间未进行封闭,每处扣5分	10		
10	木杆直径、材质不符合要求,每处扣5分;钢管弯曲、锈蚀严重,每处扣5分。 架体未设上下通道,每处扣5分;通道设置不符合要求,每处扣2分	5		
11	卸料平台未经设计计算,每处扣5分;卸料台搭设不符合要求,每处扣5分。 卸料平台支撑系统与脚手架连接,或卸料平台无限定荷载标牌,每处扣3分	10		
项目小计		100		

门型脚手架检查评分表 表6-11

序号	检查项目及评分标准	标准分		
		基本分	扣分	得分
1	脚手架未制订施工方案,每处扣10分;施工方案不符合规范要求,每项扣5分。 脚手架高度超过规范规定,无设计计算书或未经审批,每处扣10分	30		
2	脚手架基础不平、不实、无垫木,每处扣10分;脚手架底部不加扫地杆,每处扣5分。 未按规定间距与墙体拉结,每处扣5分;拉结不牢固,每处扣5分。			

续上表

序号	检查项目及评分标准	标准分		
		基本分	扣分	得分
2	未按规定设置剪刀撑，每处扣5分；未按规定高度作业进行整体加固，每处扣5分。 门架立杆垂直偏差超过规定，每处扣5分；未按说明书规定组装，有漏装杆件和锁件，每处扣6分；脚手架组装不牢，紧固不符合要求，每处扣2分	25		
3	脚手板未满铺，离墙大于10cm，每处扣5分；脚手板不牢、不稳、材质不符合要求，每处扣5分。 脚手架搭设无技术交底，每项扣6分；未办理分项验收手续，每处扣4分；无技术交底记录，每次扣5分。 脚手架外侧未设置1.2m高的防护栏和18cm高的挡脚板，每处扣5分；架体外侧未挂安全密目网或网间不严密，每处扣5分	25		
4	杆件变形严重，每处扣10分；局部开焊，每处扣10分；杆件锈蚀未刷防锈漆，每处扣3～6分。 施工荷载超过规定，每处扣10分；脚手板荷载不均匀，每处扣5分。 未设置上下专用通道，每处扣10分；通道设置不符合要求，每处扣5分	20		
项目小计		100		

基坑支护检查评分表 表6-12

序号	检查项目及评分标准	标准分		
		基本分	扣分	得分
1	基础施工未制订施工方案，每项扣8分。 施工方案针对性不强，不能指导施工，每项扣5分。 基坑深度超过5m专项支护防护设计，每处扣5分；支护设计及方案未经上级审批，每处扣5分	20		
2	深度超过2m的基坑，上口无临边防护设施，每处扣3分。 临边防护不严密，每处扣2分	10		
3	坑槽开挖边坡设置不符合施工组织和安全技术交底要求，每处扣5分。 特殊支护的做法不符合设计方案，每处扣5分。 支护设施已产生局部变形又未采取有效措施，每项扣3分	10		

续上表

序号	检查项目及评分标准	标准分		
		基本分	扣分	得分
4	基坑施工未设置有效排水设施，每处扣2分。 深基坑施工采取坑外降水，对临近建筑物无沉降观测，每处扣5分	10		
5	积土、料具堆放距槽边距离小于设计规定（不得小于1m），每处扣5分。 机械设备施工与槽边距离不符合要求，又无防护措施，每处扣5分	10		
6	人员上下无专用通道，每处扣5分；通道设置不符合要求，每处扣2分	5		
7	施工机械进场未经验收，每台扣5分；挖掘作业时，有人员进入作业范围内，每次扣3分；驾驶员无证作业，每人扣5分。 未按规定挖土或者超挖，每处扣5分；未按规定对基坑支护变形进行监测，每处扣3分。 未按规定对毗邻建筑物和重要管线及道路进行沉降观测，每处扣5分	20		
8	基坑内作业人员无安全立足点，每处扣3分。 垂直作业上下无隔离防护措施，每处扣5分。 光线不足且未设置照明措施，每处扣3分	15		
项目小计		100		

模板工程检查评分表 表6-13

序号	检查项目及评分标准	标准分		
		基本分	扣分	得分
1	模板工程未制订施工方案或方案未经审批，每项扣5分。 未根据混凝土输送方法制订有针对性的安全措施，每项扣5分	15		
2	现浇混凝土模板的支撑系统无设计计算，每项扣5分。 支撑设计不符合要求，每处扣5分；安装桥墩（台）模板时，没有使模板支撑自成体系或支搭在脚手架上，每处扣5分	15		
3	支撑模板的立柱材料不符合要求，每处扣5分。 立柱底部无垫板或用砖垫高，每处扣2分。 不按规定设置纵横向支撑，每处扣2分。 立柱间距不符合规定，每处扣2分	15		

续上表

序号	检查项目及评分标准	标准分		
		基本分	扣分	得分
4	模板上施工荷载超过规定,每处扣8分。 模板上堆料不均匀,每处扣3分;模板存放无防倾倒措施,每处扣3分。 各种模板存放不整齐、过高等,不符合安全要求,每处扣3分	10		
5	2m以上高空作业无可靠立足点,每处扣2分。 拆除区域未设置警示线且无监护人,每处扣2分。 模板拆除前未经申请批准,每处扣5分。 结构上留有未拆除的悬空模板,每处扣3分	15		
6	模板工程无验收手续,每处扣5分;验收单无量化验收规定,每处扣2分。 支拆模板未进行安全技术交底,每处扣5分。 模板拆除前无混凝土强度报告,每处扣3分。 混凝土强度未达到规定而提前拆模,每处扣2分。 在模板上运输混凝土未设走道垫板,每处扣3分。 走道垫板不稳、不牢,每处扣3分	20		
7	作业面孔洞及临边无防护措施,每处扣3分。 垂直作业上下无防护措施,每处扣2分	10		
项目小计		100		

物料提升机(龙门架、井字架)检查评分表 表6-14

序号	检查项目及评分标准	标准分		
		基本分	扣分	得分
1	无设计计算书,未经上级审批,每项扣8分。 架体设计不符合设计和规范要求,每处扣5分。 使用无建筑安全监督管理部门准用证厂家生产的产品,每处扣5分	15		
2	吊篮无停靠装置,每处扣5分。 停靠装置未形成定型化,每处扣3分。 无超高限位装置,每处扣5分。 使用摩擦式卷扬机进行超高限位时采用断电方式,每处扣5分。 高架提升机无下极限限位器、缓冲器、超载限制器,每处扣3分	15		

续上表

序号	检查项目及评分标准	标准分		
		基本分	扣分	得分
3	从地面向上10~15m处设一道缆风绳,以后每升高10m设一道,顶部设一道,每少一道扣5分。 无缆风绳或缆风绳未使用钢丝绳,每处扣3分。 钢丝绳直径小于9.3mm或角度不符合45°~60°,每处扣5分。 地锚不符合要求,每处扣5分。 连墙杆位置不符合规范要求,每处扣5分。 连墙杆的连接不牢,每处扣5分。 连墙杆与脚手架连接,每处扣5分。 连墙杆材质或连接做法不符合要求,每处扣3分	15		
4	卸料平台两侧无防护栏杆或防护不严,每处扣2分。 平台脚手板搭设不严、不牢,每处扣1分。 平台无防护门,或不起作用,每处扣1分。 防护门未形成定型化、工具化,每处扣2分。 地面进料口无防护棚,或不符合要求,每处扣2分。 高架提升机不使用吊笼,每处扣2分。 人员违章乘坐吊篮上下,每处扣5分	10		
5	吊篮提升机使用单根钢丝绳,每处扣5分。 提升机无验收人及责任人签字,每处扣5分。 验收记录无量化验收内容,每处扣5分	15		
6	架体安装拆除无施工方案,每处扣5分。 架体基础不符合要求,每处扣3分。 架体垂直偏差超过规定(小于高度的0.15%),每处扣2分。 架体与吊篮间隙超过规定(5~10mm),每处扣3分。 架体外侧无立网防护,或防护不严,每处扣4分。 摇臂扒杆未经设计,安装不符合要求,无保险绳,每处扣5分 井字架开口处未经加固,每处扣2分	10		
7	卷扬机地锚不牢固,每处扣2分;卷筒钢丝绳缠绕不整齐,每处扣2分。 第一个导向滑轮距离小于15倍卷扬筒宽度,每处扣2分。 滑轮翼缘破损,或与架体柔性连接,每处扣2分。 卷筒上无防止钢丝绳滑脱保险装置,每处扣5分。 滑轮与钢丝绳不匹配,每处扣2分。 无联络信号,每处扣5分;信号方式不合理、不准确,每处扣3分。 卷扬机无操作棚,每处扣5分。 操作棚不符合要求,每处扣5分。 防雷保护范围以外无避雷针装置,每处扣5分	10		

续上表

序号	检查项目及评分标准	标准分		
		基本分	扣分	得分
8	龙门吊安装后未经地方特种设备检验机构检验合格，或未取得准用许可证在使用，每处扣10分。 操作驾驶员无有效操作证操作，每处扣5分	10		
项目小计		100		

塔吊安全检查评分表 表6-15

序号	检查项目及评分标准	标准分		
		基本分	扣分	得分
1	无制造许可证，每台扣10分；安拆单位无资质证，每台扣10分；安拆单位无安全生产许可证，每台扣10分。 未签订租赁合同，每台扣10分；租赁单位无营业执照，每项扣5分	25		
2	无力矩限制器，每处扣5分；力矩限制器不灵敏，每处扣5分。 无超高、变幅、行走限位装置，每处扣2分；限位器不灵敏，每处扣5分	10		
3	卷扬机滚筒无保险装置，每处扣5分；吊钩无保险装置，每处扣5分；上人爬梯无护圈或护圈不符合要求，每处扣5分。 塔吊高度超过规定而不安装附墙装置，每处扣5分； 附墙安装不符合说明要求，每处扣3分；无夹轨钳，每处扣5分；有夹轨钳不用，每处扣3分	20		
4	未制订安装拆卸方案，每处扣5分。 安装完毕无验收资料，无责任人签字，每处扣5分；验收记录无量化验收内容，每处扣5分。 作业队伍未取得资格证，每项扣5分；驾驶员无证上岗，每人扣5分。 指挥人员无证上岗，每人扣3分；高塔指挥未使用旗语或对讲机，每处扣5分	25		
5	高塔基础不符合设计要求，每处扣5分；行走塔吊无卷线器或失灵，每处扣5分。 塔吊与架空线路小于安全距离，又无防护措施，每处扣5分。 轨道无接地、接零，或接地、接零不符合要求，每处扣3分。 两台以上塔吊相临，塔吊作业无防碰撞措施，每处扣5分	20		
项目小计		100		

起重吊装机安全检查评分表 表 6-16

序号	检查项目及评分标准	标准分		
		基本分	扣分	得分
1	起重吊装作业无施工方案,每项扣5分;施工方案未经上级审批,方案针对性不强,每项扣5分。 非标起重机扒杆无设计计算书,设计未经审批,每项扣10分	15		
2	起重机无超高、力矩限制器,每台扣5分;吊钩无保险装置,每处扣3分。 起重机无合格证或未取得准用许可证,每台扣10分;起重机进场未经检验合格,或起重安装后未经验收,每台扣10分。 吊杆组装不符合设计要求,每处扣10分;起重机使用前未经试吊,每台扣5分	10		
3	起重钢丝绳磨损,断丝超标,每处扣2分;滑轮不符合规定,每处扣4分。 缆风绳安全系数小于3.5倍,每处扣5分;地锚埋设不符合设计要求,每处扣3分;索具使用不合理,绳径倍数不够,每处扣5分	10		
4	驾驶员无证上岗,每人扣5分;非本机型驾驶员操作,每人扣5分。 指挥人员无证上岗,每人扣3分;高处作业无信号传递,每处扣5分	15		
5	起重机作业不符合说明书要求,每处扣5分。 地面铺垫措施达不到要求,每处扣3分	10		
6	被吊物体质量不明而进行吊装,每处扣5分。 超载作业,每处扣5分。 架桥机或轮式起重机每次作业前各支腿未满伸、支撑不可靠,每次扣3分;每次作业前未经试吊检验,每处扣2分	10		
7	结构吊装未设置防坠落措施,每处扣5分。 高处作业人员未系安全带,或安全带未挂牢,每处扣5分。 人员上下未设专用爬梯、斜道,每处扣5分。 起重吊装人员作业无可靠立足点,每处扣5分。 作业平台临时防护不符合规定,每处扣5分;作业平台脚手板未满铺,每处扣5分	15		
8	物料堆放高度不符合规定,每处扣2分。 大型构件堆放不稳定,每处扣3分	5		

续上表

序号	检查项目及评分标准	标准分		
		基本分	扣分	得分
9	起重吊装、架梁作业无警示、警戒标志，每处扣3分；未设专人对周边高架线和建筑物及人员进行警戒，每处扣2分。 起重工、电焊工无安全操作证上岗，每人扣2分	10		
项目小计		100		

铁路营业线施工安全检查评分表 表6-17

序号	检查项目及评分标准	标准分		
		基本分	扣分	得分
1	在铁路营业线施工前，施工单位未编制施工组织设计（方案）、作业计划报铁路局的（站）段及设备产权单位及部门逐级审批；未与公务、电务、车务等有关部门签订施工安全协议，每项扣10分	10		
2	需封锁区间或限制行车速度的施工项目，未按批准的作业计划组织施工；施工前未向所在车站办理要点登记手续；现场无工务、电务等设备产权单位及部门人员配合，便擅自开工，每次扣5～10分	10		
3	正线、站线、拨接转线开通作业和道岔插入施工，公司分管领导或指派的负责人未在现场指挥，每次扣5分	5		
4	未按规定配齐经培训考试合格的驻站联络员、吊车员、轨道车驾驶员、安全员、防护员、爆破员、带班人员和工班长，并挂牌上岗，每人扣5分；防护信号（含灯、旗、牌等）不符合要求，每处扣2分；所有施工人员（含劳务工）未经培训考核合格上岗，无培训记录，每人扣2分	5		
5	在铁路营业线施工收工前，施工负责人未详细检查确认列车放行条件便撤除防护措施，每次扣5～10分；发出停工作业命令后作业人员没及时撤至限界外安全地点待避，每人扣2～5分	10		
6	利用铁路营业线区间卸车未经行车调度批准，未严格按规定时间进入区间作业和退回车站，每次扣3分	3		
7	铁路营业线施工防护距离、人员着装、使用工具、通信设备等不符合规定，每人扣2分	3		
8	站改或营业线改造施工中，对行车线路未采取可靠有效的隔离措施，其高度、刚度、垂直度等不符合规定，隔离后随意开门，开门后无专人看守，未设置标识，隔离措施未在显著位置设有警示牌，每处扣2分	3		

续上表

序号	检查项目及评分标准	标准分		
		基本分	扣分	得分
9	站改或铁路营业线改造施工中，专设的驻站联络员、轨道车驾驶员、吊车员、防护员、道口看守员、现场安全员、现场领工员、机械作业旁站人员等未使用对讲机联络，对讲机未配备备用电池，每人扣2分	3		
10	在铁路营业线设置施工临时道口，未向所在铁路局办理审批手续，每处扣10分；施工临时道口未按有人看守道口标准配齐铺面、防护措施、设施并设专人看守、清扫，每处扣5分；使用完毕未立即拆除，每处扣3分	5		
11	未取得车站值班员同意及未办理手续在营业线上使用轻型车辆，每处扣5~10分；使用单轨小车没有按规定安排专人进行防护，每处扣3~5分；轻型小车及小车使用完毕，没按规定抬至安全处加锁保管，每处扣3~5分	10		
12	在铁路营业线使用齿条式起道机及未改进的轨缝调节器进行线路作业，每次扣3分；在自动闭塞和有轨电路区段施工时，使用的养路机具、万能道尺、撬棍等没有绝缘装置，每处扣2~5分；发现机具、机械、临时设施、防护设施侵入铁路限界，每次扣3分	5		
13	在铁路营业线区间或站场路肩、铁路线下挖沟埋缆，没有进行可靠的加固，每10延米扣3分；未及时回填，每10延米扣3分	3		
14	新增桥涵墩台挖基、涵渠接长、顶进等作业项目，未按施工方案进行防护，线路没有加固措施或人员看守，工地没有备齐应急抢险物资，每处扣2~5分	5		
15	临近铁路营业线进行爆破作业前，未按规定办理要点手续并设置安全防护，每处扣10分	10		
16	采用火花起爆，每处扣5分；在已通电的电气化区段使用电雷管，每处扣5分	5		
17	作业机械未做到“一机一人，人随机行，跟班防护”，每处扣5分	5		
项目小计		100		

文明施工检查评分表　　表 6-18

序号	检查项目及评分标准	标准分		
		基本分	扣分	得分
1	施工通道有明显坑洼，每处扣 5 分；道路堆放材料、杂物、建筑垃圾不通畅，每处扣 3 分	10		
2	设备、建筑材料、构件、料具未按总平面布局堆放，每处扣 4 分。 设备安放、材料堆放不整齐，每处扣 3 分。 设备安放、材料堆放未进行标志，每处扣 2 分。 未做到工完料净、场地清，每处扣 3 分。 易燃易爆未分类、分库存放，每项扣 4 分	15		
3	宿舍周围环境不卫生、不安全，每处扣 3 分。 宿舍无消暑和防蚊虫叮咬措施，每处扣 3 分。 床上及生活用品放置不整齐，每处扣 1 分。 施工作业区和休息生活区未隔离，每处扣 5 分	10		
4	无防火措施，未建立防火制度或无灭火器及灭火器失效，每处扣 10 分。 灭火器材配备不合理、无定期检查，每处扣 5 分。 钢筋、木工加工棚及材料库房有烟头，每处扣 1 分	5		
5	施工现场“五牌一图”（工程概况、管理人员及监督电话、消防保卫、安全生产、文明施工、施工现场平面图）醒目、整齐规范，每缺一项扣 3 分；安全警示标志不醒目，每处扣 5 分。 无驻地宣传设施（板报栏、阅报栏、标语、广播等），每项扣 5 分。 开展法纪法规、乡村民约教育，没有搞好路地共建活动，每项扣 5 分	15		
6	在市区主要路段施工，工地周围未设置高于 2.5m 的围栏，每处扣 5 分。 一般路段的工地周围未设置高于 1.8m 的围栏，每处扣 5 分。 围挡材料不坚固、不稳定、不整洁、不美观，每处扣 3 分。 围挡没有沿工地四周连续设置，每处扣 2 分	10		
7	施工现场进出口无大门，每处扣 2 分。 无门卫且无门卫制度，每项扣 3 分。 进入施工现场未佩戴工作卡、未统一着装，每人扣 1 分。 半成品加工区地面未作硬化处理，每处扣 5 分。 道路不通畅，每处扣 5 分。 无排水设施、排水不通畅，每处扣 4 分。 无防止泥浆、污水、废水外流或堵塞下水道、排水河道措施，每处扣 3 分。 工地有积水，每处扣 2 分；建筑垃圾未及时清理，每处扣 5 分。 工地未设置吸烟处、随意吸烟，每人扣 2 分。 温暖季节无绿化规划布置，每处扣 4 分	10		

续上表

序号	检查项目及评分标准	标准分		
		基本分	扣分	得分
8	各种机具摆放不整齐、不整洁,每处扣5分。 无安全操作规程,每项扣2分。 客运专线砂石料、外加剂无棚,每项扣2分。 现场施工粉尘超标,每次扣2分。 隧道洞门、桥墩墩号、桩号牌、涵洞里程牌标识不齐全,每处扣5分。 无单位工程危险源识别、识别不准确,未根据工序设立告知标牌,每处扣5分。 每个单位工程、每道工序未设置工序(工艺)牌和质量标准牌,每处扣3分	10		
9	食品卫生不符合要求,生熟食品未分开放、分开加工,无有效纱门纱窗,食堂无卫生许可证,炊事员无健康证,每项扣2分。 污水排放不符合有关规定,每处扣1分。 饮水无水质检测报告,淋浴室不符合安全要求,生活垃圾未及时清理,每处扣1分。 厕所无卫生值日制度,卫生不符合要求,每项扣1分。 生活区域无可回收和不可回收垃圾箱,每项扣1分。 无娱乐场所(球场、活动室等),每项扣3分	8		
10	无保健医药箱,扣2分。 无急救措施和急救器材,扣2分。 无经培训的急救人员 ,扣2分。 未开展卫生防病宣传教育,扣2分	7		
项目小计		100		

2. 风险管理跟踪检查流程

风险跟踪检查除了要督促风险规避措施的落实外,还应判断重大风险发展趋势,及时发现和评估尚未识别的风险,具体流程见图6-4。

3. 风险重新评估

施工是个动态过程。风险跟踪过程中,要发现新的风险因素,就要进行重新估算。在许多情况下即使没有出现新的风险源,也须在施工的里程碑等关键时段,组织对风险进行重新估计,进行更有效的施工风险预测并采取必要的措施。风险跟踪重估的流程见图6-5。

4. 施工风险预警系统

根据风险监测和跟踪检查情况进行预警,供工程指挥决策层、技术层及实施层全体人员使用,具体工作内容包括:

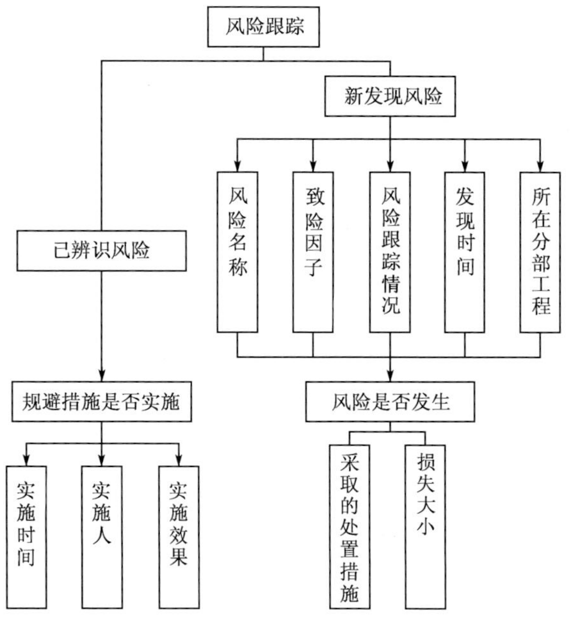

图 6-4　工程施工风险动态跟踪流程图

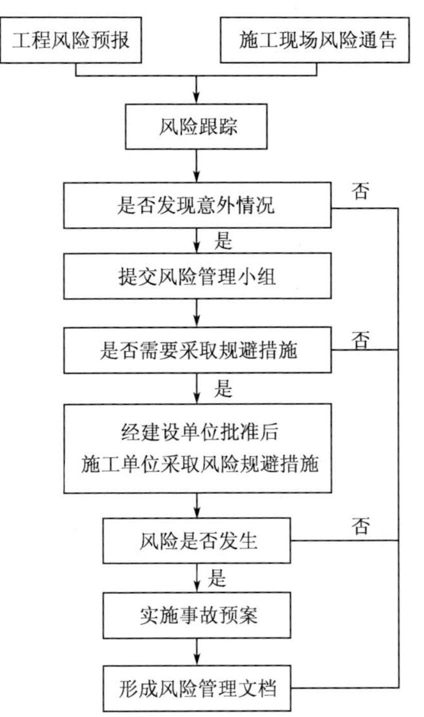

图 6-5　工程风险跟踪重估流程图

(1)根据工程特点和评估的风险源，确定施工技术监控测量和风险跟踪检查内容，制订实施细则和预警标准。

(2)将监控结果和风险事故建立对应关系。

(3)以施工技术监控测量和风险跟踪检查结果确定风险评估等级。

(4)根据对施工技术监控测量和风险跟踪检查结果的分析(包括数理分析和数值模拟分析)，进行风险动态评估，提出风险发展的可能和须采取的措施。

(5)当风险出现异常或超过警戒值时，及时进行风险报警，采取规避措施，做好风险事故处理的准备工作并防止次生灾害的发生。

(6)信息报送路线见图6-6。

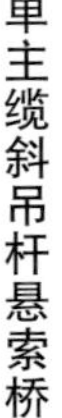

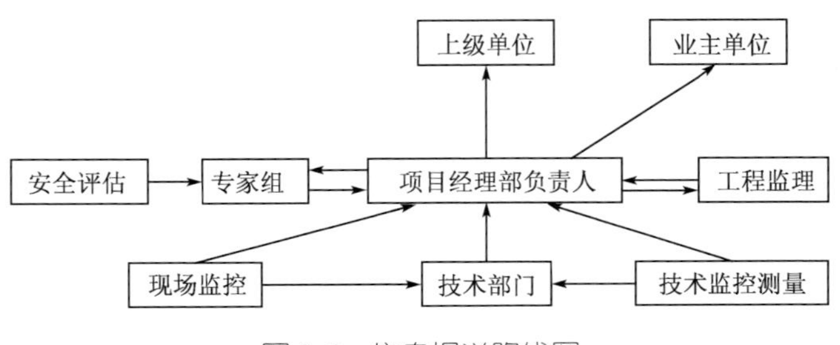

图6-6　信息报送路线图

5. 本工程的实施细则

(1)每月由项目生产副经理及安全生产总监组织进行检查评分。

(2)重点项目在里程碑时间聘请专家组主持检查评估。

重点项目为：塔基础围堰、锚碇围堰、主塔吊装支架、钢箱梁顶推焊接平台和临时支墩、跨湘桂铁路支架、猫道、主缆安装等。

里程碑界定为：项目开工和新工序开始、体系转换、临时设备投入使用等。

(3)参加部门：技术、安全、机械、物资、调度等，必要时聘请上级部门和监理参加。

(4)评定评分结果作为工程施工的依据之一。

第四节　应急预案和演练

双拥大桥主桥为单主缆钢箱梁悬索桥。结构新颖，技术难度大，施工环境复杂，既有百米以上的高空作业，又有深埋于地下的工程；水上施工作业最大水深近30m。引入施工风险管理的理念甚为重要，强调应急预案的管理也在情理之中。

一、应急预案主要内容和要求

应急预案是针对可能发生的重大事故所需的应急准备和应急响应行动而制订的指导性文件，其主要内容包括：

（1）对紧急情况或事故灾害及其后果的预测、辨识和评估。

（2）规定应急救援各方组织的详细职责。

（3）应急救援行动的指挥与协调。

（4）应急救援中可用的人员、设备、设施、物质、经费保障和其他资源，包括社会和外部援助资源等。

（5）在紧急情况或事故发生时保护生命、财产和环境安全的措施。

（6）现场恢复。

（7）其他，如应急培训和演练、法律法规的要求。

应急预案是整个应急管理体系的反映，它不仅包括事故发生过程中的应急响应和救援措施，还应包括事故发生前的各种应急准备和事故发生后的紧急恢复，以及预案的管理与更新等。因此，一个完善的应急预案按相应过程可分为六个一级关键要素，包括：①方针与原则；②应急策划；③应急准备；④应急响应；⑤现场恢复；⑥预案管理与评审改进。

这六个一级要素相互之间既相对独立，又紧密联系，从应急的方针、策划、准备、响应、恢复到预案的管理与评审改进，形成了一个具有联系并持续改进的体系结构。根据一级要素中所包括的任务和功能，其中应急策划、应急准备和应急响应三个一级关键要素可进一步划分成若干个小要素。所有这些要素构成了重大事故应急预案的核心。在实际编制时，可根据职能部门的设置和职能分配等具体情况，将要素进行合并或增加，便于组织编写。

二、应急策划

应急策划包括危险分析、资源分析和法律规范三种要素。

1. 危险分析

危险分析的最终目的是要明确应急对象（可能存在的重大事故）、事故性质、影响范围、后果严重程度等，为应急准备、应急响应和减灾措施提供决策和指导依据。危险分析包括：危险识别、脆弱性分析和风险分析。危险分析依据国家和地方有关的法律法规要求，根据具体情况进行。危险分析的结果提供：

(1)地理、人文(包括人口分布)、地质、气象等信息。

(2)功能布局(包括重要保护目标)及交通情况。

(3)重大危险源分布情况及主要危险物质种类、数量及物理化学、消防等特征。

(4)可能的重大事故种类及对周边的后果分析。

(5)特定的时段(如出行高峰、度假季节、大型活动等)。

(6)可能影响应急救援的不利因素。

2. 资源分析

针对危险分析所确定的主要危险源,明确应急救援所需的资源,列出可用的应急力量和资源,包括:

(1)各类应急力量的组成及分布情况。

(2)各种重要应急设备、物资的准备情况。

(3)上级救援机构或周边可用的应急资源。

3. 法律规范

有关应急救援的法律法规是开展应急救援工作的重要前提保障。应急策划时,应列出国家、省、地方涉及应急部门职责要求以及应急预案、应急准备和应急救援的法律法规文件,以作为预案编制和应急救援的依据和授权。

三、应急准备

应急预案能否在应急救援中成功地发挥作用,不仅仅取决于应急预案本身的完善程度,还取决于应急准备的充分与否。应急准备应当依据应急策划的结果开展,包括各应急组织及其职责权限的明确、应急资源的准备、公众教育、应急人员培训、预案演练和互相协议的签署等。

1. 机构与职责

为保证应急救援工作的反应迅速、协调有序,必须建立完善的应急机构组织体系,包括上级和当地应急管理的领导机构、应急响应中心以及各有关机构部门等。对应急救援中承担任务的所有应急组织,应明确相应的职责、负责人、候补人及联系方式。

2. 应急资源

应急资源的准备是应急救援的重要保障,根据潜在事故的性质和后果分析,合理组建专业和社会救援力量,配置应急救援中所需的消防手段、各种救援机械和设备、监测仪器、堵漏和消防材料、交通工具、个体防护设备、医疗设备和药品、生活保障物资等,并定期检查、维护与更新,保证其始终处于完好状态。另外,对应急资源信息应实施有效的管理与更新。

3. 教育、训练与演习

为全面提高应急能力,应急预案应对公众教育、应急训练和演习作出相应的规定,包括其内容、计划、组织与准备、效果评估等。应急训练的基本内容主要包括基础培训、专业训练、战术训练等。

4. 互助协议

当有关的应急力量与资源相对薄弱时,应事先寻求与邻近区域签订正式的互助协议,并做好相应的安排,以便在应急救援中及时得到外部救援力量和资源的救助。此外,也应与社会专业技术服务机构、物质供应企业等签署相应的互助协议。

四、应急响应

1. 措施控制

重大事故的应急救援涉及各个机构,必须对应急行动统一指挥。建立分级响应,统一指挥、协调和决策程序。施工安全应急指挥的第一线部门是项目经理部。因此,要加强项目经理部对安全事故的控制与指挥能力,及时(按规定)上报,遵从上级的指挥,做好现场第一线救援,减小或控制次生灾害的发生。

2. 监控与评估

监测流动内容包括事故影响边界,气象条件,对食物、饮用水以及水体、土壤等的污染,可能发生的次生灾害和受损建筑物垮塌危险等。

五、演练

应急预案演练是检验、评价和保持应急能力的一个重要手段。通过演练可发现或暴露应急预案和程序的缺陷,发现应急资源的不足,改善应急部门、机构、人员之间的协调,增加全体工作人员对突发重大事故救援的意识,提高抢险人员的技术水平和熟悉能力,提高项目部整体应急反应水平。

(一)演练的参与人员

应急演练的参与人员包括参演人员、控制人员、模拟人员、评价人员和观摩人员。这五类人员在演练过程中都有着重要的作用,并且在演练过程中都应佩戴表明其身份的识别符。

1. 参演人员

参演人员是指在应急组织中承担具体任务,并在演练过程中尽可能对演练情景或模拟事件作出真实情景下可能采取的响应行动的人员。其具体任务包括:

(1)救助伤员或被困人员。

(2)保护财产或公众健康。

(3)获取并管理各类应急资源。

(4)与其他应急人员协同处理重大事故或紧急事件。

2. 控制人员

控制人员是指根据演练情景,控制演练时间进度的人员。控制人员根据演练方案及演练计划表的要求,引导参演人员按程序行动,并不断给出情况或消息,供参演的指挥人员进行判断、提出对策。其主要任务包括:

(1)确保规定的演练项目得到充分的演练,以利于评价工作的进展。

(2)确保演练活动的任务量和挑战性。

(3)确保演练的进度。

(4)解答参演人员的疑问,解决演练过程中出现的问题。

(5)保障演练过程的安全。

3. 模拟人员

模拟人员是指演练过程中扮演、代替某些应急组织和服务部门,或模拟紧急事件、事态发展的人员。其主要任务包括:

(1)扮演、代替正常情况或响应实际紧急事件时应于应急指挥中心、现场应急指挥所有相互作用的机构或服务部门。由于各方面的原因,这些机构或服务部门并不参与此次演练。

(2)模拟事故发生过程。

(3)模拟受害或受影响人员。

4. 评价人员

评价人员是指负责观察演练进展情况并予以记录的人员。其主要任务包括:

(1)观察参演人员的应急行动,并记录观察结果。

(2)在不干扰参演人员工作的情况下,协助控制人员确保演练按计划进行。

5. 观摩人员

观摩人员是指来自有关部门、外部机构以及旁观演练过程的观众。

(二)基本过程

由于应急演练是由许多机构和组织共同参与的一系列行为和活动,因此,应急演练的组织与实施是一项非常复杂的任务,建立应急演练小组(或领导小组)是成功组织开展应急演练工作的关键。策划小组应由多种专业人员组成。综合性应急演练的过程可划分为演练准备、演练实施和演练总结三个阶段。各阶段的基本任务如图 6-7 所示。

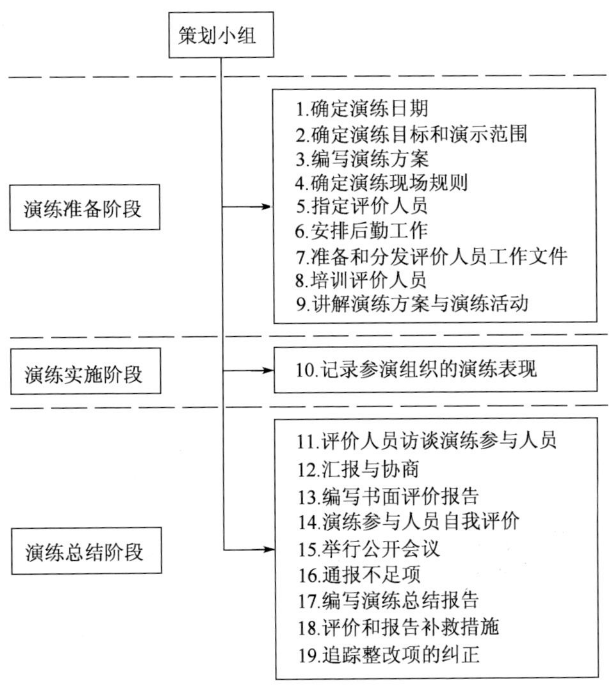

图 6-7　演练实施的基本过程

第七章

项目管理和科技攻关

双拥大桥为我国首座单主缆斜吊杆地锚式悬索桥,全桥总长 1.937km,道路等级为城市主干道Ⅰ级,桥面宽 38m。其中主桥长 510m,为钢箱结构,主跨 430m,一跨过江;主塔为 A 形三维变截面钢箱结构,高达 105m;引桥长 988m,上跨湘桂铁路四股道,道路长 439m,总造价 6.6519 亿元,工期 30 个月,结构设计新,具有独创性,大桥施工技术含量高、安全风险大、施工难度大。该工程的主塔大荷载高空吊装及安装监控量测,单主缆斜吊杆主桥钢箱梁单端长距离多点连续顶推及线性体系转换,溶蚀地质锚碇深基坑开挖、支护和止水,以及跨湘桂铁路营业线施工"四大难题",成为项目科技攻关和生产管理的重中之重,备受各方高度关注。

项目共有管理人员 60 人,于 2009 年 6 月正式开工,根据上级的要求和部署,充分结合项目施工特点、技术难点和安全风险,项目部班子成员统一思想,形成了"规划高起点、管理高标准、落实严要求"的管理思路,紧紧围绕科技攻关、安全质量、经济效益、队伍建设"四大重点"工作。在毫无同类桥梁施工经验的条件下,项目部全体员工团结一致、攻坚克难,敢于拼搏、积极工作,极力打造"挑战极限不畏艰、从严管理勇争先"的双拥精神,得到业主、地方政府的一致好评,始终被树为"标杆单位"。在 2009 年度获得柳州市和广西壮族自治区"安全文明工地"的称号,2010 年度获得柳州市"安全文明工地"的称号。

(一)技术管理及科技攻关

1. 以施工技术为核心,充分发挥技术超前带动作用

针对双拥大桥是国内首座该类型的桥梁,无类似工程经验借鉴,技术难度大、安全风险高、交叉工序多、生产组织复杂,施工组织、方案、工艺较以往所建项目多有不同。项目部从客观实际出发,牢固树立施工技术的核心意识,确立了以技术为核心的龙头地位,贯穿整个项目的生产管理,并以施工技术带动生产组织安排、安全质量控制、责任成本优化等方面的超前考虑,努力做到科学管理,实现了以技术推动生产组织、保障安全质量、获取经济效益最大化的目标。

2. 以审核施工图为契机,保证施工方案的科学性和经济性

鉴于该桥独特新颖的桥型结构,如何将设计图纸在确保施工安全质量、加快施工进度、力争经济效益最大化的前提下变为现实产品,项目部以审核施工图为契机,成立了以项目经理为组长的审图领导小组,吸纳社会上具有专业技术优势资源的分包单位(如柳州欧维姆、中铁山桥、四川天元等),由项目总工牵头组织相关工程技术人员集体审图,并参照公路桥涵施工技术规范,借鉴其他悬索桥施工经验,提出合理化建议和意见汇总后反馈至设计单位。这样做表象上是优化了设计,实质上是达到了施工方案的科学性、生产组织的合理性、安全质量的可控性和经济效益的最大化目标。

3. 以科技攻关为途径,加强施工方案的制订和交底

全桥共运用了13项创新性施工技术,其中发明专利5项,实用新型专利8项。项目部狠抓施工方案提前确定、提前编制、安全方案超前编制工作,方案编制以达到合理的性价比为目标,综合考虑方案的可行性、工期、安全风险、定价风险等因素。方案编制完成后,以组织召开技术方案交底会、研讨会、青年讲习会、技术例会及施工技术对讲赛、导师带徒等有效形式,让全体管理人员尤其是工程技术人员充分了解施工组织特点、工艺特点、过程管理特点等,分阶段、多次进行讲课交底,按照学、懂到实战检验的要求,使各项工作进入状态,同时阶段性下发总体施工组织和具体工作的交底资料,严格按照方案施工,确保施工方案在实施过程中不走样、不偏离。目前,共编制技术方案15项,评审15项,其中局专家评审重大技术方案5项,完成技术交底316项,召开方案交底及技术交底会共126次。南北岸锚碇施工方案得到中国工程设计大师杨进的现场指导和认可;主塔支架吊装、主桥钢箱梁顶推两项施工方案一次性通过业主组织的国内知名桥梁专家组的评审,填补了多项桥梁施工领域新空白,为企业培养了一批桥梁专业施工技术

人才。科研一览表、工法一览表见表 7-1、表 7-2。

科 研 一 览 表　　表 7-1

序号	科研成果名称	类别	级别	形成时间	备注
1	单主缆斜吊杆地锚式悬索桥的施工方法	发明专利		2010 年 7 月	
2	联合支护开挖溶蚀地质深基坑及其施工方法	发明专利		2010 年 7 月	
3	联合支护开挖溶蚀地质深基坑	实用新型专利		2010 年 7 月	
4	复杂地质条件下的联合围堰及其施工方法	发明专利		2010 年 7 月	
5	复杂地质条件下的联合围堰	实用新型专利		2010 年 7 月	
6	宽桥面单一纵隔板钢箱梁顶推机构及顶推方法	发明专利		2010 年 7 月	
7	宽桥面单一纵隔板钢箱梁顶推机构	实用新型专利		2010 年 7 月	
8	高主塔吊装门架支反力约束固定结构	发明专利		2010 年 7 月	
9	高主塔吊装门架支反力约束固定结构	实用新型专利		2010 年 7 月	
10	空间变截面钢箱塔下承压板的安装结构	实用新型专利		2010 年 7 月	
11	裸岩河床上的水中钢管桩支墩	实用新型专利		2010 年 7 月	
12	浮筒式水上钻孔平台	实用新型专利		2010 年 7 月	
13	三维变截面 A 形钢箱主塔节段吊装结构	实用新型专利		2010 年 7 月	

工 法 一 览 表　　表 7-2

序号	科研成果名称	类别	级别	形成时间	备注
1	溶蚀透水地质条件下圆形特大深基坑施工工法	工法	公路级	2010 年 7 月	
2	A 形三维变截面钢箱主塔施工工法	工法	省部级	2011 年 7 月	
3	510m 钢箱梁单端多点连续顶推施工工法	工法	局级	2011 年 7 月	

(二)生产管理

1. 分解细化关键节点,超前生产组织

项目部认真总结工程控制工期总体施工计划的编制及实际操作经验,

精确测算项目施工能力极限和施工进度需求，将工程量深入细致地分解成225项施工控制工序，明确区分了计划控制工期和动态跟踪工期，详细注明了分项工程施工的重点内容和关键工序，周密筹划了确保工序合理衔接的紧前工作和紧后工作，并与各协作队伍签订了“安全质量进度考核责任书”，让所有参建人员清醒地认识到施工任务量和关键控制点，超前筹备人、机、物等生产资源，时刻做好打有准备的生产仗。

2. 实施“片区模式”，强化生产管理

鉴于南北两岸施工内容相同、工作量不同的特点，项目部设立了片区负责的管理模式，将施工现场划分为北岸0号台～15号箱梁施工片区、北岸锚碇至22号主墩施工片区、水上施工片区、南岸锚碇至23号主墩施工片区的四大片区。在每个片区各设置一名片区长，对片区内的生产组织、安全质量、文明施工等负总责，从工程部、安质部指派一名安全员、质检员、技术员协同分工负责，做到人力资源集中管理、机械设备统一调配、岗位责任分工明确、现场管理人人参与。根据钢结构工程量大、施工技术难度高的特点，专门设立了一名技术副经理负责主桥、主塔钢结构施工生产管理，做到专业施工与技术的相对统一。同时，坚持每日片区生产碰头会、周生产交班会、大干总结推进会等制度，及时采取措施，第一时间解决问题，确保生产组织有序、安全质量可控、形象进度达标。

3. 实施“专项治理”，突破生产瓶颈

施工技术的难度增加了施工过程控制的深度。为减少重难点工序中的未知因素、不确定因素，项目部举全部之力，采取有效专项措施，集中优势力量突破施工重难点工序。以南岸锚碇施工经验指导北岸锚碇施工，以南岸主塔施工经验指导北岸主塔施工，以跨铁路膺架架设经验指导拆除施工，以第一个水中支墩施工经验指导后续支墩施工，过程中不断总结经验，优化施工工序，清除制约生产组织、工序衔接的“障碍”，实现了生产组织始终处于受控状态。北锚碇、北主塔等同类分项工程施工周期相比缩短了近50%。

4. 实施“生产宣讲”，营造大干氛围

项目部成立了“生产大干宣讲团”，利用工余夜话、雨天工休、班前教育及座谈交流等形式，有意识地将生产大干的紧迫形势从会议室拓展到驻地、从协作队伍负责人延伸到每个农民工，将“讲安全、讲形势、讲任务”宣讲活动进工班、到宿舍，宣讲生产大干对项目、对个人的重要性，宣讲企业发展为广大劳务人员所带来的实惠和利益，全方位地提高劳务人员的生产大干意识。同时，项目部先后组织开展了“百日大干”、“大干120天”、“南北岸引桥施工对抗赛”、“大干三季度”、“大战150天”等劳动竞赛活动，组织了“大干功臣”、“优秀农民工”等评比表彰活动，激发了广大员工攻坚克难、打好施工生产主动仗的大干热情。

（三）安全质量管理

1. 严把“思想关”，增强安全质量的政治敏锐性

通过组织开展岗前安全教育、各类安全专业培训和召开安全专项交底会、周安全分析整改会、月安全例会以及制作大量的安全宣传警示标语，向全体员工和农民工讲清讲透安全质量预防、监控的重要部位，全方位、全过程、多样化地提高全体参建人员的安全质量意识，从思想源头上避免或减少施工安全隐患，从实际操作中增强安全生产过程的安全意识（图 7-1）。

图 7-1 安全警示专题教育

2. 严把“制度关”，增强安全质量管理的前瞻性

先后制订、完善了《安全、质量、文明施工管理办法》、《创建安全标准化工地规划》、《“分工种、分专业、分工序”安全培训考核制度》等 41 项管理制度（图 7-2）；有针对性地制订了营业线施工、深基坑坍塌等 21 个应急预案，并分别进行了触电、坍塌、防洪预案等实战演练和其他预案桌面演练。建立了“日工地监控提醒记录表”制度，内容涵盖现场安全控制危险源识别、质量旁站和工序自检验收点以及环保文明施工自检验收点等，用检查表格的形式“对号入座”，明确了现场施工员、安全员、质检员等知道管什么、怎么管，避免了安全质量隐患及返工现象。

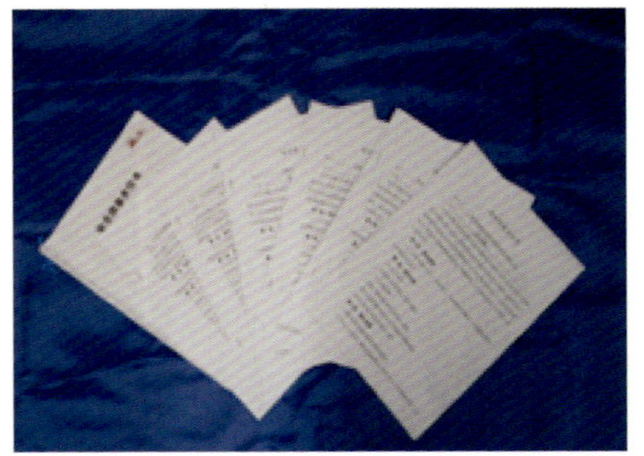

图 7-2 项目部安全管理制度

3. 严把"教育关",增强安全质量意识的警惕性

本着"先教育、后上岗,先防护、后干活"的预防为主思路,通过岗前安全质量常识教育考试、发放安全隐患告知书、填写《岗前培训记录表》、签订《安全质量责任书》等有效形式,增强作业人员的安全责任感和掌握安全知识的紧迫感。项目部举行安全质量教育培训 153 次,教育培训频次高达 2 689人次。

4. 严把"培训关",增强安全质量预防的针对性(图 7-3)

针对不同工种的专业性强弱,不同专业的施工难点、重点以及各道工序的施工衔接等特征,分别对施工管理人员和作业工人开展了"分工种、分专业、分工序"安全质量培训,有效增强了施工人员的专业技能和安全意识。针对少数作业人员工作能力参差不齐、文化素质较低的现象,开展视频安全质量培训,以图文并茂的方式让施工人员掌握施工过程中涉及的工序、工种的作业安全注意事项和质量控制方法。针对项目部年轻人占绝大多数,多分布在安全、质检、技术、试验等重要技术岗位,开展了"周安全质量讲习会"活动,由专职安全管理人员将巡查发现的安全隐患、作业人员违章情况制成幻灯片,在会上进行讲解、分析,指出违章的危害性,同时提出改进的方法,落实安全质量隐患整改措施,提升了青年安全质检人员的专业技术水平。

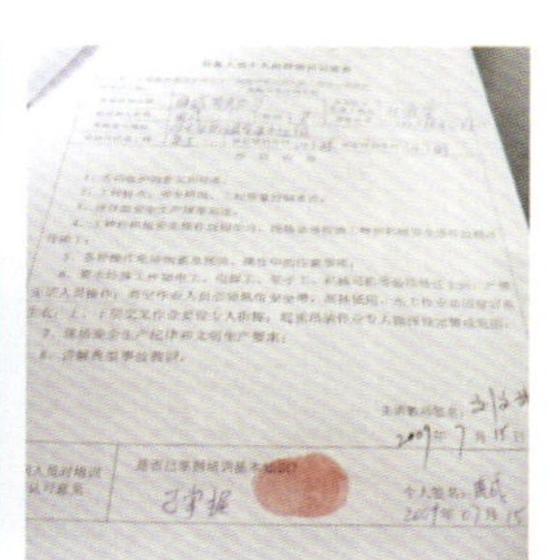
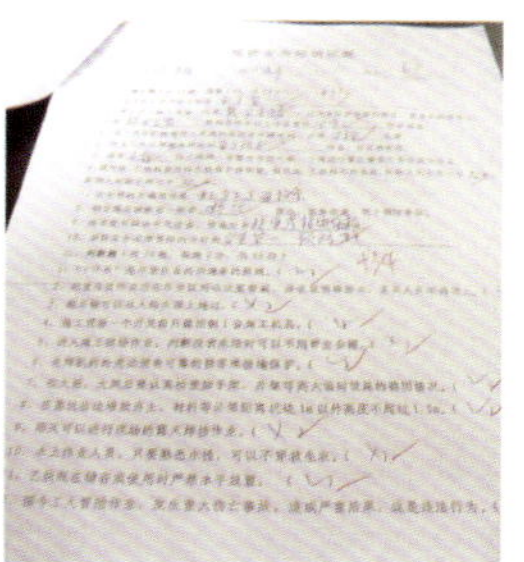

图 7-3　安全培训教育

5. 严把"检查关",增强安全质量监控的实效性(图 7-4)

项目部摸索总结了"三查、四定、四落实"的检查方式。"三查"、"四定"即以每月定期量化检查、每周专项自查、每日专职巡查的"三查"方式,对发现的问题和隐患,按照定整改时间、定整改措施、定整改责任人、定落实整改复查责任人的"四定"方式,立即组织施工班组进行彻底整改,确保把安全质量隐患消除在萌芽状态。在质量控制上做到"四落实",即一是落实交底程序,在施工中实行两级技术交底制,第一级交底由项目总工对技术负责人、施工员、安全质检人员进行施工组织设计中的主要内容、重点工序的

施工方法、容易出现的问题及其预防措施进行详细交底；第二级交底为现场技术负责人在施工现场对作业班组及操作人员进行工艺要求、操作要点、质量标准的交底，保存详细的交底记录。二是落实试验程序，及时做好现场施工原材料、成品、半成品、各种配合比的报验工作并及时进行抽验，全程跟踪混凝土配料、下料、搅拌、运输、浇筑，加强试块标养、同条件养护保管记录工作。三是落实旁站程序，在每个分项工程施工时，均由技术员、施工员进行现场监督和值班，严格执行旁站制度，全过程监控施工，重要施工部位由技术负责人现场指导和监督作业过程，并做好相关记录，以备查证。四是落实自检程序，严格执行“三检制”，即作业班组自检、质检工程师专检，待验收合格后报监理工程师检验。

6. 严把“形象关”，增强安全质量创优的主动性

项目开工之初就确立了创建各级“安全标准工地”，积极争创“鲁班奖”。制订了创优实施方案，成立了创优规划领导小组，明确了安全质量创优责任分工；花费5万元精心制作了大桥施工三维动画，直观、逼真地展示了大桥的施工全过程；主动邀请负责创优工作的局和公司领导来项目指导创优工作。大力实施“工厂化”现场管理模式，合理布置划分各生产功能区，长期严抓现场安全防护设施、安全警示标志、临时用电、施工便道、工地宣传、现场卫生等文明施工（图7-5），吸引了周边地市和其他省市领导及中铁系统兄弟单位的大型组团视察观摩20余次。自开工起，项目部未发生任何安全质量事故。

图7-4　工地现场检查

图7-5　施工现场环境清理

（四）项目员工管理

1. 打造学习型团队，青年讲习强素质

项目部在注重培养青年桥梁技术人才、开展科技创新的基础上，摸

索并实践了“青年讲习会”这一引导青年技术团队创先争优的新途径。通过每周定期检查工作日志、征集合理化建议、青年员工讲课及邀请嘉宾授课等有效措施，提高了技术人员的专业水平，增强了攻坚克难的凝聚力。大桥23号主墩11根钻孔桩遭遇柳江30年一遇的洪水袭击，由于技术人员在工作日志上详实记录了桩深及地质条件等资料，顺利获得80余万元保险索赔款。助理工程师肖延军把在讲习会上学到的引桥箱梁施工经验技术，施工进度由原来30d一个周期缩短为25d，并成为讲习会上最年轻的“老师”。

2. 打造服务型团队，以人为本为现场

项目部本着服务施工现场、保证安全优质创争为出发点，建立了“日工地监控提醒记录表”制度，明确现场施工员、安全员、质检员每日如实填写“安全危险源识别、质量旁站以及环保文明施工自检验收”等内容，避免或减少了安全质量隐患。针对部分农民工文化素质较低、作业水平参差不齐的情况，项目部购买了近千元施工培训光盘，内容涵盖钢筋工、混凝土工等11个工种，定期组织安全视频培训。贵州籍农民工黄波说：“这种安全教育培训就像看电视一样，一看就明白怎么干了。”

3. 打造和谐型团队，关爱员工聚众心

为营造和谐的创先争优氛围，项目部建立了员工患病就医“绿色通道”，对家属探亲安排车辆接送；考虑到柳州夏季炎热天气周期较长，组织开展“党员送清凉”，在露天电焊现场安置了数十顶遮阳伞，设立纳凉棚，配备防暑降温药品、工休椅及保温桶等，为农民工提供了工余避暑休息场所；暑假期间，项目部专门租用观光游船，让前来探亲的家属与员工一道观赏柳江夜景，甚是温馨；中秋节来临之际，为评选出的20名优秀农民工和全体员工的亲属寄去一份精美的月饼，并附带一封热情洋溢的慰问信和优美的双拥大桥效果图，表达对员工亲属们的感谢和祝福，让员工充分感受到项目部的关怀与温暖。20年广西的旱情牵动亿万人民的心。项目部党组织在第一时间向全体党员干部发出为广西干旱受灾地区捐款的倡议，共捐款5 800元，展示了国有企业积极承担社会责任的良好形象。同时，项目部积极参与柳州市鱼峰下穿通道护坡塌方应急抢险，主动请战融水县和睦乡中学突击抗洪等，得到了当地政府的高度评价。

4. 打造品牌型团队，强化宣传激干劲

借助大桥的生产管理难点、施工特点，项目部利用对内、对外宣传报道的方式，通过联系媒体现场采访、通信员投稿的办法，与地方媒体建立了良好的合作关系，把项目生产管理、安全质量、先进典型及党建思想政治工作等内容频频见诸于各大媒体。其中,以项目经理唐俊为典型代表的“我的毕业论文”、“从国内第一做到世界第一”和“项目离不开的农民工专家陆成军”等事迹报道,以及“职工能否到工地安家”等党建思想政治工作做法,先后被刊登在《工人日报》、《科技日报》、《中国建设报》等中央级媒体上,充分展示了中铁上海工程局的员工风采和企业品牌。